David J. Edmonds · John A. Eidinow

Wie Ludwig Wittgenstein Karl Popper mit dem Feuerhaken drohte

Eine Ermittlung

Aus dem Englischen von Suzanne Gangloff,
Angela Schumitz, Fee Engemann und Holger Fliessbach

Deutsche Verlags-Anstalt
Stuttgart München

Suzanne Gangloff übersetzte die Kapitel 1–6,
Angela Schumitz die Kapitel 7–11,
Fee Engemann die Kapitel 12–16
und Holger Fliessbach die Kapitel 17–24.

Die Deutsche Bibliothek – CIP-Einheitsaufnahme
Ein Titeldatensatz für diese Publikation ist bei
Der Deutschen Bibliothek erhältlich

2. Auflage 2001
© 2001 Deutsche Verlags-Anstalt, Stuttgart / München
Alle Rechte vorbehalten
Satz: EDV-Fotosatz Huber/Verlagsservice G. Pfeifer,
Germering
Druck und Bindearbeiten: GGP Media GmbH, Pößneck
Printed in Germany
ISBN 3-421-05356-1

Für Hannah & Herbert Edmonds
Und für Elisabeth Eidinow

INHALT

Ich weiß, daß in dieser Welt seltsame Dinge geschehen. Das ist eine der wenigen Erfahrungen, die ich in meinem Leben wirklich gemacht habe.

LUDWIG WITTGENSTEIN

Große Männer können große Fehler machen.

KARL POPPER

King's College, Cambridge, vom Fluß aus gesehen. Die zwei kleineren Räume von H 3 liegen im ersten Stockwerk (drittes und viertes Fenster von links).

DUELL

Die Geschichte wird durch unsere zukünftigen Entdeckungen beeinflußt.

KARL POPPER

Am Freitag, den 25. Oktober 1946, traf sich der Moral Science Club, die Diskussionsgruppe von Wissenschaftlern und Studenten der Philosophie an der Universität Cambridge, wie jede Woche im King's College, Gibbs Building, Aufgang H, Appartement 3.

Gastredner an jenem Abend war Dr. Karl Popper, aus London angereist, um einen Vortrag über das harmlos klingende Thema »Gibt es philosophische Probleme?« zu halten. Unter den Zuhörern befanden sich der Vorsitzende des Moral Science Club, Ludwig Wittgenstein, Inhaber des Lehrstuhls für Philosophie und in den Augen vieler ein Genie, sowie Bertrand Russell, schon seit Jahrzehnten ein Begriff als Philosoph und radikaler Kämpfer.

Wenige Monate zuvor war Dr. Popper als außerordentlicher Professor für Logik und Wissenschaftliche Methodenlehre an die London School of Economics berufen worden. Er entstammte einer österreichisch-jüdischen Familie, hatte während des Krieges Vorlesungen in Neuseeland gehalten und war noch nicht lange in England. Mit seiner vernichtenden Kritik des Totalitarismus und seiner Verteidigung liberaler Werte in seinem soeben in England erschienenen Buch *The Open Society and Its Enemies (Die offene Gesellschaft und ihre Feinde),* begonnen am Tag des Einmarschs der Nazitruppen in Österreich und zum Zeitpunkt der Kriegswende beendet, hatte Popper bereits eine exklusive Schar von Bewunderern gewonnen, darunter Bertrand Russell.

Die drei Philosophen – Russell, Wittgenstein und Popper – trafen nur ein einziges Mal, an diesem Abend, zusammen. Dessen ungeachtet hinterließ diese Begegnung illustrer Geister nichts als einander widersprechende Erinnerungen an einen heftigen Wortwechsel zwischen Popper und Wittgenstein – einen Wortwechsel, der, sofort zur Legende geworden, noch das andere Ende der Welt aufhorchen ließ.

Einerseits ist in manchen Aufzeichnungen nichts über einen unerfreulichen Zwischenfall zu lesen. Andererseits sollen, dem farbigsten

11

Bericht zufolge, Popper und Wittgenstein mit rotglühenden Schürhaken um das Primat in der grundsätzlichen Frage gekämpft haben, ob es tatsächlich philosophische Probleme gibt (Popper) oder lediglich sprachlich bedingte Vexierrätsel (Wittgenstein). Popper erinnerte sich später: »Innerhalb verblüffend kurzer Zeit erhielt ich einen Brief aus Neuseeland mit der Frage, ob es zutreffe, daß Wittgenstein und ich, mit Schürhaken bewaffnet, aufeinander losgegangen seien.«

Diese rund zehn Minuten des 25. Oktober 1946 sorgten dafür, daß die Namen Wittgenstein und Popper von da an stets miteinander verknüpft wurden. Die Ereignisse jenes Abends sind indes noch immer Anlaß zu erbitterten Meinungsverschiedenheiten. Insbesondere eine Frage ist nach wie vor heftig umstritten: Veröffentlichte Karl Popper zwei Jahrzehnte später eine unwahre Darstellung dessen, was damals geschehen war? Log er?

Wenn er log, dann war das kein beiläufiges Beschönigen der Tatsachen, keine formelle Ausschmückung. Wenn er log, ging es dabei unmittelbar um zwei Ambitionen, die in seinem Leben eine zentrale Rolle spielten: auf der theoretischen Ebene um die Vernichtung der im 20. Jahrhundert in Mode gekommenen linguistischen Philosophie und auf der persönlichen Ebene um den Triumph über Wittgenstein, den Zauberer, der ihn auf seiner Laufbahn verfolgte.

Poppers sichtlich um Verharmlosung bemühter Bericht ist nachzulesen in seiner intellektuellen Autobiographie *Unended Quest (Ausgangspunkte)*. Popper schreibt, Wittgenstein habe »nervös mit dem Schürhaken gespielt«, den er »wie einen Dirigentenstab benutzte, um seine Behauptungen zu unterstreichen«. Als sich die Frage der Gültigkeit ethischer Grundsätze erhob, forderte Wittgenstein Popper heraus, ein Beispiel für eine moralische Regel zu nennen. »Ich erwiderte: ›Man soll einen Gastredner nicht mit einem Schürhaken bedrohen.‹ Darauf warf Wittgenstein ärgerlich den Schürhaken hin, stürmte aus dem Raum und schlug die Tür hinter sich zu.«

Als Popper 1994 starb, griffen die Verfasser der Nachrufe seine Darstellung auf und machten sie sich Wort für Wort zu eigen, einschließlich seines Irrtums hinsichtlich des Datums, für das sie, wie er, anstatt des 25. den 26. Oktober angaben. Drei Jahre nach Poppers Tod rekapitulierte eine in den Tätigkeitsberichten der British Academy – immerhin eines der gelehrtesten Gremien Großbritanniens – erschienene Denkschrift über Popper im wesentlichen den gleichen Hergang der Ereignisse. Sie entfesselte jedoch einen Sturm von Protesten gegen ihren Autor, Professor John Watkins, und löste einen scharfen Briefwechsel auf den Seiten des Londoner *Times Literary Supplement* aus. Ein glühender Anhänger Wittgensteins, Professor Peter Geach, der an jenem Abend in H 3 zugegen gewesen war, brandmarkte Poppers Bericht über die Zusammenkunft als »von Anfang bis Ende falsch«. Es war nicht das erste Mal, daß Professor Geach diese Behauptung aufstellte. Nun folgte eine stürmische Korrespondenz, zumal sich noch weitere Zeugen beziehungsweise inzwischen neu hinzugekommene Anhänger der Protagonisten an der Auseinandersetzung beteiligten.

Der Widerspruch der Darstellungen entbehrt nicht einer delikaten Ironie. Sind doch ihre Urheber allesamt Leute, die sich von Berufs wegen mit Theorien der Erkenntnis, des logischen Denkvermögens und der Wahrheit befassen. Ihre Darstellungen betreffen indessen eine Abfolge von Ereignissen, deren Augenzeugen sie zwar gewesen sind, aber bei deren Schilderung sie in entscheidenden Punkten des tatsächlichen Hergangs voneinander abweichen.

Die Geschichte hat inzwischen das Format wenn auch nicht gerade eines ausgewachsenen Mythos, so doch zumindest das einer Fabel aus dem Elfenbeinturm der Gelehrtenwelt erreicht, deren »Wahrheitsgehalt« überdies als verbürgt gilt, weil der jeweilige Erzähler sie von jemandem hat, der sie von jemandem hatte, der sie von einem Augenzeugen hatte. Kein Bericht über Popper oder Wittgenstein scheint vollständig zu sein ohne eine Variante dieser Episode. So begann etwa der Soziologe Laurie Taylor 1992 sein Porträt Sir Karls für die *Times* mit dem Schürhaken-Vorfall: »Das ist eine Geschichte, dazu angetan, uns in der Woche von Sir Karls 80. Geburtstag an den unerschütterlichen Mut und an die Ernsthaftigkeit dieses Mannes zu erinnern.« Dem Nachruf im *Guardian* zufolge begann Popper »seine Karriere in England 1946 mit einem Vortrag in Cambridge ... Wittgenstein war anwesend, und nachdem er Popper Anlaß gegeben hatte, dagegen zu protestieren, daß ihn ein Philosoph mit dem Schürhaken in der Hand bedrohte, stürzte er aus dem Raum.« Das Kunstauktionshaus Sotheby's schließlich fand so großen Gefallen an der Episode, daß es sie gleich zweimal in seinen Versteigerungskatalog der Bibliothek von Sir Karl aufnahm, einmal in dessen Kurzbiographie und noch einmal am Ende der Bücherliste.

Der Vorfall hat auch die Einbildungskraft vieler Autoren angeregt. Keine Biographie, keine wissenschaftliche Abhandlung und kein Roman über einen der Protagonisten scheint ohne eine mehr oder weniger farbige Version des Geschehens auszukommen. Ein Hörbuch über Wittgenstein enthält eine melodramatische Rekonstruktion, in der der Schauspieler Steven Berkoff den Philosophen genüßlich im Stil eines viktorianischen Bösewichts spricht. Popper besitzt die Kühnheit, der Flut von Wittgensteins ständigen Fragen Einhalt zu gebieten – »nein, Wittgenstein, nein. Ich werde nicht zulassen, daß Sie noch einmal unterbrechen!« –, was das Publikum vor Entsetzen erstarren läßt. In Bruce Duffys Roman *The World As I Found It* ist Popper ein »korpulenter, glatzköpfiger, gereizter« Professor der Universität Chicago, der vor dem Moral Science Club einen Vortrag hält und lautes Getöse provoziert.

Weshalb all diese Aufregung über etwas, das sich vor über einem halben Jahrhundert in einem kleinen Raum anläßlich eines obskuren Universitätsclubtreffens während der Erörterung eines nebulösen Themas zugetragen hatte? Jener Abend ist den damals Anwesenden Jahrzehnte hindurch frisch im Gedächtnis geblieben, aber nicht etwa weil sie von einer komplizierten philosophischen Theorie oder einem Aufeinanderprallen von Ideologien beeindruckt gewesen wären, sondern wegen eines geistreichen Seitenhiebs und des Schwingens – oder auch Nicht-Schwingens – einer sechzig Zentimeter langen Metallstange.

Was sagen der Zwischenfall und seine Nachwehen über Ludwig Wittgenstein und Karl Popper aus, über ihre herausragenden Persönlichkeiten, über ihr Verhältnis, über ihre jeweiligen Überzeugungen? Wie bedeutsam ist es, daß sowohl Popper als auch Wittgenstein aus dem Wien des ausgehenden 19. Jahrhunderts und aus jüdischen Familien stammten, die jedoch, was Geld und Einfluß anbelangte, durch eine tiefe Kluft voneinander getrennt waren? Und dann ist da der Kern der Debatte jenes Abends: die philosophische Wasserscheide.

Wittgenstein und Popper hatten einen entscheidenden Einfluß auf die Art und Weise, wie wir die grundlegenden Probleme von Zivilisation, Wissenschaft und Kultur angehen. Sie leisteten einen ganz wesentlichen Beitrag sowohl zu uralten Themen – wie: Was wissen wir? Wie können wir unser Wissen vervollkommnen? Wie sollten wir regiert werden? – als auch zu zeitgenössischen Fragen über die Grenzen von Sprache und Sinn und über das, was jenseits dieser Grenzen liegt. Jeder der beiden Männer glaubte, er habe die Philosophie von den Fehlern ihrer Vergangenheit befreit und er trage die Verantwortung für ihre Zukunft. Darüber hinaus erblickte Popper in Wittgenstein den Erzfeind der Philosophie. Aber der Zwischenfall mit dem Schürhaken hat eine über Persönlichkeit und Überzeugung der beiden Antagonisten hinausgehende Bedeutung. Er steht für die Geschichte ihrer Zeit und gewährt einen Einblick in die turbulente und tragische historische Entwicklung, die ihrer beider Leben gestaltete und sie in Cambridge zusammenführte. Und er steht für das in der Philosophie des 20. Jahrhunderts entstandene Schisma über die Bedeutung der Sprache: das Schisma zwischen den einen, die traditionelle philosophische Probleme als rein sprachlich bedingte Fallstricke begriffen, und den anderen, für die diese Probleme jenseits von Sprache existierten. Letztlich ist der Zwischenfall selbst natürlich ein linguistisches Rätsel: Zu wem sagte Popper in jenem Raum voller Zeugen bestimmte Worte und weshalb?

Aber ehe wir uns eingehend mit den Charakteren, der Geschichte und der Philosophie befassen, die für jene zehn Minuten verantwortlich waren, wollen wir den Leser mit dem bekannt machen, was festgehalten und gesichert ist: mit dem Ort, den Zeugen und deren Erinnerungen.

Peter Munz im Jahre 1946, nachdem er es überstanden hatte, sowohl Poppers als auch Wittgensteins Schüler gewesen zu sein.

DER STOFF,
AUS DEM ERINNERUNGEN SIND

Erinnerung: »Ich sehe uns noch an jenem Tisch sitzen.« Aber habe ich wirklich das gleiche Gesichtsbild – oder eines von denen, welche ich damals hatte? Sehe ich auch gewiß den Tisch und meinen Freund vom gleichen Gesichtspunkt wie damals, also mich selbst nicht?

LUDWIG WITTGENSTEIN

Das Gibbs Building, 1723 von James Gibbs entworfen, ist ein gediegenes, streng klassizistisches Gebäude aus weißem Kalkstein. Erst im zweiten Anlauf hatte sich das King's College für Gibbs entschieden, nachdem ein erster Entwurf von Nicholas Hawkesmore, dem führenden Architekten seiner Zeit, sich als zu teuer erwiesen hatte; die vielgepriesene Zurückhaltung im Außendekor des Gebäudes ist somit auf den damaligen Geldmangel des College zurückzuführen.

Von der sich durch das Stadtzentrum von Cambridge schlängelnden Straße, King's Parade, aus gesehen, liegt der Raumkomplex H 3 auf der rechten Seite des Gebäudes, im ersten Stock. Der Weg dorthin, der, vom Widerhall der eigenen Schritte begleitet, über eine Treppe nackter Holzstufen an kahlen Wänden entlang führt, wirkt kalt und unwirtlich. Durch eine Doppeltür gelangt man direkt in den Wohnraum. Von den beiden hohen Fenstern mit ihren Erkersitzen fällt der Blick auf den weiträumigen, harmonischen Großen Hof des College und, zur Linken, auf die große Kalksteinkapelle Heinrichs VI., die, im 20. Jahrhundert von D. H. Lawrence respektlos mit »einer umgedrehten Sau« verglichen, von den meisten hingegen als vollkommenes Beispiel des *Perpendicular Style* bewundert wird. Bisweilen dringt der Gesang des berühmten King's College Chor hinaus in die Stille eines Oktoberabends und lockt Lernende und Lehrer aus ihrer Konzentration.

Gegenüber der Eingangstür des Raumes befindet sich, von Marmor gerahmt, unter einem holzgeschnitzten Kaminsims der Stein des Anstoßes dieses jahrzehntelangen Streits: der Kaminrost. Ein kleines schwarzes Eisending, in seiner Armseligkeit einer Fabrikarbeiterwohnung angemessen, eher *Blick zurück im Zorn* als *Wieder-*

sehen mit Brideshead. Rechts davon führen Türen in zwei kleinere Räume, von denen aus der Blick auf den ausgedehnten, sich bis hinunter zum Fluß Cam erstreckenden Rasen ging. Eines der Zimmer war 1946 noch Schlafzimmer, doch ist es später ebenfalls in ein Arbeitszimmer umgewandelt worden. In jenen Tagen und noch eine ganze Zeitlang danach mußten die Mitglieder der meisten Colleges in Cambridge – Studienanfänger wie Fellows – in ihren Morgenmänteln über die Innenhöfe hasten, um einen Gemeinschaftswaschraum aufzusuchen.

Im Jahre 1946 stand das elegante Äußere des Gibbs Building in keinem Verhältnis zum Zustand seiner Räumlichkeiten. Der Krieg war kaum ein Jahr vorbei, die Verdunkelungsvorhänge hingen noch an den Fenstern und erinnerten an die Bedrohung durch die deutsche Luftwaffe. Die Tapeten waren verrußt und bröckelten ab, und die Farbe der Wände hatte eine Auffrischung dringend nötig. Wiewohl der Bewohner des Appartements, Richard Braithwaite, ein Mitglied des Lehrkörpers war, wirkte H 3 genauso vernachlässigt wie der Rest, ungepflegt, staubbedeckt und schmutzig. Für Wärme war man auf Kamin- oder Ofenfeuer angewiesen – Zentralheizung und Bäder wurden erst nach dem überaus strengen Winter von 1947, als selbst die Gasleitungen durch gefrorenes Wasser blockiert waren, installiert –, und die Collegeinsassen zogen zum Schutz der Kleidung ihre Talare über, wenn sie Kohlensäcke schleppten.

Normalerweise pflegten zu den Zusammenkünften des Moral Science Club, ungeachtet der Berühmtheit der meisten Gastredner, nur etwa fünfzehn Leute zu erscheinen; bezeichnenderweise kamen etwa doppelt so viele, um Dr. Popper zu hören. Undergraduates, Graduates und Lehrkräfte saßen dicht gedrängt, wo sie eben hatten Platz finden können. Die Mehrzahl der Teilnehmer an Wittgensteins Spätnachmittags-Seminar – das er in seiner spärlich möblierten Wohnung in einem dem Great Gate von Trinity College gegenüberliegenden Turm von Whewell's Court abhielt – stieß hier im King's College wieder zu ihm. Das zweimal wöchentlich stattfindende Seminar bot Wittgensteins Studenten immer wieder ein faszinierendes Erlebnis. Während Wittgenstein mit einem Gedanken rang, trat ein längeres, quälendes Schweigen ein; sobald der Gedanke Gestalt angenommen hatte, erfolgte ein plötzlicher Ausbruch ungezügelter Energie. Jüngeren Semestern war die Teilnahme am Seminar gestattet, vorausgesetzt, sie saßen nicht bloß als »Touristen« da.

Am Nachmittag des 25. Oktober machte sich ein indischer Seminarteilnehmer, Kanti Shah, Notizen. Was bedeutete, mit sich selbst zu sprechen, wollte Wittgenstein wissen. »Ist das etwas Schwächeres als Sprechen? Ist es wie 2+2=4 auf Schmierpapier mit 2+2=4 auf sauberem Papier zu vergleichen?« Ein Student offerierte die Metapher eines »verklingenden Glockentons, von dem man nicht weiß, ob man ihn sich einbildet oder ihn wirklich hört«. Wittgenstein war nicht beeindruckt.

Unterdessen saßen Popper und Russell in einem einst von Sir Isaac Newton bewohnten Raum des Trinity College bei chinesischem Tee mit Zitrone und Keksen. An diesem kühlen Tag hatten beide allen Grund, für die kürzlich an den Fenstern angebrachten Zugluftabdichtungen dankbar zu sein. Man weiß zwar nicht, worüber sie sprachen, aber einem der Berichte zufolge sollen sie gegen Wittgenstein konspiriert haben.

Glücklicherweise scheint Philosophie der Langlebigkeit zuträglich zu sein: Von den dreißig damals anwesenden Personen antworteten auf unsere Bitte um Mitteilung ihrer Erinnerungen an jenen Abend neun Siebzig- bis Neunzigjährige brieflich, telephonisch und vor allem mit E-Mail aus der ganzen Welt – aus England, Frankreich, Österreich, den Vereinigten Staaten und Neuseeland. Zu denen, die sich meldeten, zählt ein ehemaliger Richter am Hohen Gerichtshof von England, Sir John Vinelott, ebenso berühmt für die leise Stimme, mit der er in der Verhandlung sprach, wie für die Schärfe, mit der er dem Verteidiger antwortete, wenn dieser ihn bat, lauter zu sprechen. Ferner befinden sich unter ihnen fünf Professoren. Peter Munz war aus Neuseeland als Student zum St. John's College gekommen und wurde nach seiner Rückkehr dorthin ein renommierter Gelehrter. In seinem Buch *Our Knowledge of the Search for Knowledge*, das mit dem Schürhaken-Zwischenfall beginnt, mißt er diesem eine epochale Bedeutung bei, indem er ihn als eine »symbolische und rückblickend prophetische« Wasserscheide auf dem Gebiet der Philosophie des 20. Jahrhunderts bezeichnet.

Stephen Toulmin, ein Philosoph von Rang mit breit gefächerten Interessen, verbrachte den letzten Teil seiner akademischen Laufbahn damit, an Universitäten in den Vereinigten Staaten zu lehren. Als Autor so richtungsweisender Werke wie *The Uses of Argument (Der Gebrauch von Arqumenten)* ist er Mitverfasser einer anspruchsvollen revisionistischen Abhandlung über Wittgenstein, dessen Philosophie er in den Zusammenhang der Wiener Kultur und des intellektuellen Gärungsprozesses im ausgehenden 19. Jahrhundert stellt. Im übrigen lehnte er als junger Forscher am King's College die Stelle eines Assistenten Karl Poppers ab.

Peter Geach, eine Kapazität auf vielen Gebieten, so auch dem der Logik und des deutschen Logikers Gottlob Frege, las an den Universitäten Birmingham und Leeds. Michael Wolff spezialisierte sich auf das viktorianische England; seine akademische Laufbahn führte ihn in die Vereinigten Staaten und auf Posten an den Universitäten Indiana und Massachusetts. Georg Kreisel, ein brillanter Mathematiker, lehrte in Stanford; Wittgenstein erklärte, er sei »der fähigste Philosoph, den er je kennengelernt habe, und dazu noch Mathematiker«. Peter Gray-Lucas schlug zunächst eine Universitätskarriere ein und wechselte dann in die Wirtschaft, zuerst in die Stahlindustrie, dann in die Produktion photographischer Filme und schließlich in die Papierherstellung. Stephen Plaister, der in dem eiskalten Winter von 1947 geheiratet hatte, wurde Lehrer und unterrichtete Griechisch und Latein.

Eine besondere Erwähnung verdient Wasfi Hijab, der zum Zeitpunkt der schicksalhaften Versammlung Sekretär des Moral Science Club war. Nach seiner Aussage brachte diese Stellung jedoch weder Ansehen noch Einfluß mit sich. Er kann sich noch nicht einmal entsinnen, wie er zu ihr kam – vermutlich, weil er zufällig an der Reihe war. Als Sekretär hatte er die Aufgabe, nach Rücksprache mit den Fakultätsmitgliedern das Programm für das jeweilige Trimester festzulegen. In seiner Amtszeit vermochte er nicht nur Popper zu überreden, nach Cambridge zu kommen, sondern auch A. J. Ayer, den Mann, der die Kunde vom logischen Positivismus von Wien nach England brachte. Ayer, der es stets als eine »Qual« empfand, vor Wittgenstein zu sprechen, antwortete nichtsdestoweniger auf Hijabs Einladung, er werde vor dem erlauchten Kreis gern einen Vortrag halten, wenngleich seiner Meinung nach »die Philosophie von Cambridge reich an Technik, aber arm an Substanz« sei. »Das beweist, wieviel er wußte«, bemerkt Hijab.

Hijabs Erlebnisse in Cambridge sagen viel über Wittgenstein aus. Er war 1945 aus Jerusalem, wo er an einer höheren Schule Mathematik unterrichtet hatte, als Stipendiat nach Cambridge gekommen mit dem Ziel, die Disziplin zu wechseln und Philosophie zu studieren, um darin zu promovieren. Drei Jahre später verließ er Cambridge, ohne den Dr. phil. erworben zu haben. Er hatte einen für seine Ambitionen verhängnisvollen Fehler begangen: Entgegen allen wohlmeinenden Ratschlägen, unter anderen auch von Richard Braithwaite, hatte er Wittgenstein gebeten, sein Doktorvater zu sein. Zur allgemeinen Verblüffung hatte Wittgenstein eingewilligt.

Hijab erinnert sich noch gut an die Doktorandenübungen, die, wenn das Wetter es erlaubte, im Gehen abgehalten wurden. Tief in Diskussionen über Religionsphilosophie versunken, pflegten er, Wittgenstein und eine Kommilitonin, Elizabeth Anscombe, wieder und wieder den geschniegelten Trinity Fellows' Garten zu umrunden. »Wenn Sie wissen wollen, ob ein Mann religiös ist, fragen Sie ihn nicht, beobachten Sie ihn«, sagte Wittgenstein. In Gegenwart seines Doktorvaters war Hijab meist aus purer Angst mit Stummheit geschlagen. In dessen Abwesenheit, sagt er, habe er zuweilen bewiesen, daß »ein Funke vom alten Meister auf ihn übergesprungen sei«.

Wittgenstein, überlegt Hijab heute, zerstörte sein intellektuelles Fundament, seinen religiösen Glauben und sein Vermögen, abstrakt zu denken. Nachdem er die Promotion aufgegeben und Cambridge verlassen hatte, widmete er sich wieder der Mathematik und verschwendete viele Jahre lang keinen Gedanken mehr an die Philosophie. »Er war wie eine Atombombe, wie ein Tornado – die Leute begreifen das einfach nicht.«

Dessen ungeachtet hält Hijab an jener besonders leidenschaftlichen Loyalität gegenüber seinem Lehrmeister, die Wittgenstein zu inspirieren vermochte, fest. »Die Leute sagen oft, alle Philosophie sei nur eine Fußnote zu Plato, aber sie sollten hinzufügen ›bis Wittgenstein‹«, sagt Hijab. Seine Treue wurde schließlich belohnt. 1999 erregte er bei einer Wittgenstein-Tagung in Österreich einiges Aufsehen, als er – mehr oder weniger uneingeladen – mit seinen Einlassungen das Programm über den Haufen warf, worauf ihm schließlich zwei Sondersitzungen für seine Vorträge über den Meister eingeräumt wurden, welche die *Neue Zürcher Zeitung* mit einer ausführlichen Berichterstattung würdigte. Von Österreich begab sich Hijab nach Cambridge, um dort im Wittgenstein-Archiv Seminare abzuhalten. Wie er sagt, hatte er ein halbes Jahrhundert gebraucht, um sich von seiner »Überbelichtung« durch Wittgenstein zu erholen. Jetzt wolle er das Versäumte wettmachen.

Die vollständige Schilderung der Konfrontation zwischen Wittgenstein und Popper müssen wir aufschieben, bis alles Beweismaterial vorliegt. Unterdessen beginnen wir am besten mit den Augenzeugen.

Eigentlich müßten wir jetzt einen kühlen Lufthauch verspüren, während unser Blick über den Raum streift und in der geisterhaften Schar, die auf Dr. Poppers Vortrag wartet, unsere acht – nun wieder jugendlichen – Freunde entdeckt. Doch zunächst wird das Auge unweigerlich von den Geistesgrößen des Abends angezogen. Vor dem Kamin hat sich, friedlich seine Pfeife rauchend, der weißhaarige Bertrand Russell niedergelassen. Links von Russell, mit dem Gesicht zum Publikum, sitzt eine stille, scheinbar unbedeutende Gestalt, Karl Popper. Ein oder zwei Studenten bemerken seine auffallenden, für seinen relativ kleinen Wuchs unverhältnismäßig großen Ohren, um sich nach der Versammlung bei einem Glas Bier darüber lustig zu machen. Popper ist gerade dabei, seinen Gegner zu taxieren, über den er so viel gehört, den er aber bislang noch nie gesehen hat. Wittgenstein, Vorsitzender des Clubs, ebenfalls klein, aber voll nervöser Energie, sitzt zur Rechten von Russell; ungeduldig, die Versammlung zu eröffnen, streicht er mit der Hand über seine Stirn und schaut Dr. Popper an mit seinen auf blendend weißen, großen Augäpfeln sitzenden durchdringenden blauen Augen, die einem ein unbehagliches Gefühl verursachen.

Wegen Wittgenstein und Popper sind wir hier. Aber nun schweift unser Blick zu dem jungen Palästinenser Wasfi Hijab. Er umklammert das Protokollbuch des Moral Science Club, in welches er später das die Konfrontation des Abends zusammenfassende Understatement eintragen wird: »Die Zusammenkunft war ungewöhnlich spannungsgeladen.«

Hijab hatte die säuberlich handgeschriebene Einladung an Popper geschickt und, um diesen zufriedenzustellen, die Verlegung der Versammlung von dem sonst üblichen Donnerstag auf den Freitag bewerkstelligt. Wie alle Sekretäre fühlt er sich verantwortlich für das Erscheinen seines Gastes und sorgt sich um dessen Ankunft, bis er ihn schließlich in Fleisch und Blut vor sich sieht. Poppers fester Händedruck ist ein erstes Zeichen dafür, daß in seinem kleinen Körper eine durchsetzungsfähige Persönlichkeit wohnt.

In Poppers Nähe sitzt einer seiner engsten Freunde in Cambridge, Peter Munz, der Forschungsarbeit für einen akademischen Grad in Geschichte betreibt. Munz ist einer der zwei Einzigen, die sowohl bei Wittgenstein als auch bei Popper studiert haben: Während des Krieges von Popper in Neuseeland unterrichtet, war er als sichtlich ernsthafter, gescheiter Student gerade ein paar Wochen zuvor von Wittgenstein in dessen Whewell's-Court-Seminar aufgenommen worden.

Munz ist noch lebhaft im Gedächtnis, wie Popper langsam den Raum zu durchmessen pflegte, dabei ein Stück Kreide hochwerfend und wieder auffangend, ohne auch nur einmal im Gehen innezuhalten, während er seine Überlegungen in langen, perfekt konstruierten Sätzen formulierte. Nun hat Munz Wittgenstein kennengelernt, der, den Kopf in die Hände gestützt, sichtlich mit seinen Ideen ringt, gelegentlich abgehackte Bemerkungen ausstoßend, als sei das Artikulieren jedes Wortes so schmerzhaft wie das Herausziehen eines Dorns, und dazwischen vor sich hin brummt »Gott, bin ich heute vernagelt« oder poltert »Verflucht nochmal, so helfe mir doch jemand!«.

Dann ist da der 23jährige John Vinelott, dessen Gesichtszüge von den Härten des Seekriegs im Fernen Osten gezeichnet sind. Vor seinem Eintritt in die Kriegsmarine hatte er an der Universität London Sprachen studiert. Ein Zufallserlebnis während des Krieges brachte ihn nach Cambridge: Beim Schmökern in einem Buchladen von Colombo – der Hauptstadt des damaligen Ceylon, heute Sri Lanka – war ihm ein Exemplar von Wittgensteins *Tractatus logico-philosophicus* in die Hände gefallen und hatte ihn sofort gefesselt. Nach Kriegsende ging er nach Cambridge, »um zu Wittgensteins Füßen zu sitzen«. Die skeptischen Augen, die später so viele Prozeßparteien und Anwälte irritieren werden, sind jetzt prüfend auf den Gastredner Popper gerichtet. Die intellektuellen Exerzitien im Seminar an jenem Nachmittag waren noch strapaziöser gewesen als gewöhnlich. Nach dem Rätsel des Selbstgesprächs war die Flexibilität mathematischer Regeln diskutiert worden. »Angenommen, Sie alle hätten ausschließlich in diesem Raum Arithmetik getrieben«, hatte Wittgensteins Hypothese gelautet. »Und angenommen, Sie gehen in den angrenzenden Raum. Könnte dadurch 2+2=5 nicht logisch werden?« Er hatte diese offenkundige Absurdität noch weiter getrieben. »Wenn Sie aus dem Nachbarraum mit 20x20=600 zurückkämen, und ich sagte, das sei falsch, könnten Sie dann nicht entgegnen ›Aber im Nachbarraum war es nicht falsch‹?« Vinelott zerbricht sich noch immer den Kopf darüber. Noch nie ist ihm ein Mensch von einer derartigen Intensität begegnet: »Glühend vor intellektueller Leidenschaft«, erinnert er sich.

Ziemlich weit vorn sitzt ein Ultra-Wittgensteinianer: Peter Geach, der sein Examen bereits abgelegt hat und sich derzeit ohne eine offizielle *Raison d'être* in Cambridge befindet. Aber seine Ehefrau, Elizabeth Anscombe, ist Studentin des Frauen-College Newnham und ebenso wie ihr Mann ein Mitglied des Moral Science Club. An diesem Abend hütet sie zu Hause in der Fitzwilliam Street, gleich hinter der

King's Parade, die beiden kleinen Kinder des Paares. Sowohl sie als auch ihr Mann stehen Wittgenstein sehr nahe: Sie wird eines Tages zu Wittgensteins Erben, Übersetzern und literarischen Nachlaßverwaltern zählen und selber auf dem Gebiet der Philosophie eine führende Rolle spielen. Wittgenstein nennt sie liebevoll »old man«. Einer damaligen Beschreibung zufolge ist sie »untersetzt, ... trägt Hosen und ein Herrenjackett«. Elizabeth und Peter zusammen sind ein ehrfurchtgebietendes akademisches Paar, zumal beide in Oxford ihr Examen in *Literae Humaniores* mit Auszeichnung bestanden haben. Ihre Philosophie ist von ihrem unbeirrbaren römisch-katholischen Glauben geprägt – bei Peter wohl zum Teil eine Reaktion auf die Unbeständigkeit seines Vaters, der ohne augenscheinliche Gewissensqualen gewohnheitsmäßig alle paar Monate die Religion wechselte, bei Elizabeth vermutlich ein Resultat ihrer Konversion.

In der erwartungsvollen Schar können wir auch Stephen Toulmin, Peter Gray-Lucas, Stephen Plaister und Georg Kreisel ausfindig machen. Alle vier kamen nach Cambridge, nachdem sie ihren Beitrag zur Kriegsanstrengung geleistet hatten. Toulmin, ursprünglich Student der Mathematik und Physik, war in einer Radar-Forschungsstelle stationiert. Seitdem hat er die Naturwissenschaften an den Nagel gehängt und ist inzwischen mit vierundzwanzig Jahren Doktorand der Philosophie: Seine Dissertation gilt als so anspruchsvoll, daß die Cambridge University Press sie zur Veröffentlichung angenommen hat, noch ehe sie von den Prüfern beurteilt wurde. Toulmin ist aus dem Cottage herbeigeeilt, das er vom emeritierten Philosophieprofessor George Edward Moore gemietet hat und das sich im hinteren Teil von dessen Garten befindet. Peter Gray-Lucas, ein begabter Linguist, der fließend Deutsch spricht, leistete seinen Kriegsdienst in dem streng geheimen Dechiffrierzentrum Bletchley Park, wo so viele strategische Pläne der Nazis entschlüsselt und zunichte gemacht wurden. Georg Kreisel, in Österreich geborener Jude, tat während des Krieges Dienst in der Admiralität; er ist einer der wenigen Menschen, die sich von Wittgenstein nicht übermäßig beeindrucken oder einschüchtern lassen. Kreisel ergötzt sich an den gröberen der unzählig aus Wittgensteins Mund strömenden Aphorismen, wie »man versuche nicht, höher als der eigene Arsch zu scheißen«, den Wittgenstein auf Philosophen wie Popper gemünzt hatte, die glaubten, die Welt verändern zu können. Stephen Plaister beschäftigt sich nur am Rande mit Philosophie und hat kaum Kontakt zu Wittgenstein. Eine Erinnerung wird ihm jedoch stets lieb und teuer bleiben: Nachdem er einmal zufällig Wittgenstein und Kreisel auf der Straße getroffen hatte, erzählte Kreisel ihm später, Wittgenstein habe ihn sympathisch aussehend gefunden. Und schließlich fällt neben den ehemaligen Kriegsteilnehmern durch sein jugendliches Benehmen und frisches Gesicht Michael Wolff auf, der mit seinen neunzehn Jahren direkt von der Schule kommt und in dieser Umgebung noch ein wenig schwimmt.

Diese gelehrten Köpfe und der Rest unserer geisterhaften Schar tragen größtenteils dicke Sportjacketts, graue Flanellhosen, Krawatten in den Farben ihrer Schule oder ihres Regiments und hie und da eine Weste oder einen Shetlandpullover. Überbleibsel von Militäruniformen sieht man noch immer an denen, die knapp an Textilmarken sind. Einer oder zwei haben erkennbar gebrauchte Wüstenstiefel aus Wildleder und Reithosen an. Wittgensteins Schüler fallen auf, sind sofort erkennbar daran, daß sie den Meister imitieren: salopp bis schlampig in Hemden mit offenem Kragen.

Es ist kaum überraschend, daß jeder der in diesem Raum Anwesenden eine etwas andere Erinnerung an die Ereignisse jenes Abends hat. Manche hatten zwangsläufig ein eingeengtes Blickfeld. Außerdem überstürzten sich die Dinge, was die genaue Abfolge im nachhinein ungewiß erscheinen läßt. Aber an eines erinnern sich fast alle: an den Schürhaken.

»Betrachten Sie diesen Schürhaken«, hört Peter Geach Wittgenstein herausfordernd zu Popper sagen, während Wittgenstein die Metallstange ergreift und sie zur Illustration eines philosophischen Beispiels benutzt. Aber im Laufe der weiteren heftigen Auseinandersetzung zwischen den beiden vermag Wittgenstein (ganz gegen seine gewohnte Wirkung) den Gast nicht zum Schweigen zu bringen, noch kann der Gast (ebenfalls ganz gegen dessen Gewohnheit) seinen Gegner zum Schweigen bringen. Erst nachdem er eine von Popper vorgebrachte Behauptung nach der anderen in Frage gestellt hat, gibt Wittgenstein schließlich auf. Irgendwann dazwischen muß er aufgestanden sein, denn Geach sieht ihn zu seinem Vorsitzendenplatz zurückkehren und sich hinsetzen. Er hält noch immer den Schürhaken in der Hand. Mit dem Ausdruck großer Erschöpfung auf seinem Antlitz lehnt er sich auf seinem Stuhl zurück und streckt den Arm zum Kamin aus. Der Schürhaken fällt klirrend auf die Kaminplatten. In diesem Augenblick erregt der Gastgeber, Richard Braithwaite, Geachs Aufmerksamkeit. Von Wittgensteins Gestikulieren mit dem Schürhaken beunruhigt, bahnt er sich in gebückter Haltung einen Weg durch das Publikum. Er nimmt den Schürhaken auf und entfernt ihn irgendwie. Kurz darauf erhebt sich Wittgenstein verstimmt, verläßt still die Versammlung und schließt die Tür hinter sich.

Michael Wolff sieht, daß Wittgenstein, den Schürhaken locker in der Hand haltend, damit herumspielt, während er ins Feuer starrt. Jemand sagt etwas, das Wittgenstein sichtlich ärgert. Inzwischen hat sich Russell an der Diskussion beteiligt. Wittgenstein und Russell stehen beide. Wittgenstein sagt: »Du mißverstehst mich, Russell. Du mißverstehst mich immer.« Er betont »miß«, und sein Russell klingt wie »HRussell«. Russell erwidert: »Du bringst die Dinge durcheinander, Wittgenstein. Du bringst immer die Dinge durcheinander.« Russells Stimme klingt ein wenig schrill, ganz anders als in seinen Vorlesungen.

Peter Munz wiederum sieht Wittgenstein plötzlich den Schürhaken – rotglühend – aus dem Feuer nehmen und damit zornig vor Poppers Gesicht herumfuchteln. Da nimmt Russell – der bislang noch kein Wort gesprochen hat – die Pfeife aus dem Mund und sagt energisch: »Wittgenstein, leg sofort den Schürhaken hin!« Seine Stimme hört sich erregt und etwas krächzend an. Wittgenstein gehorcht, steht aber nach kurzer Zeit auf und geht fort, die Tür hinter sich zuschlagend.

Von seinem Sitzplatz aus beobachtet Peter Gray-Lucas, wie Wittgenstein, zunehmend erbost über das nach seinem Empfinden offenbar ungehörige Betragen Poppers, den Schürhaken umherschwenkt. Wittgenstein benimmt sich auf seine »übliche grotesk-arrogante, eigensinnige, taktlose und flegelhafte Art. Als Story machte es sich gut, hinterher zu behaupten, er habe ›Popper mit einem Schürhaken bedroht‹.« Auch Stephen Plaister sieht den erhobenen Schürhaken – in seinen Augen wirklich die einzige Möglichkeit, mit Popper fertigzuwerden –, ist indes weder überrascht noch schockiert.

Für Stephen Toulmin, der nur zwei Meter von Wittgenstein entfernt sitzt, geschieht überhaupt nichts Ungewöhnliches; nichts, was in der Rückschau die Bezeichnung ›Zwischenfall‹ verdiente. Seine Konzentration gilt Poppers Angriff auf den Gedanken, Philosophie sei bedeutungslos, und den verschiedenen Beispielen, die er dafür anführt. Eine Frage hinsichtlich Kausalität erhebt sich, und in diesem Augenblick nimmt Wittgenstein den Schürhaken auf, um ihn als Werkzeug für sein Argument über Kausalität zu benutzen. Später, aber erst, nachdem Wittgenstein den Raum verlassen hat, hört Toulmin, wie Popper seine Schürhaken-Regel aufstellt, nämlich daß man Gastredner nicht mit Schürhaken bedrohen solle.

Es liegt auch eine schriftliche Zeugenaussage von Hiram McLendon vor, einem Amerikaner aus Harvard, der das akademische Jahr 1946/47 in Cambridge verbrachte, bei Russell studierte und in H 3 anwesend war. Der Abend hinterließ bei ihm einen derartigen Eindruck, daß er viele Jahre später seine Erinnerung daran niederschrieb und seine Darstellung von Russell überprüfen ließ, der sie billigte. In der blumigen Schilderung spielt sein ehemaliger Tutor die Heldenrolle, »ein gewaltiger Riese, ein brüllender Löwe, ein Racheengel«. Popper, so schreibt er, habe sein Referat geradezu mit »einer Abbitte für dessen Kühnheit« gehalten. Es fand eine stürmische Aufnahme, und das Publikum wurde zunehmend unruhig. Wittgenstein ging zur Tat über, ergriff den eisernen Schürhaken und schwang ihn feindselig, während er mit sich fast überschlagender Stimme den Gastredner zurechtwies. Worauf Russell, der bislang geschwiegen hatte, plötzlich Poppers Verteidigung ergriff, mit seiner »weißen Mähne sein Einschreiten krönend«, und »losdonnerte wie Gott vom Berge Sinai«.

Die meisten dieser Berichte lassen erkennen, daß der Schürhaken sich den Augenzeugen unauslöschlich eingeprägt hat. Aber was den springenden Punkt anbelangt – ob Popper sich Auge in Auge mit Wittgenstein einen Scherz auf dessen Kosten erlaubte –, stimmt nur John Vinelott mit Popper überein. Vinelott hört, wie Popper seine Schürhaken-Regel vorbringt, und beobachtet, daß Wittgenstein über diese nach seiner Überzeugung unziemlich frivole Bemerkung sichtlich verärgert ist. Wittgenstein verläßt abrupt den Raum; kein Wort davon, daß er die Tür zuschlägt.

Diesen Versionen steht Karl Poppers Aussage entgegen, eine detaillierte Schilderung, der zufolge er (wenn wir ihn als Zeugen betrachten) sah, wie Wittgenstein den Schürhaken schwenkte, während er ein Beispiel für eine moralische Regel verlangte, und wie er, Popper, antwortete: »Du sollst Gastredner nicht mit einem Schürhaken bedrohen.« Er sah Wittgenstein den Schürhaken hinwerfen, hinausstürzen und die Tür hinter sich zuschlagen.

Wie stellt sich Professor Geach zu diesen divergierenden Berichten? Mit der Vehemenz, die dieser Vorfall noch immer hervorruft, erklärt er unumwunden, daß Popper log. Für Geach ist die entscheidende Frage ganz einfach, ob Wittgenstein, wie Popper behauptet, die Versammlung verließ, nachdem Popper die Schürhaken-Regel vorgebracht hatte. Geach sah zuerst Wittgenstein den Raum verlassen, dessen ist er sicher.

John Watkins hingegen legte eine gewisse Unsicherheit an den Tag, nachdem er im *Times Literary Supplement* angegriffen worden war. Nach weiteren Nachforschungen erklärte er sich in einem Brief bereit, sein Urteil darüber, wann genau Wittgenstein die Versammlung verließ, »als eine Sache des Details« zurückzustellen. Das war ein riskantes Zugeständnis. In Poppers autobiographischem Bericht ist das schließlich keineswegs eine Sache des Details. Popper stellte die Überlegung an, daß Wittgensteins Zorn vermutlich dadurch hervorgerufen worden war, daß er sich durch seinen, Poppers, Scherz verletzt fühlte – was logischerweise unmöglich gewesen wäre, hätte Wittgenstein vor dem Scherz den Raum verlassen. Wie sich herausstellte, hatte das Zugeständnis – wie beim Kreuzverhör – lediglich zur Folge, den Fürsprecher noch größerer Geringschätzung und weiterer Kritik seitens der Zeugen auszusetzen. Voller Verachtung äußerte Geach: »Wenn jemand fälschlich aussagt ›John und Mary bekamen ein Kind und heirateten dann‹, würde ein Freund ihn kaum gut verteidigen mit der Behauptung, es sei jenem vermutlich entfallen, ob die Geburt oder die Eheschließung zuerst stattfand.«

Zu diesem und anderen entscheidenden Punkten der Episode – der Abfolge der Ereignisse, der Atmosphäre, dem Verhalten der Antagonisten – sind eindeutige Aussagen aus der Rückschau vorhanden, die ebenso eindeutig einander widersprechen. Der Schürhaken ist rotglühend, er ist kalt. Wittgenstein fuchtelt zornig damit herum, gebraucht ihn als Dirigentenstab, zur Illustration eines Beispiels, als Werkzeug. Er erhebt ihn, benutzt ihn zur Betonung, schwenkt ihn, spielt mit ihm. Er geht nach einem Wortwechsel mit Russell fort, er geht weg, nachdem Popper seine Schürhaken-Regel vorgebracht hat. Er entfernt sich still, abrupt, schlägt die Tür zu. Russell spricht mit hoher Stimme, mit normaler Stimme.

Was geschah wirklich – und weshalb?

Karl Popper

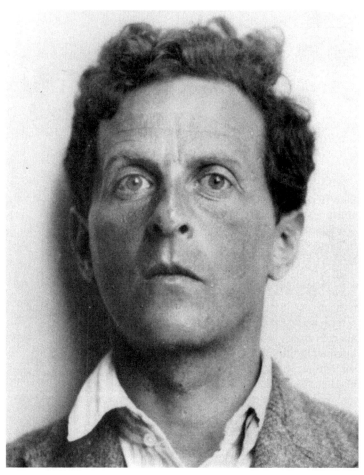

Ludwig Wittgenstein

VERZAUBERUNG

*Gott ist angekommen. Ich traf ihn im Fünf-
Uhr-Fünfzehn-Zug.*

JOHN MAYNARD KEYNES

Er wirkte einen Zauber.

FANIA PASCAL

Eine Herausforderung für das Bestreben, den beiden Protagonisten
eine unparteiische Behandlung zuteil werden zu lassen, besteht in etwas, das man nur als Wittgensteins Zauberkraft bezeichnen kann,
die, über Jahrzehnte hinweg ungebrochen, unsere Aufmerksamkeit
fesselt.

Die von Wittgenstein ausgehende Faszination teilt sich uns zum einen durch die Begeisterung und das Aufleuchten in den Augen seiner
ehemaligen Studenten mit, wenn sie, sich rückerinnernd, von ihm
sprechen und dabei sichtlich noch immer in seinem Bann stehen; zum
anderen durch seine rätselhaften Äußerungen, die Quellen endloser
Interpretationsprozesse sind; zum dritten durch seine komplexe Persönlichkeit, wie sie uns in Erinnerungsberichten und Abhandlungen
überliefert ist. »Eine verblüffende Kombination von Mönch, Mystiker
und Handwerker«, schreibt der Literaturtheoretiker Terry Eagleton,
Verfasser eines Drehbuchs und eines Romans über Wittgenstein.

Die Vorstellung von Wittgenstein als einer religiösen Gestalt, als
eines gleichsam heiligen und für die Menschheit leidenden Propheten zieht sich durch viele Berichte über ihn, ganz gleich, ob sie auf
Tatsachen beruhen oder frei erfunden sind. Dem Volkswirtschaftler
John Maynard Keynes erzählte er, er habe in den zwanziger Jahren
die Philosophie aufgegeben, um in einer österreichischen Dorfschule
zu unterrichten, weil der Schmerz, den er dabei empfand, den
Schmerz beim Philosophieren verdrängte, wie eine heiße Wärmfla-
sche, die man gegen die Wange preßt, das Zahnweh betäubt. Einem
Kommentar des Sozialanthropologen Ernest Gellner zufolge wurde
»Wittgensteins Rang durch sein Leiden errungen«. Nach jüdischen
Begriffen konnte er als ein der Tradition entsprechender, die Wildnis
durchwandernder Zaddik, als heiliger Mann betrachtet werden. In ei-

ner Erzählung wird er als »der Wüstenmystiker, der von Brot, Regen-
wasser und Schweigen lebt«, dargestellt.

Es bei diesen Charakterisierungen bewenden zu lassen wäre jedoch
irreführend: Wittgenstein ist uns in erster Linie als dynamisch und
kraftvoll überliefert. Wer ihn kannte, ob Freund oder Feind, beschreibt ihn in einer alles andere als gemäßigten Sprache. Und die
Beschwörung Wittgensteins in einer Flut literarischer Werke – von
philosophischen Publikationen abgesehen – ist eine eindrucksvolle
Bestätigung der Faszination, die er weit über seinen Tod hinaus aus-
übt. Wenn wir diese Faszination zu begreifen suchen, liegt das Geheimnis vielleicht darin, Wittgenstein als literarische Figur einzuord-
nen, die in einer Abhandlung über Autoren – Proust, Kafka, Eliot,
Beckett – ebenso am Platze ist wie in einer Studie über Philosophen.

Die amerikanische Literaturkritikerin Marjorie Perloff führt in
Wittgenstein's Ladder, ihrem Buch über die dichterische Sprache des
20. Jahrhunderts, acht Romane und Dramen, zwölf Gedichtbände sowie sechs Performances und experimentelle Kunstwerke an, die Wittgenstein unmittelbar zum Gegenstand haben oder von ihm beeinflußt sind. Die Widersprüche seines Lebens nachzeichnend, schreibt
sie: »[Diese Vita] bietet sich zweifellos zu dramaturgischer und erzäh-
lerischer Darstellung, zur Bildung von Mythen an. Denn Wittgenstein tritt uns als der Inbegriff des modernen Außenseiters entgegen,
als der Wechselbalg, der sich unaufhörlich neu erfindet.« Mit anderen
Worten, Wittgenstein ist, was wir wollen, daß er sei.

Er dürfte auch unter Philosophen insofern einzigartig sein, als sein
Name, zur Kurzform für »charismatisches Genie« geworden, in die bei
den stets unter Druck stehenden Journalisten gebräuchlichen Kürzel
eingegangen ist. Ein Trendsetter der 1990er Jahre wird als »Restau-
rantbesitzer mit der hypnotischen Faszination eines Wittgenstein«
bezeichnet. »Man muß kein Wittgenstein sein, um zu begreifen ...« ist
als Alternativausdruck für »man muß kein Raketenforscher sein« zur
Hand; während »er ist kein Wittgenstein« jemanden in seine intellektuellen Schranken weist. Sir Colin St. John Wilson, dessen architek-
tonische Entwürfe stark von Wittgenstein inspiriert wurden, wenngleich er ihm niemals begegnet ist, sagt: »Er war offenkundig ein
Magier, und seine Beziehungen zu Menschen waren von magischer
Beschaffenheit.«

Wittgensteins nachhaltige Wirkung auf diejenigen, die er unterrichtete, wird deutlich aus einer Episode, die Peter Gray-Lucas – wir
sind ihm bereits in H 3 begegnet – erzählt. Er gehörte nicht zu den

Bewunderern Wittgensteins, hielt ihn vielmehr für einen »Scharlatan«. Gleichwohl fand er seine Persönlichkeit bezwingend:

»Er war ein absolut phantastischer Mime. Er hatte seinen Beruf verfehlt, er hätte Komiker werden sollen. In seinem drolligen Österreichisch konnte er alle möglichen Akzente, Sprechmanierismen, Redegewohnheiten nachahmen. Er sprach ständig von dem unterschiedlichen Tonfall, in dem man Dinge ausdrücken kann, und das war ungeheuer fesselnd. Ich entsinne mich, daß er sich eines Abends von seinem Stuhl erhob und, mit sonderbarer Stimme, so etwas äußerte wie ›Was sagen wir, wenn ich durch diese Wand gehe?‹ Und ich erinnere mich, daß ich plötzlich merkte, wie ich die Armstützen meines Stuhls umklammerte und meine Fingerknöchel ganz weiß wurden. Ich glaubte wirklich, er würde durch die Wand gehen und das Dach würde einstürzen. Das muß Teil seiner Zauberkraft gewesen sein, daß er nahezu alles heraufbeschwören konnte.«

Ein weiterer Teil seiner Zauberkraft war allem Anschein nach seine Fähigkeit, in allem, wofür er sich interessierte, Originelles und Vortreffliches zu leisten. Als junger Student des Ingenieurwesens ließ er sich 1910 einen neuen Flugzeugmotor patentieren, der das Düsentriebwerk vorwegnahm, 1943 wiedererfunden und mit Erfolg getestet wurde. Im Ersten Weltkrieg wurde er als Feldsoldat mehrfach ausgezeichnet. Zwischen den Kriegen stellte er ein neues Wörterbuch für Volksschüler zusammen und beteiligte sich entscheidend am Entwurf eines vielgepriesenen modernen Hauses. Im Zweiten Weltkrieg arbeitete er als Laborassistent eines Ärzteteams, das den Wundschock erforschte, und erfand ein neues Gerät zur Messung der durch Blutdruckschwankungen hervorgerufenen Veränderungen der Atmung. Wohin er auch seinen Fuß setzte, hinterließ er seine schöpferische Spur.

Karl Popper kommt weder in kriminalistischen Romanen, rabiaten Bühnenstücken noch in der Dichtkunst vor. Man kann sich kaum einen krasseren Gegensatz zu Wittgenstein vorstellen als ihn, einen durch und durch normalen Menschen, unbeirrbar in seinem akademischen wie in seinem Eheleben. Ebenso gegensätzlich war auch ihre jeweilige Wirkung auf andere: Während Wittgenstein jeden Raum, den er betrat, sofort zu beherrschen pflegte, blieb Popper, wie sich sein Freund Bryan Magee – Philosoph, Politiker, Moderator – entsinnt, der ihn zum ersten Mal bei einer Versammlung sah, zunächst fast unbemerkt.

»Redner und Vorsitzender kamen Seite an Seite herein. In diesem Augenblick wurde mir klar, daß ich nicht wußte, wer von den beiden Popper war ... Aber da der eine stabil und selbstsicher, der andere hingegen klein und unbedeutend wirkte, sah es so aus, als müsse der erstere Popper sein. Unnötig hinzuzufügen, daß der letztere, der kleine Mann ohne Präsenz, Popper war. Indessen mangelte es ihm nur so lange an Präsenz, als er nicht sprach – obwohl er selbst beim Sprechen nicht durch seine Art, sich zu geben, die Aufmerksamkeit auf sich zog, sondern durch die Substanz dessen, was er sagte.«

Diese Diskrepanz zwischen Poppers auf den ersten Blick schüchternem Auftreten und seinem Eifer auf dem Podium und in der Debatte verblüffte seinen Nachfolger an der London School of Economics. Im Gedanken an den Schürhaken-Zwischenfall äußerte John Watkins, Popper habe »sowohl etwas von einer Katze als auch von einem Löwen [gehabt], mit der Tendenz, zwischen beiden zu pendeln. Zunächst ist da ein kleiner Mann, vielleicht etwas verängstigt oder ziemlich nervös und unsicher dreinblickend. Und im nächsten Moment schwillt er an zu einer großen Herausforderung.« Diese anfängliche Schüchternheit mag sich durch eine von seinem Selbstgefühl herrührende Zurückhaltung verfestigt haben: seinem Mangel an Körpergröße und seinem Körperbau, mit kurzen Beinen und großem Brustumfang. Damit nicht genug: »Er hatte diese übergroßen Ohren. Lange Zeit war er darüber sehr bekümmert und hatte einen Minderwertigkeitskomplex wegen seines Äußeren.« Im Alter schien er seine Ohren noch mehr zu vergrößern, indem er an den Ohrläppchen zog, um besser zu hören. Manche behaupten, seine Frau Hennie habe ihm Insuffizienzgefühle verursacht, weil sie ihm nicht die Zuneigung gezeigt habe, nach der er verlangte.

Das letzte Element des Vergleichs ist die Frage nach der Aktualität des Lebenswerkes der beiden Protagonisten. Wittgensteins Infragestellen unserer Gedanken ist uns stets gegenwärtig. Seine kernigen Aussprüche – gleich denen eines Orakels – erzwingen unsere Aufmerksamkeit. Poppers großer Beitrag zur Politik, zu unserem Verständnis der Geschichte und der wissenschaftlichen Methode, in klarer, verständlicher Prosa abgefaßt, ist bis zu einem gewissen Grade von den Zeitläuften überholt und von Kritikern demontiert worden. Der Fall der Berliner Mauer und die Implosion der kommunistischen Regime rechtfertigen Poppers Angriff auf totalitäre Regierungen und seine Befürwortung einer offenen Gesellschaft. Doch gerade der Erfolg seiner Bestrebungen weist ihn eher als einen Gelehrten von vergangener Größe denn von gegenwärtigem Einfluß aus.

Jeder der beiden hat uns heute viel zu sagen. Aber zwei Beispiele aus der Presse führen uns ihre gegenwärtige wie vergangene Relevanz vor Augen. Die letzte Ausgabe des *Spectator* für das 20. Jahrhundert enthielt nicht weniger als drei kulturell zeitgenössische Bezüge auf Wittgenstein, darunter die Erwähnung, seine Spätphilosophie habe Michael Frayn zu dessen humoristischem Bestseller *Headlong (Das verschollene Bild)* inspiriert. Gleichzeitig berief sich die *Financial Times* in einem Artikel, der das vergangene Jahrhundert Revue passieren ließ, bei ihrer Analyse des Bindeglieds zwischen dessen Greueln und Errungenschaften auf Popper.

Die von Wittgenstein ausgehende fortdauernde Faszination darf daher nicht die Tatsache verdecken, daß Professor Sir Karl Popper, Companion of Honour, Fellow of the Royal Society und Fellow of the British Academy, zu seinen Lebzeiten als einer der originellsten Denker der Welt gefeiert war.

Cambridge University Moral Science Club.

FOUNDED 1874.

" Dissere aut Discede ".

MICHAELMAS TERM, 1946.

President :
Prof. C. D. BROAD

Chairman :
Prof. L. WITTGENSTEIN

Hon. Sec. :
W. HIJAB.

RULE II.

The main object of the Club is the periodical discussion of Philosophical Subjects, such discussions to be *introduced* by the reading of . . . papers . . . and it is therefore desirable that the papers should be as short as possible.

75.9.46   Metcalfe's, Trinity Street

PROGRAMME.

DATE	DISCUSSION OPENED BY	IN ROOMS OF	ADDRESS	SUBJECT
Thur. Oct. 17	Dr N. MALCOLM	Mr BRAITHWAITE	H, King's	The Theory of Sensa
Fri. „ 25	Dr K. R. POPPER	,,	,,	Methods in Philosophy
Thurs. „ 31	Mr J. L. AUSTIN	,,	,,	Nondescription
Thur. Nov. 7	Impromptu Discussion	,,	,,	
,, 14	Prof. L. WITTGENSTEIN	,,	,,	
,, 21	Mr S. E. TOULMIN	,,	,,	Disagreement
Fri. Nov. 29	Prof. H. H. PRICE	,,	,,	Universals and Resemblances

All meetings begin *punctually* at 8.30 p.m.

Der Trimesterplan des MSC: ... nur für Eingeweihte nachvollziehbare Debatten, geführt von bedeutenden Denkern.

JÜNGER

[Popper] war der Sokrates unserer Zeit.

ARNE PETERSEN

Wenn man die sokratischen Dialoge liest, so hat man das Gefühl: welche fürchterliche Zeitvergeudung!

LUDWIG WITTGENSTEIN

Schürhakenschwingen, Türenschlagen – was für ein akademisches Forum war der Moral Science Club?

Die Protokolle seit 1878 können in der Universitätsbibliothek von Cambridge eingesehen werden und beweisen, daß der Club schon immer an nur für Eingeweihte nachvollziehbare Debatten, geführt von bedeutenden Denkern, gewöhnt war (und ist). In der auf den Schurhaken-Zwischenfall folgenden Woche war der Redner John Langshaw Austin aus Oxford, Wortführer der philosophischen Schule der Sprachanalyse, die Wert darauf legte, die Nuancen der Alltagssprache zu explorieren. Austin widmete seinen Vortrag einem eigentümlichen Phänomen der englischen Sprache: Verben in der ersten Person Singular Präsens Indikativ, deren Äußerung an sich bereits eine Handlung darstellt (zum Beispiel *I name this ship Queen Elizabeth* – ich taufe dieses Schiff Queen Elizabeth, *I declare this meeting open* – ich erkläre diese Versammlung für eröffnet). Weitere im gleichen Zeitraum gehaltene Referate untersuchten die Möglichkeit von Halluzinationen, die Kluft zwischen Anschein und Wirklichkeit und den Begriff der Gewißheit. Anfang des Jahres hatte Alfred J. Ayer über das Wesen des Kausalprinzips gesprochen.

Jeder Teilnehmer an den Abendveranstaltungen des MSC bekundete allein schon durch sein Erscheinen ein echtes und ernsthaftes, über das Pflichtgefühl des Durchschnittsstudenten hinausgehendes Interesse an Philosophie. Damals wie heute wetteiferte der Club um Aufmerksamkeit mit einer Vielzahl anderer Attraktionen: Da gab es wäßriges Bier (wenn auch nur in geringen Mengen) zu trinken; da waren Debatten, an denen man sich beteiligen konnte, Musikgruppen, die Mitwirkende suchten, Zeitschriften, die herauszugeben waren, Politik, die diskutiert werden wollte; da riefen die Bretter, die die Welt bedeuten, der Fluß und der Sportplatz. Und sogar Seminar- und Hausarbeiten mußten geschrieben werden. Nach einem Tag voller Vorlesungen und Übungen war die Aussicht auf zwei Stunden Verben in der ersten Person Singular Präsens Indikativ nur für die Eifrigsten und Gewissenhaftesten verlockend. Immerhin durften die Vortragenden angesichts eines solchen Publikums einer rigorosen Herausforderung gewiß sein.

In den dreißiger und vierziger Jahren des 20. Jahrhunderts war dies jedoch nicht der einzige Grund, weshalb in erster Linie nur die Willensstarken zu den Meetings kamen: Einigen Berichten zufolge herrschte dort eine nachgerade fanatische Parteilichkeit, wie man sie normalerweise eher mit dem Fußballplatz als mit einem vergeistigten akademischen Club assoziieren würde. Leidenschaftlich demonstrierte Ergebenheit Wittgenstein gegenüber, so hieß es, brodelte hoch in jeder Diskussion. Der Philosoph Gilbert Ryle berichtete, bei seinen gelegentlichen Besuchen im Club »war die Verehrung für Wittgenstein so zügellos, daß meine Erwähnungen jedes anderen Philosophen mit höhnischen Bemerkungen quittiert wurden«.

Manche Habitués des MSC bestreiten das. Die Meinungen mochten in unverblümter Sprache geäußert worden sein, sagt Sir John Vinelott, aber die Debatte verlief stets gesittet. Georg Kreisel bestätigt das: unverblümt, aber zivilisiert. Doch ein Referat vor dem Moral Science Club zu halten konnte sich für den Redner selbst dann verheerend auswirken, wenn es nicht von höhnischen Bemerkungen unterbrochen wurde. Am 12. Juni 1940, als die deutschen Panzer gerade die französischen Verteidigungslinien überrollten und sich den Weg nach Paris und zum Ärmelkanal bahnten, riskierte Isaiah Berlin die Reise vom All Souls College, Oxford, zum Moral Science Club. Sein Biograph Michael Ignatieff beschreibt die Szene:

»Alle Philosophen von Cambridge erschienen – Braithwaite, Broad, Ewing, Moore, Wisdom –, und dann betrat noch ein sechster den Saal, ein kleinwüchsiger und gutaussehender Mann, der von einer Schar von Akolythen umgeben war, die wie er Tweedjacke und weißes Hemd mit offenem Kragen trugen. Das war Ludwig Wittgenstein. Berlin sprach darüber, wie man Kenntnis über die geistige Verfassung anderer erlangen konnte. ... Nach ein paar Fragen, die ihm im Anschluß daran gestellt wurden, wurde Wittgenstein ungeduldig und nahm die Diskussion in die Hand. Berlin erinnert sich, wie er sagte: ›Nein, nein, so darf man nicht an die Sache herangehen. Lassen Sie mich mal. Wir wollen jetzt nicht philosophisch reden. Wir wollen ganz sachlich miteinander reden. Geschäftsmäßig, wie unter ganz normalen Umständen.‹ ... Broad hockte da, rot wie ein gekochter Hummer, und sah wütend aus. G. E. Moore, schon alt und hinfällig, starrte Wittgenstein einfach mit offenem Mund an. Nach einer Stunde erhob sich Wittgenstein – seine Jünger taten es ihm natürlich gleich nach –, beugte sich über den Tisch und schüttelte Berlin die Hand: ›Sehr interessante Diskussion. Danke Ihnen.‹ Mit diesen Worten schritt er davon. ... [Diese] Begegnung markierte das symbolische, wenn nicht auch das tatsächliche Ende von Isaiahs Karriere als aktiver Philosoph.«

Es überrascht kaum, daß es eine Gruppe gab, die energisch für Wittgenstein eintrat. Da war endlich einmal ein faszinierender Lehrer. Ebenso wie sein Cambridger Zeitgenosse, der radikale Englisch-Spezialist Frank Raymond Leavis, der sich in den dreißiger Jahren auf stundenlangen Spaziergängen mit ihm unterhielt, zog Wittgenstein weniger Studenten als vielmehr Jünger an. Und diese neigten – ebenso wie die von Leavis – dazu, die Manierismen ihres Meisters zu imitieren. Georg Henrik von Wright, Wittgensteins Nachfolger auf dessen Lehrstuhl für Philosophie, berichtete: »Wittgenstein persönlich glaubte, sein Einfluß als Lehrer wirke sich, im großen und ganzen, schädlich auf die Entwicklung einer geistigen Unabhängigkeit in seinen Schülern aus. Ich fürchte, er hatte recht. Von Wittgenstein zu lernen, ohne nach und nach seine Ausdrucksweisen und Schlagworte zu übernehmen und sogar den Tonfall seiner Stimme, seine Körperhaltung und Gebärden nachzuahmen, war fast unmöglich.«

Einer der Studenten – und dann Freund – Wittgensteins, Norman Malcolm, später Professor für Philosophie an der Cornell-Universität in Ithaca im Staate New York, den Wittgenstein für »einen ernsthaften und anständigen Menschen« hielt, gelangte zu dem gleichen Schluß: »Nur wenige von uns vermochten sich davor zu bewahren, ihn zu kopieren und seine Eigenart, seine Gesten, den Tonfall, die Ausrufe nachzuahmen.« So etwa die Hand auf die Stirn zu legen, der Aufschrei »Ja!«, wenn er etwas rückhaltlos guthieß, und sein heftiges Stirnrunzeln. Er pflegte seine Hände, die Flächen mit den gestreckten Fingern aneinandergelegt, jemandem, dessen Meinung er teilte, entgegenzurecken; Meinungsverschiedenheit wurde durch eine scharfe Bewegung nach unten zu verstehen gegeben.

Eine weitere Anekdote ist bezeichnend für Wittgensteins Einfluß auf Malcolm selbst. Als Wittgenstein 1949 seinen früheren Schüler an der Cornell-Universität besuchte und in einem seiner Seminare saß, fragte ein Student, wer der alte Knabe da hinten sei, »der Malcolm imitiert«. Wittgenstein hinterließ einen prägenden Eindruck. Zehn Jahre nach seinem Tod erkannte Fania Pascal – die ihm in den dreißiger Jahren Russisch beigebracht und mit ihm Freundschaft geschlossen hatte – seine unverwechselbaren Eigenheiten an einem neuen Zufallsbekannten wieder, der überdies kein Philosoph war.

Nicht zu vergessen seien auch die Hemden, der oberste Knopf sorglich geöffnet. Wie sich Sir John Vinelott erinnert, waren die Schüler schmuddeligere Ausgaben von Wittgenstein, der sich sportlich gekleidet haben mochte, aber die Reinlichkeit in Person war: »Als ich ihm zum ersten Mal begegnete, fand ich, daß er wie ein pensionierter Armeeoffizier aussah. Er trug ein Hemd mit offenem Kragen, ein Tweedjackett, graue Flanellhosen, tadellos geputzte Straßenschuhe. Nichts davon war auch nur im geringsten schmuddelig. Alles war penibel gepflegt und von außergewöhnlicher Qualität.«

Wie gewissenhaft die Jünger des engsten Kreises dem Meister nacheiferten, mutet geradezu komisch an: Sie schliefen in schmalen Betten, trugen Turnschuhe, brachten ihr Gemüse in Einkaufsnetzen nach Hause (damit es atmen konnte) und stellten den Stangensellerie in Wasser, wenn sie ihn zum Essen servierten. Das war jedoch nicht nur eine Frage der Nachahmung amüsanter Eigenheiten. Seine Studenten neigten durchaus dazu, auch ihre generelle Einstellung zum Leben zu ändern und Wittgensteins »stolze, ja geradezu verächtliche Genügsamkeit« zu übernehmen, indem sie das, was sie zuvor als harmlosen Luxus genossen hatten, als »überaus belanglos und des Kultivierens unwürdig« verschmähen lernten. In der Tat konnten sie Wittgensteinischer als Wittgenstein sein, denn der Meister persönlich war nicht so asketisch, wie er oft hingestellt wird. Ein Beispiel ist das Gerücht, daß er seine Mahlzeiten nie an der Hohen Tafel von Trinity College eingenommen habe, weil das bedeutet haben würde, eine Krawatte umzubinden. Theodore Redpath, in den 1930er Jahren ein Student bei Wittgenstein und später selbst Dozent in Cambridge, erzählt, Wittgenstein habe sich von ihm Frack, weiße Weste, Schleife und Oberhemd mit steifer Hemdbrust ausgeliehen, um im Oktober 1939 am *Trinity Fellowship Admission Dinner* teilzunehmen. Er gehe »als *Professoraler* Fellow«, wie er Redpath »mit gespieltem Stolz« sagte.

Wenngleich berüchtigt dafür, die Meetings an sich zu reißen, hörte Wittgenstein im Moral Science Club gelegentlich auch zu – und lernte dabei. Im Jahre 1944 hielt George Edward Moore einen Vortrag, in welchem er ein Rätsel zur Sprache brachte, dem Wittgenstein, nach dessen Meinung es von fundamentaler Bedeutung war, den Namen »Moores Paradox« gab und dem er bei einer späteren Versammlung, am 25. Oktober 1945, genau ein Jahr vor der Auseinandersetzung mit Popper, einen ganzen Abend widmete. Auf diese Erwiderung Wittgensteins antwortete Moore wiederum mit einem Vortrag unter dem Titel »P, aber ich glaube P nicht«.

»Moores Paradox« galt Behauptungen wie »Smith verließ den Raum, aber das glaube ich nicht« und »In diesem Raum brennt ein Feuer, und ich glaube es nicht«. Moore hielt diese Behauptungen für absurd, weil sie aus psychologischen Gründen unmöglich seien. Für Wittgenstein lag ihr Reiz jedoch darin, daß sie logisch unzulässig waren, obwohl sie nicht unter das Schema »Smith verließ den Raum und Smith blieb in dem Raum« fielen. Sie trotzten der Logik unserer Sprache: Niemand würde einen derartigen Satz äußern. Mit anderen Worten, so Wittgensteins Gedankengang, sie bewiesen, daß Behauptungen vom Sprachgebrauch ausgeschlossen sein konnten, selbst wenn sie strenggenommen einander nicht widersprachen, das heißt, obwohl sie nicht vom Schema »P und nicht-P« waren. Für Wittgenstein war das ein Beweis dafür, daß das im Sprachgebrauch Unzulässige viel subtiler war, als er bislang angenommen hatte, daß die dem gesunden Menschenverstand entsprechende Logik umfassender war als die von Logikern praktizierte formale Logik.

Ebenso wie die anderen Größen der Philosophie in Cambridge benutzte Moore den MSC als Forum, um neue Ideen in ihrem Anfangsstadium zu testen. Je nachdem, wie der Test ausfiel, konnte dann an ihnen herumgestrickt oder sie konnten ganz fallengelassen werden. Wittgenstein hingegen pflegte von einem Thema, das sein Interesse weckte, völlig in Anspruch genommen zu werden und seine Umgebung darüber zu vergessen. Als er einmal nach einem Meeting des Moral Science Club mit Michael Wolff nach Hause ging, fuhren zwei amerikanische Armeelastwagen mit hoher Geschwindigkeit so dicht an ihnen vorüber, daß der Fahrtwind Wolffs Talar hochflattern ließ. »Diese Lastwagen fahren viel zu schnell«, protestierte er. Ohne den Beinahezusammenstoß überhaupt bemerkt zu haben, nahm Wittgenstein an, Wolffs Bemerkung sei eine sich auf den eben gehörten Vortrag beziehende Metapher. »Ich sehe nicht ein, was das mit der Frage zu tun hat.«

Im Hinblick darauf, die Versammlungen des MSC so produktiv wie möglich zu gestalten, hatte Wittgenstein sich eine genaue Meinung darüber gebildet, wie sie organisiert werden sollten. Ein Jahr nach seinem Eintreffen an der Universität hatte er dem Club seinen Willen aufgezwungen und durchgesetzt, daß es einen Vorsitzenden geben sollte, der die Diskussion »leitete«. Im Jahre 1912 wurde G. E. Moore in dieses Amt gewählt (das er 32 Jahre lang innehatte). Wittgensteins Ziel war, alle Selbstdarstellung und Phrasendrescherei auszumerzen, weshalb er während seiner ganzen Karriere in Cambridge großen Wert auf möglichst kurze Vorträge legte. Er begann, wie er von anderen verlangte, daß sie fortfahren sollten. Gegen Ende des Jahres 1912 referierte er in seinen eigenen Räumen über die Frage »Was ist Philosophie?«. »Sein Referat«, verzeichnet das Club-Protokoll, »dauerte nur etwa vier Minuten, womit er den alten Rekord Mr. Tyes um fast zwei Minuten unterbot. Philosophie wurde definiert als Summe aller einfachen Aussagen, die in den Einzelwissenschaften ohne Beweis als wahr gelten. Diese Definition wurde diskutiert, es gab jedoch wenig Neigung, sie zu übernehmen.«

In den darauffolgenden fünfunddreißig Jahren war Wittgensteins Beziehung zum Moral Science Club – wie alle seine Beziehungen – stürmisch und unberechenbar. Anfang der dreißiger Jahre nahm er davon Abstand, an den Meetings teilzunehmen, nachdem Klagen laut geworden waren, daß niemand anderer zu Worte käme. Als er 1935 entdeckte, daß Russell im MSC sprechen würde, erklärte er seinem ehemaligen Mentor seine mißliche Lage in einem Brief. Es wäre nur natürlich, wenn er käme, schrieb er:

»Aber: (a) Ich habe vor vier Jahren aufgegeben, zum Mor[al] Sc[ience] Cl[ub] zu gehen; die Leute haben mir damals mehr oder weniger vorgeworfen, daß ich in ihren Diskussionen zuviel redete. (b) Broad, der, wie ich glaube, am meisten gegen mich einzuwenden hat, wird bei dem Meeting sein. Andererseits, (c) wenn ich überhaupt diskutieren soll, werde ich – aller Wahrscheinlichkeit nach – selbstverständlich eine Menge zu sagen haben, d. h. ziemlich lange reden. (d) Selbst wenn ich eine Menge sage, werde ich vermutlich feststellen, daß es hoffnungslos ist, in einem derartigen Meeting Dinge erklären zu wollen.«

Als Moore aus gesundheitlichen Gründen 1944 vom Vorsitz zurücktrat, wurde Wittgenstein sein Nachfolger. Während der nächsten beiden Jahre wurde er verschiedentlich abgelöst, aber stets wiedergewählt. Inzwischen hatte sich seine Einstellung zu den Versammlungen jedoch geändert. Laut Norman Malcolm war die Atmosphäre »höchst unerfreulich«.

»Er ging nur aus Pflichtbewußtsein hin, weil er meinte, er müsse tun, was er könne, um dazu beizutragen, daß die Diskussionen so anständig wie möglich vor sich gingen. Wenn der Vortrag vorüber war, sprach Wittgenstein stets als erster, und er beherrschte die Diskussion völlig, solange er anwesend war. Er sagte mir, seiner Meinung nach sei es nicht gut für den Klub, daß er dort immer eine so prominente Rolle spiele, andererseits aber war es ihm ganz unmöglich, an der Diskussion nicht mit der für ihn charakteristischen Vehemenz teilzunehmen. Seine Lösung dieses Problems bestand darin, daß er nach anderthalb oder zwei Stunden die Sitzungen des Klubs verließ. Das Ergebnis war, daß die Diskussion spannend und gehaltvoll war, solange Wittgenstein daran teilnahm, daß sie aber trivial, flach und immer fader wurde, nachdem er gegangen war.«

Es mußte ein Mittel gegen Wittgensteins Beherrschung der Clubmeetings gefunden werden. Während der ganzen Zeit, die er in Cambridge war, führte der Moral Science Club – übrigens mit Wittgensteins Unterstützung – wiederholt das System ein, im Trimesterprogramm bestimmte Versammlungen, bei denen von Fakultätsmitgliedern ihr »Erscheinen nicht erwartet wurde«, mit einem Stern zu kennzeichnen. Obwohl der Stern theoretisch bedeutete, daß sich alle Dozenten als ausgeschlossen zu betrachten hatten, wußte jeder, daß in der Praxis nur eine Person gemeint war. Wittgenstein schüchterte zweifellos die Studenten ein, und die Mitglieder des Lehrkörpers klagten, seine Gewohnheit, die Vortragenden zu unterbrechen, stelle gegenüber den Gastrednern eine große Unhöflichkeit dar. Selbst wenn ein Vortrag auf dem Trimesterprogramm mit einem Stern markiert war, fanden die übrigen Fakultätsmitglieder Mittel und Wege, die Vorschrift zu umgehen. Gelegentlich pflegten sie als Gäste des einen oder anderen Studenten aufzutauchen.

Poppers Vortrag war indessen nicht mit einem Stern gekennzeichnet – und das trifft auch auf die übrigen Vorträge in jenem Trimester zu. Immerhin waren inzwischen andere Vorschriften in Kraft getreten, die Wittgenstein erlassen hatte, nachdem er Vorsitzender geworden war. So hatte er die Gestaltung der an Gastredner ergehenden Einladungen festgelegt und mit dem ausdrücklichen Hinweis versehen »kurze Vorträge oder ein paar einleitende Bemerkungen mit Angabe eines philosophischen Rätsels [puzzle]«. Diese Formulierung entsprach sowohl seinem Mißtrauen gegen formelle Vorlesungen als auch seiner Meinung über die für einen philosophischen Vortrag angemessenen Grenzen: Es gab keine echten philosophischen Probleme, nur sprachlich bedingte Rätsel [puzzles]. Wasfi Hijab hatte sich in seiner Einladung an Popper genau an diesen Wortlaut gehalten.

Wie das an jenem Oktoberabend in H 3 sich drängelnde, aus Studenten und Dozenten bestehende Publikum entdecken sollte, hatte Dr. Popper diese Einladung eingehend studiert.

Bertrand Russell: »Es ist nicht besonders angenehm, wenn man auf einmal nicht mehr in Mode ist und als antiquiert gilt.«

DER DRITTE MANN

Dann erschien Russell – um mich über die neuen Termine seiner Vorlesungen zu informieren; er und Wittgenstein kamen ins Gespräch – letzterer erklärte seine jüngste Entdeckung zu den Grundlagen der Logik – eine Entdeckung, die er, soweit ich es verstand, erst an diesem Morgen gemacht hatte und die ziemlich bedeutend zu sein schien und sehr interessant klang. Russell fügte sich ohne Murren in seine Ausführungen.

DAVID PINSENT

Von seinem Schaukelstuhl vor dem Kamin aus beobachtete ein großer alter Mann der Philosophie gelassen die Auseinandersetzung zwischen Popper und Wittgenstein. In dieser Geschichte ist er der Dritte Mann, die Cambridge-Connection zwischen den beiden Wienern.

Mit seinen vierundsiebzig Jahren genoß er fraglos eine sehr viel größere Anerkennung in der Öffentlichkeit als die beiden Antagonisten, und er war ohne Zweifel ebenso bedeutend wie diese. Millionen, die ihn in Wochenschauen und auf Zeitungsphotos gesehen hatten, hätten Lord Russell – Bertrand Russell – an seiner weißen Mähne, den feinen Gesichtszügen, dem vogelähnlichen Profil mit der unvermeidlichen Pfeife auch außerhalb von H 3 auf der Stelle wiedererkannt, während selbst Philosophenkollegen Mühe gehabt hätten, Popper oder Wittgenstein auf Anhieb zu identifizieren. Er war ohne Zweifel ebenso bedeutend wie diese. Daraus könnte man den Schluß ziehen, daß in den Augen der beiden Russell ihr eigentliches Publikum darstellte. Russell war ein flüchtiger Bekannter von Popper, er war ihm einst behilflich gewesen; mit Wittgenstein hatte er viele Jahre zuvor Freundschaft geschlossen und kannte ihn daher sehr gut. Beide Männer standen in seiner Schuld. Poppers Verpflichtung war gering, doch er empfand tiefe Dankbarkeit. Wittgensteins Verpflichtung war enorm, aber 1946 empfand er für Russell fast nur mehr – kaum verhüllte – Verachtung.

Russell mag an diesem Abend Glück gehabt haben, daß Poppers Abscheu vor Tabak noch nicht die Formen angenommen hatte, die ihn in der Folge, wie sein Freund John Watkins es formulierte, zum wandelnden Mittelpunkt einer Nichtraucherzone werden ließen, dessen Erscheinen stets ein hastiges Zigaretten-Ausdrücken hervorrief.

Während Popper und Wittgenstein in Großbritannien Emigranten waren und, kaum daß sie den Mund auftaten, ihre österreichische Herkunft verrieten, war Russell der Inbegriff des englischen Gentleman. Als Enkel des liberalen Premierministers Lord John Russell wurde Bertrand Arthur William 1872 in die Oberschicht der viktorianischen Gesellschaft und ihres politischen Lebens hineingeboren. In dem Herrenhaus, in dem er seine Kindheit verbrachte, sah er führende Politiker ein- und ausgehen. Einmal, nachdem die Damen die Abendtafel verlassen hatten, blieb er allein mit dem großen alten Staatsmann William Ewart Gladstone zurück, den er unterhalten sollte. Gladstone richtete nur einmal das Wort an das Kind: »Sehr guter Portwein, den man mir da gegeben hat, aber warum hat man ihn mir in einem Rotweinglas serviert?« Aus einem solchen Hause stammend, war der Umgang mit den Großen und Mächtigen für Russell eine Selbstverständlichkeit. Wenn er eine Bitte vorbringen, eine politische Linie durchsetzen oder für eine Sache kämpfen wollte, schrieb er einfach an die führenden Männer des Landes persönlich. Niemand vermochte Russell gesellschaftlich einzuschüchtern oder geistig zu imponieren.

Mit Anfang Dreißig erwarb sich Russell mit seiner bahnbrechenden Arbeit auf den Gebieten der Logik und der Mathematik in akademischen Kreisen eine Reputation. Auch hat er weitgehend Anspruch darauf, als Vater der analytischen Philosophie gelten zu können, die inzwischen das anglo-amerikanische Denken beherrscht. Schon allein aus diesem Grund ist seine Position im Pantheon der Philosophie gesichert. Heutzutage mag er seltener zitiert und noch seltener gewürdigt werden, aber die meisten der heutigen namhaften Philosophen operieren innerhalb eines Systems, das er begründet hat.

Sein späterer Ruhm reichte weit über die akademische Welt hinaus. Er beruhte auf seinen politischen Aktivitäten und seinen populären Schriften, die eine verwirrende Vielfalt von Themen, von Ehe und Religion bis hin zu Erziehung, Macht und Glück, umfaßten. Während seines ganzen Lebens war er ungeheuer produktiv; er pflegte ein bis zwei Bücher im Jahr zu veröffentlichen, manche von ihnen gewichtige Abhandlungen, andere populäre Einwürfe. Sein scheinbar mühelos beschwingter Stil, witzig, schelmisch, polemisch und stets kristallklar, ließ ihn eine internationale Anhängerschaft und 1950 den Nobelpreis für Literatur gewinnen.

Allerdings brachten seine Bücher ihn zuweilen auch in Schwierigkeiten. Nur zwei Jahre vor dem Schürhaken-Zwischenfall war Russell von einem unglückseligen Aufenthalt in den Vereinigten Staaten nach Cambridge zurückgekehrt, in dessen Verlauf er daran gehindert worden war, eine Professur an der Universität von New York anzutreten. Eine von der geistlichen Hierarchie unterstützte katholische Mutter hatte behauptet, seine Lehren könnten ihrer Tochter unsagbaren Schaden zufügen. Der Rechtsanwalt der Frau, aus Russells Arbeiten zitierend, faßte diese in einer mit Blick auf den Gerichtssaal publikumswirksam überzogenen Sprache zusammen als »geil, wollüstig, sinnlich, ausschweifend, erotomanisch, lüstern, respektwidrig, engstirnig, unwahr und des sittlichen Charakters ermangelnd«. Normalerweise hätte man darüber gelacht, wären die Folgen nicht so schwerwiegend gewesen. Als Russell kurz darauf seine 1940 in Harvard gehaltenen Vorträge in *An Inquiry into Meaning and Truth* veröffentlichte, enthielt der Klappentext eine eindrucksvolle Liste seiner philosophischen Qualifikationen und zum Schluß, ganz unten, seinen bitteren Kommentar: »laut Gerichtsurteil für unwürdig befunden, Professor der Philosophie am College der Stadt New York zu werden.«

Nicht daß Russell Streitigkeiten aus dem Wege gegangen wäre – von Natur aus freimütig, mit einem Verstand begabt, der stets rascher reagierend, scharfsinniger und findiger war als der seiner Gegner, setzte er sich sein Leben lang für umstrittene Anliegen ein. Während des Ersten Weltkriegs wurde er als Verfasser eines Artikels, in dem er unterstellte, daß die in Großbritannien stationierten amerikanischen Kontingente später als Streikbrecher-Truppen eingesetzt werden würden, zu Gefängnis verurteilt. Daraufhin bediente er sich seiner gesellschaftlichen Verbindungen, um sicherzustellen, daß er seine Strafe unter möglichst bequemen Haftbedingungen absitzen konnte – in einer Zelle für sich allein, wo er sich die Mahlzeiten von draußen und Bücher in unbegrenzter Zahl bringen ließ –, ganz anders als die von ihm ermutigten Kriegsdienstverweigerer, deren Leiden im Gefängnis ihm Angst einjagte, als er an der Reihe war. Die haftbedingte Tatenlosigkeit benutzte er dazu, sich wieder seinen philosophischen Studien zuzuwenden.

Später, als er hoch in den Achtzigern war, kam er noch einmal ins Gefängnis, diesmal wegen Verfolgung einer Politik des bürgerlichen Ungehorsams als Teil seines verbissenen Feldzugs gegen Kernwaffen (wenngleich er – nicht lange vor jenem Oktober-Meeting 1946 – deren Einsatz gegen die Sowjetunion befürwortet hatte, aus Sorge über die Entwicklung des russischen Nuklearprogramms). Er war der erste Präsident der *Campaign for Nuclear Disarmament* (Kampagne zur Kernwaffen-Abrüstung) und Mitbegründer der Pugwash-Konferenzen, bei denen berühmte Gelehrte über Mittel und Wege zur Gewährleistung des Weltfriedens diskutierten. Selbst in seinem hohen Alter vermochte er aufgrund seines außerordentlichen Ansehens und mit seiner uneingeschränkt feindseligen Einstellung zum Vietnamkrieg beim politischen Establishment noch immer eine Mischung aus Besorgnis und Wut auszulösen.

Das alles bewerkstelligte Russell, während er dreimal bei Wahlen kandidierte (darunter einmal für die *Women's Suffrage Party* [Partei für das Frauenwahlrecht]), den Erdball bereiste, im Radio sprach, Vorlesungen hielt, eine Schule eröffnete und leitete, sich die Brust mit Orden pflastern ließ, viermal heiratete, mehrfach Vater wurde und diverse leidenschaftliche Affären unterhielt, die (zu seinem Ergötzen) die vornehme Gesellschaft empörten. Darüber hinaus schrieb er buchstäblich Zehntausende von Briefen, von denen viele in Archiven überleben. Er pflegte fast jedem seiner Leser, der ihm schrieb, zu antworten, ganz gleich, ob dieser ihn gelobt oder – was nicht selten vorkam – getadelt hatte. Ein charakteristisches Beispiel ist der Briefwechsel mit einer Mrs. Bush, die gerade seine Autobiographie gelesen hatte. »Ich danke Ihnen«, schrieb sie, »Gott habe ich bereits gedankt.« Worauf Russell erwiderte: »Es freut mich, daß Ihnen meine Autobiographie gefallen hat, aber es beunruhigt mich, daß Sie Gott für sie gedankt haben, weil ich daraus schließen muß, daß Er mein Urheberrecht verletzt hat.« (Er antwortete auch einem vierzehnjährigen Schüler – einem der Autoren des vorliegenden Bandes –, der gebeten hatte, ihm verstehen zu helfen, wieso der Raum eine Grenze haben könne. Russell verwies den Schreiber auf die Nicht-Euklidische Geometrie.)

In Anbetracht seiner herausragenden Stellung auf dem Gebiet der Philosophie und der Spannweite seiner Aktivitäten überrascht es kaum, daß Russell sowohl Wittgenstein als auch Popper kannte. Von Belang für das Geschehen in H 3 ist indessen, daß er beiden tatkräftig geholfen hatte, und daß sie, ohne diese ihre jeweilige Verbindung zu ihm, nach menschlichem Ermessen einander an jenem Abend nicht gegenübergestanden hätten. Was Wittgenstein anbelangt, so läßt sich ohne Übertreibung sagen, daß seine Begegnung mit Russell sein Leben verändert hat.

Im Jahre 1911 hatte sich der 22jährige Ludwig in die Philosophie der Mathematik vertieft. Auf Wunsch seines Vaters sollte er eine Ausbildung als Ingenieur erhalten, daher hatte er bereits zwei Jahre in Berlin und drei Jahre in Manchester dem Studium des Maschinenbaus gewidmet, experimentelle Fluggeräte gebastelt und schließlich einen Flugzeugmotor entworfen. Dann wandte er sich, einem inneren Drang gehorchend, der Philosophie zu, und nach Gesprächen mit britischen und deutschen Mathematikern, darunter Gottlob Frege, suchte er den international hochangesehenen Logiker, den Ehrenwerten Bertrand Russell, im Trinity College in Cambridge auf.

Etwa acht Wochen später, nachdem er das Herbst-Trimester als Gaststudent absolviert hatte, wollte Wittgenstein die Antwort auf eine einfache Frage wissen: War er ein hoffnungsloser Versager auf dem Gebiet der Philosophie? Russell wußte nicht, was er von ihm halten sollte. Wittgenstein kehrte nach Wien zurück und begann, für Russell etwas Lesbares zu Papier zu bringen. Das Ergebnis seiner Bemühungen, erklärte Russell, »war ausgezeichnet, weit besser als die Sachen meiner englischen Studenten ... Nun werde ich ihn gewiß ermutigen. Vielleicht wird er einmal Großes leisten.«

Im Sommer 1912, nur sechs Monate, nachdem Wittgenstein als ordentlicher Student nach Cambridge zurückgekehrt war, gelangte Russell zu der Überzeugung, seinen geistigen Erben gefunden zu haben. Wittgenstein war in seinen Augen »vielleicht das beste mir bekannte Beispiel eines Genies im traditionellen Sinne – leidenschaftlich, tiefgrundig, intensiv und dominant«. Später schrieb er im gleichen Sinne an Lucy Donelly, eine amerikanische Freundin: »Gegenüber seinen Lawinen wirken meine wie Schneebälle ... [Er sagt,] jeden Morgen gehe er hoffnungsvoll an die Arbeit, und abends beende er sie stets voller Verzweiflung – wenn er etwas nicht versteht, wird er ebenso wütend wie ich.«

Bald waren die Rollen Lehrer–Schüler vertauscht; zum ersten Mal in seinem Leben fühlte sich Russell intellektuell überwältigt. 1916 erwähnte er in einem Brief an seine Geliebte Lady Ottoline Morrell einen drei Jahre zurückliegenden Vorfall: Russell hatte einiges über Erkenntnistheorie geschrieben, und Wittgenstein hatte strenge Kritik daran geübt. Wiewohl Russell Wittgensteins etwas unklar formulierten Ausführungen nicht ganz zu folgen vermochte, genügten sie, um ihn davon zu überzeugen, daß er im Irrtum war. »Seine Kritik hat in meinem Leben eine extrem wichtige Rolle gespielt und alles beeinflußt, was ich seither tat. Ich erkannte, daß er recht hatte und daß ich nicht mehr hoffen konnte, in der Philosophie etwas Grundlegendes zu leisten. ... Wittgenstein hatte mich überzeugt, daß meine logischen Themen zu schwierig für mich waren.« Bald nachdem er Wittgenstein kennengelernt hatte, bekannte Russell in einem Brief an Lady Ottoline: »Ich liebe ihn und spüre, daß er die Probleme lösen wird, für deren Lösung ich zu alt bin ...« Und nach einem Jahr erklärte Russell Ludwigs ältester Schwester Hermine, die das Nesthäkchen der Familie in Cambridge besuchte: »Wir erwarten, daß der nächste große Fortschritt in der Philosophie von Ihrem Herrn Bruder ausgehen wird.«

Ihr frühes Verhältnis war von Achtung und Zuneigung geprägt. Russell war ein emotioneller Rettungsanker für Wittgenstein. Dieser pflegte Russell häufig zu besuchen und in dessen Räumen stundenlang »wie ein wildes Tier in erregtem Schweigen« auf und ab zu gehen. »Denken Sie über Logik nach oder über Ihre Sünden?« fragte Russell ihn einmal. »Beides«, war die Antwort. Manchmal war Wittgenstein so grimmiger Stimmung, daß Russell befürchtete, er würde sein ganzes Mobiliar zertrümmern. Seine Sorge, Wittgenstein könne einen Nervenzusammenbruch erleiden, ja sich womöglich umbringen, war begründet, denn diese Gefahr bestand tatsächlich. Seine Selbstmordgedanken offenbarte Wittgenstein seinem Freund David Pinsent, Mathematikstudent am Trinity College. Als Wittgenstein 1913 von einem Aufenthalt in Norwegen nach Cambridge zurückkehrte, teilte er Russell mit, er werde sich, sobald er könne, schnurstracks wieder an die Fjorde begeben und so lange dort völlig allein leben, bis er alle Probleme der Logik gelöst haben werde. Russell setzte Logik ein, um ihm das auszureden:

»Ich sagte, es werde dunkel sein, und er sagte, er hasse das Tageslicht. Ich sagte, er werde einsam sein, und er sagte, er prostituiere seinen Geist, wenn er mit intelligenten Menschen spreche. Ich sagte, er sei verrückt, und er sagte, Gott behüte ihn vor der Normalität. (Das wird Gott bestimmt tun.) Wittgenstein hatte im August und September über Logik gearbeitet, noch immer weitgehend ins Unreine, aber nach meinem Dafürhalten mindestens ebenso gut wie jede andere Arbeit, die jemals von irgend jemandem über Logik ausgeführt wurde. Sein künstlerisches Gewissen verbietet ihm jedoch, irgend etwas niederzuschreiben, bevor er es nicht absolut perfekt formuliert hat, und dabei bin ich überzeugt, daß er im Februar Selbstmord begehen wird.«

Das Gefühl, am Rande des Wahnsinns zu stehen, vermochte Russell voll und ganz nachzuempfinden. Geisteskrankheit lag in seiner Familie, und er selbst fühlte sich oft in Gefahr, den Boden unter den

Füßen zu verlieren. Lady Ottoline schickte fürsorglich ein Rezept für Kakao, der, wie sie hoffte, die aufgepeitschten Nerven des Österreichers beruhigen und seine Depression aufhellen würde. Russell dankte ihr, aber es ist nicht sicher, ob Wittgenstein ihr Rezept ausprobierte. Wenn ja, erfüllte es nicht Lady Ottolines Erwartungen.

Wenngleich Wittgenstein alles andere als ein unproblematischer Gesellschafter war, hatte er auf Russell gleichsam die Wirkung eines Generators, der seine intellektuellen Batterien auflud. »Wittgenstein gibt mir das Gefühl meiner Daseinsberechtigung, denn niemand anderer könnte ihn verstehen oder ihn der Welt verständlich machen.« Und was ebenso wichtig war: Russell war nun überzeugt, daß er endlich jemanden gefunden hatte, der fähig war, sein Werk fortzuführen, und er bekannte sich glücklich, die Zukunft der Logik dem jüngeren Mann überlassen zu können.

Die überaus hohe Meinung, die Russell von seinem ehemaligen Studenten hatte, erwies sich als lebenswichtig für Wittgenstein. Im Vorwort zum inmitten des Ersten Weltkriegs entworfenen *Tractatus Logico-Philosophicus*, dem einzigen philosophischen Buch, das Wittgenstein Zeit seines Lebens veröffentlichen sollte, kommt der Autor zu der bescheidenen Schlußfolgerung, daß er alle philosophischen Probleme im wesentlichen gelöst habe. Da Wittgenstein zu diesem Zeitpunkt noch keine dreißig Jahre zählte, war das reichlich anmaßend, vermochte indes keinen Verleger zu überzeugen. Ohne Russells konkrete Hilfe hätte der *Tractatus* nicht das Licht der Welt erblickt. Obschon die einzelnen Sätze von trügerischer Schlichtheit sind, ist das Werk als Ganzes undurchsichtig für den lesenden Laien und nicht viel transparenter für den Fachmann. Schließlich erklärte sich der deutsche Verleger Wilhelm Ostwald bereit, eine Auflage zu drucken, aber nur unter der Bedingung, daß Russell eine Einführung schreiben und darin erläutern würde, weshalb das Buch so wichtig sei. Russell schrieb diese Einführung – unter Einschluß einiger Vorbehalte.

Der Kontakt zwischen Russell und Wittgenstein hatte sich erneuert, nachdem der Österreicher zusammen mit Tausenden seiner Landsleute in Gefangenschaft geraten war. Wittgenstein verbrachte 1918–1919 einige Zeit in einem italienischen Kriegsgefangenenlager. Sobald Russell davon erfahren hatte, setzten er und Keynes sich dafür ein, daß Wittgenstein die Vergünstigung gewährt wurde, Briefe schreiben und erhalten zu können. So konnte er Russell das Manuskript schicken. In der Folge trafen sich die beiden nach Wittgensteins

Entlassung und gingen jeden einzelnen Satz des *Tractatus* durch. Ungeachtet dieser Strapaze geriet der Autor, als er schließlich Russells Einführung las, außer sich vor Zorn – seiner Meinung nach hatte sein ehemaliger Lehrer das Wesentliche überhaupt nicht begriffen. Nichtsdestoweniger hatte Russells Imprimatur den Ausschlag gegeben: Der *Tractatus* erschien in Deutschland 1921, eine englische Übersetzung durch C. K. Ogden folgte 1922.

Wittgenstein fühlte sich nun geistig ausgelaugt. Sieben Jahre lang hatte er über den Ideen gebrütet, die im *Tractatus* gegipfelt hatten, und glaubte, mit diesem Manuskript seine philosophische Tätigkeit abgeschlossen zu haben – die Zitrone war, nach seinen Worten, bis auf den letzten Tropfen ausgepreßt. Erst als er in den Jahren 1927–1929, angeregt durch Gespräche mit Moritz Schlick, dem Gründer des Wiener Kreises logisch-positivistischer Philosophen, erneut über Philosophie nachzudenken begann, beschloß er, nach Cambridge zurückzukehren. Russell war – neben Keynes – maßgeblich daran beteiligt, ihm die Rückkehr zu ermöglichen.

Selbst in den für die Philosophie verlorenen Jahren nach 1920, als Wittgenstein sich nacheinander als Dorfschullehrer, Klostergärtner und Architekt betätigte, riß die Verbindung mit Russell und einigen Freunden und Bekannten in Cambridge nicht ab. Der bereits in jungen Jahren brillante Mathematiker Frank Ramsay kam nach Trattenbach in Niederösterreich auf Besuch – damals war er erst neunzehn – und sandte Russell Berichte über Wittgensteins Gemütsverfassung und seine asketische Lebensführung. Russell und Wittgenstein korrespondierten auch unmittelbar miteinander. In einigen Briefen äußert sich Russell skeptisch angesichts Wittgensteins beharrlicher Behauptung, die Dorfbewohner von Trattenbach, wo er unterrichtete, seien beispiellos nichtswürdig.

Als Wittgenstein 1929 nach Cambridge zurückkehrte, war Russell, zumindest am Anfang, wieder äußerst hilfreich. Der *Tractatus* wurde als Dissertation vorgelegt. Russell und G. E. Moore, den Wittgenstein von seinem ersten Aufenthalt in Cambridge her gut kannte, waren Wittgensteins Prüfer in einem Promotionsverfahren, das bestenfalls als Farce bezeichnet werden kann. Im Rigorosum, als Wittgenstein über seine Beweisführung befragt werden sollte, saßen die drei eine Zeitlang plaudernd beieinander, bis Russell, zu Moore gewandt, sagte: »Also gut, du mußt ihn etwas fragen – schließlich bist du der Professor.« Darauf folgte eine etwas unzusammenhängende Diskussion, an deren Ende Wittgenstein sich erhob, seinen Prüfern auf die Schulter klopfte und sagte: »Keine Sorge, ich weiß, ihr werdet es nie verstehen.« Als Dr. Wittgenstein sein erstes akademisches Jahr absolviert hatte, wurde Russell um einen Bericht über die Arbeit seines Schülers gebeten – mit dem Ergebnis, daß Wittgenstein ein Forschungsstipendium am Trinity College erhielt.

Das alles tat Russell mit Freuden für Wittgenstein – er war sein Mentor, sein Sponsor, sein Therapeut und Rezeptelieferant für medizinische Heißgetränke. Aber 1946 hatte sich ihr Freundschaftsverhältnis längst abgekühlt. Der Feuereifer und die Leidenschaft ihrer nächtlichen Diskussionen in den Jahren 1911–1913 waren einer steifen Distanziertheit gewichen, hervorgerufen – nach Wittgensteins Meinung – durch die Unvereinbarkeit ihrer Charaktere.

Aus Wittgensteins Sicht war Russells Einstellung zur Philosophie allzu mechanisch und seine Einstellung zu Menschen emotionell allzu unbeteiligt. Und wenn es einen Aspekt der Persönlichkeit Russells gab, den Wittgenstein nicht ausstehen konnte, war es eine gewisse Laxheit. Wittgenstein war unfähig, irgend etwas, mit dem er sich befaßte, kursorisch zu behandeln. Russell hingegen, wenngleich ein Mann mit Grundsätzen und, anders als Wittgenstein, bereit, für seine Wertvorstellungen in der Öffentlichkeit zu Felde zu ziehen, fühlte sich nicht jede Sekunde jedes Tages dem Diktat einer rigiden persönlichen Moral verpflichtet. Er war zu Kompromissen bereit, einer kleinen Lüge hier, einer geringfügigen Übertreibung dort, um, wenn nötig, zu schmeicheln und, falls erforderlich, zu besänftigen. Das waren Mittel – belanglose Kavaliersdelikte –, die sich durch die Zwecke rechtfertigen ließen.

Symptomatisch für diese Geisteshaltung waren in Wittgensteins Augen die einträglichen Populärschriften, die Russell am laufenden Band produzierte und die Wittgenstein verabscheute. Insbesondere nahm er Anstoß an Russells militantem Atheismus und war entsetzt über dessen freidenkerische Ratgeber über Ehe und Sex. Im Hinblick auf letztere erklärte er: »Wenn mir einer erzählt, er sei an den verrufensten Orten gewesen, habe ich kein Recht, über ihn zu urteilen; aber wenn er mir erzählt, nur aufgrund seiner überlegenen Klugheit sei er imstande gewesen, dorthin zu gelangen, dann weiß ich, daß er ein Schwindler ist.«

In der Tat entbehrten Russells Predigten über Beziehungen nicht eines gewissen Zynismus in Anbetracht seines mangelnden Verständnisses und seines emotionell belasteten Verhältnisses zu seiner Familie, deren Mitglieder ihn der Kälte, Gefühllosigkeit und Grausamkeit ihnen gegenüber bezichtigten. Nachdem ihm beim Radfahren bewußt geworden war, daß er Alys, seine erste Frau, nicht mehr liebte, teilte er ihr das, kaum zu Hause angelangt, auf der Stelle mit. Obwohl in der Folge von ihm geschieden, hörte sie niemals auf, ihn zu lieben. Seine Enkelin behauptete, er habe mit seiner Schwiegertochter geschlafen und dadurch die Ehe seines Sohnes John zerstört. Er wurde beschuldigt, zwei seiner Frauen zum versuchten Selbstmord und John in den Wahnsinn getrieben zu haben.

Wittgenstein, mit englischen Umgangsformen nicht vertraut, sagte Russell einen Großteil seiner ehrlichen Meinung über ihn schonungslos ins Gesicht – unter anderem auch, daß er von sämtlichen nach dem Ersten Weltkrieg erschienenen philosophischen Arbeiten Russells nichts hielt. Eine Vorstellung davon vermittelt ein Brief, den Wittgenstein 1919 aus dem italienischen Kriegsgefangenenlager an Russell schrieb. Wittgenstein hatte gerade ein Exemplar von Russells jüngstem Buch *Introduction to Mathematical Philosophy (Einführung in die mathematische Philosophie)* gelesen. »Es ist bitter, das vollendete Werk in der Gefangenschaft herumschleppen zu müssen und zu sehen, wie der Unsinn draußen sein Spiel treibt.«

Wittgensteins Einschätzung hin oder her, im Jahre 1946 war Russells Podium nichts weniger als die Welt: Er war gleichsam zu einem Totem, zu einem populären Weisen geworden, dessen Vorlesungen und Schriften von einem großen, ihm ergebenen Publikum gierig verschlungen wurden. Ein Jahr zuvor hatte er – als einziges zufriedenstellendes Ergebnis seines jahrelangen, den Zweiten Weltkrieg über währenden Aufenthalts in Amerika – den 900 Seiten starken, umfassenden Überblick *History of Western Philosophy (Philosophie des Abendlandes)* veröffentlicht. Albert Einstein schrieb darüber: »Ich betrachte es als ein Glück, daß eine so nüchterne und brutale Generation diesen weisen, achtbaren, mutigen und humorvollen Mann für sich in Anspruch nehmen kann.« Zu Russells Überraschung wurde das Buch ein Bestseller und enthob ihn seiner finanziellen Sorgen. Einem vom 30. September 1946 datierten Schreiben »Aus dem Allerheiligsten« seines amerikanischen Verlags Simon & Schuster ist zu entnehmen, daß bis zu diesem Zeitpunkt bereits 40 000 Exemplare verkauft worden waren.

Ungeachtet seines Renommees in der Öffentlichkeit sah sich Russell in den sehr viel enger gezogenen akademischen Kreisen, wo er noch immer eine Funktion hatte, auf die er Wert legte, in den Schatten gestellt. Wittgenstein hatte seine Ideen weiterentwickelt, und infolge der Vorherrschaft seiner neuen Schule war Russells philosophisches Werk auf der Strecke geblieben. Wie der große alte Mann der Philosophie sich ausdrückte: »Es ist nicht besonders angenehm, wenn man auf einmal nicht mehr in Mode ist und als antiquiert gilt.« Inwieweit genau er über Wittgensteins Spätwerk Bescheid wußte, ist eine offene Frage. Stephen Toulmin hörte Russell 1946 Richard Braithwaite fragen, woran Wittgenstein seit dem *Tractatus* gearbeitet habe.

Ob in Mode oder nicht, Russell war und blieb für Studenten eine Attraktion. Es mochte den Anschein haben, als sei er eine Antiquität, aber er war eine großartige Antiquität, die Akropolis eines vergangenen philosophischen Zeitalters. Seiner Lehre lagen zu diesem Zeitpunkt Gedanken zugrunde, die sich zu dem Buch *Human Knowledge: Its Scope and Limits (Das menschliche Wissen)* entwickeln sollten. In Universitätskreisen fand es eine zwiespältige Aufnahme. Nichtsdestoweniger waren Russells Vorlesungen so überlaufen, daß ein zweiter Hörsaal geöffnet und eine Lautsprecheranlage installiert werden mußten. In der Moralwissenschaftlichen Fakultät, wo Esprit Mangelware war, stellten Russells Vorlesungen ein mit Scherzen gewürztes und mit Anekdoten angereichertes Tonikum dar. Er liebte es so sehr, sich mit Studenten zu unterhalten, daß diese sich in Gruppen am Großen Tor von Trinity College einzufinden und mit ihm über die – für Studenten normalerweise verbotenen – Rasenflächen zu ziehen pflegten, ganz Ohr seinen Worten lauschend.

Ebenso wie die meisten Menschen, die Wittgenstein kennenlernten, war Russell eine Zeitlang – von seiner Überzeugungskraft hingerissen – seinem Zauber erlegen. Aber in der Rückschau fiel sein Urteil düsterer aus, und er bezeichnete Wittgenstein als sehr eigenartig. »Er war ein sehr merkwürdiger und bemerkenswerter Mann; und ich bin mir nicht sicher, ob seine Schüler und Anhänger ihn richtig begriffen haben.« Und er beschuldigte Wittgenstein des »Verrats an der eigenen Größe«. In Russells in *Mind* erschienenem Nachruf auf Wittgenstein schrieb er: »Die Begegnung mit Wittgenstein war eines der aufregendsten intellektuellen Ereignisse meines Lebens.« Aber die Würdigung endet mit der Zeit der Veröffentlichung des *Tractatus*. Über die verbleibenden drei Jahrzehnte ihrer Bekanntschaft und Wittgensteins Spätwerk zog er es vor sich auszuschweigen.

Wittgenstein seinerseits hielt Russell 1946 erstklassiger philosophischer Arbeit nicht mehr für fähig. Im Anschluß an eine Sitzung des Moral Science Club, wenige Wochen nach Poppers Vortrag, schickte Wittgenstein Moore einen Brief. »Unglücklicherweise (meines Erachtens) war Russell da und äußerst unangenehm. Lax und oberflächlich, wenn auch, wie immer, erstaunlich auf Draht.« Es war vermutlich das letzte Mal, daß sie einander sahen. Wittgenstein äußerte dem amerikanischen Philosophen O. K. Bouwsma gegenüber, sie »seien sich über den Weg gelaufen, hätten aber nicht miteinander gesprochen«.

Eine widerstrebende Achtung voreinander, verwurzelt in den Erinnerungen an die ersten Jahre Wittgensteins in Cambridge und an das gemeinsame mühevolle Grübeln über Logik, bewahrten sie bis an ihr Ende. 1937 schrieb Wittgenstein in sein Notizbuch: »Russell tat im Laufe unserer Gespräche oft den Ausdruck: ›Logic's hell!‹ – Und dies drückt ganz aus, was sowohl er wie ich im Nachdenken über Probleme empfanden; nämlich ihre ungeheure Schwierigkeit. Ihre Härte – ihre Härte und Glätte.«

Angeblich soll sich Wittgenstein Russell gegenüber ehrerbietiger verhalten haben als gegenüber jedem anderen Menschen. Obgleich er sich erlaubte, vor Publikum an Russell herumzunörgeln und ihn hinter seinem Rücken zu kritisieren, pflegten diejenigen seiner Jünger, die es ihm gleichtaten, scharf zurechtgewiesen zu werden.

Wenn Russell, längst jenseits des Höhepunkts seiner Karriere, in H 3 anfangs geschwiegen und Wittgenstein von der Warte ihrer tiefen und problematischen Beziehung aus betrachtet hatte, sah er sich in Popper einem Menschen gegenüber, den er kaum kannte, der aber seinerseits auf eine tiefe Beziehung zu ihm erpicht war.

Bis zu diesem Augenblick hatten die beiden nur flüchtig Kontakt miteinander gehabt. Das überrascht nicht. Zunächst war da der große Altersunterschied – dreißig Jahre –, der zur Folge hatte, daß berufliche Eifersucht zwischen ihnen niemals aufkam. Russells erstes Buch über die deutsche Sozialdemokratie war sechs Jahre vor Poppers Geburt erschienen.

Russell erleichterte zwar auch Popper dessen Karriere, aber gewissermaßen nur am Rande. Die beiden Männer waren sich 1935 auf einer philosophischen Konferenz in Frankreich und dann noch einmal 1936 auf einer Tagung der *Aristotelian Society* in England begegnet. In der Folge stellte Russell für Popper ein Empfehlungsschreiben aus, als dieser verzweifelt eine Anstellung suchte, um aus Wien fliehen zu können. Die vage und schematische Formulierung dieses Referenzschreibens deutet darauf hin, daß Russell mit Poppers Arbeiten kaum vertraut war: »Dr. Karl Popper ist ein äußerst fähiger Mann, den zu ihrem Lehrkörper zählen zu können jede Universität sich glücklich schätzen würde.« Und weiter: »Wie ich höre, kommt er als Kandidat für einen Posten am Canterbury University College in Christchurch, Neuseeland, in Betracht, und ich zögere nicht, ihn wärmstens zu empfehlen.« Das klingt nach einem für derartige Zwecke vorformulierten Schreiben, wie es ein Mann, daran gewöhnt, um Gefälligkeiten dieser Art gebeten zu werden, auf Lager hat und ohne groß nachzudenken schnell hinwirft.

Russell hatte sowohl von *The Logic of Scientific Discovery (Logik der Forschung)* als auch von *The Open Society (Die Offene Gesellschaft)* Freiexemplare erhalten. Ob er mit dem ersten Buch vertraut war, ist zu bezweifeln, zumal das Exemplar in seiner Bibliothek praktisch intakt geblieben war, daß heißt seine Seiten nur an wenigen Stellen aufgeschnitten worden waren. Und als Popper ihn bat, *The Open Society* dem amerikanischen Verlag von *History of Western Philosophy* zu empfehlen, antwortete Russell im Juli 1946 mit der Bitte um ein weiteres Exemplar und der Erklärung, er musse den Band noch einmal lesen, aber seine Bücher seien derzeit wegen Umzugs nicht zugänglich.

Popper schickte ein weiteres Exemplar. Und Russell, der zumindest dieses Mal dem Buch seine ungeteilte Aufmerksamkeit schenkte, war äußerst beeindruckt. In einem Vortrag unter dem Titel *Philosophy and Politics (Philosophie und Politik)* – den er im gleichen Monat hielt, in dem das Meeting in H 3 stattfand – verkündete Russell, daß eine Kritik an Platons politischer Philosophie »von Dr. K. R. Popper in seinem kürzlich erschienenen Buch glänzend vorgenommen wurde«. Im Jahre 1960 riet er einem Studenten, anstatt nach Cambridge an die London School of Economics zu gehen (wo Popper lehrte), weil dort die Philosophie energisch betrieben werde.

Diese Komplimente wurden mehr als erwidert. Popper hielt Russell für den größten Philosophen seit Immanuel Kant und die *History of Western Philosophy* für die beste geschichtliche Abhandlung dieses Themas, die jemals geschrieben wurde. In einer Rede im österreichischen Rundfunk besprach er dieses Werk in Begriffen, die einen Nicht-Wiener als im höchsten Grade überschwenglich berührt haben würden. Er nannte Russell den einzigen großen Philosophen unserer Zeit, der überdies den wichtigsten Beitrag zur Logik seit Aristoteles geleistet habe. Was die große Bedeutung des Buches ausmache, schwärmte Popper, sei der Verfasser. »An Heldenverehrung grenzend«, lautet Peter Munz' Urteil über Poppers Einstellung zu Russell.

Russells Beherrschung einer eleganten und unkomplizierten Prosa war die Fähigkeit, die Popper besonders bewunderte. Als er auf englisch zu schreiben begann, versuchte er bewußt, Russells Stil nachzuahmen. Im Unterschied dazu – und vermutlich als Seitenhieb auf Wittgenstein gemünzt – übte er scharfe Kritik an der geschwollenen »deutschen« Darlegungsweise, mit der »jeder Intellektuelle ein Mitwisser der letzten Geheimnisse, der letzten Dinge« sein will. Russell war nie absichtlich obskurantistisch oder prätentiös, und daher »ist [er] unser unübertroffener Meister: auch dann, wenn man ihm nicht beistimmen kann, muß man ihn bewundern. Er spricht immer klar, einfach und direkt.«

Popper hatte gewaltigen Respekt vor Russells ungeheurer Produktivität und kaufte und las fast alle seine Bücher. Es gebe einige Künstler und Schriftsteller, schrieb er viele Jahre später, die ohne vorhergehende Versuche fähig seien, ein makelloses Werk zu schaffen: Sie erreichten auf Anhieb Perfektion. »Unter den Philosophen war Bertrand Russell ein solches Genie. Er schrieb das schönste Englisch; und in seinen Handschriften war vielleicht auf drei oder vier Seiten ein einziges Wort geändert.«

Im Jahre 1959 erbat und erhielt Popper von Russell die Erlaubnis, ihm ein Buch zu widmen. In Wirklichkeit bedurfte es noch jahrelanger Arbeit, bis das Werk – der ursprünglich vorgesehene Titel war *Postscript after Twenty Years* – veröffentlicht werden konnte. Schließlich erschien es in drei Teilen unter dem Titel *Postscript to the Logic of Scientific Discovery* – und inzwischen mochte Popper sein Versprechen wohl vergessen haben. Die Widmung tauchte nirgends auf. Seinerzeit hatte er folgenden Wortlaut vorgeschlagen:

> Für Bertrand Russell,
> Dessen Klarheit,
> Gefühl für Verhältnismäßigkeit
> Und Wahrheitsliebe
> Philosophischen Ausführungen
> Ein unerreichbares Richtmaß gesetzt haben.

Das war Teil eines sehr sporadischen Briefwechsels zwischen Russell und Popper in den 1950er und 1960er Jahren. Aber als Russell sich weigerte, einen Band über *Contemporary British Philosophy (Zeitgenössische Britische Philosophie)*, der einen Beitrag Poppers enthielt, zu rezensieren, hinderte seine Heldenverehrung Popper nicht daran, Russell die Spitze seiner Feder spüren zu lassen. Der Brief klingt wie von einem gekränkten Schüler geschrieben, der mit dem Lehrer zu rechten versucht. Russell antwortete versöhnlich: »Es war mir nicht in den Sinn gekommen, daß Sie meine Weigerung, die fragliche Rezension zu übernehmen, auch nur im entferntesten als eine Geringschätzung Ihrer Person auffassen könnten.«

Welche Hoffnungen Popper auch gehegt haben mag, er vermochte nie, Russell näherzukommen. Sollte er geglaubt haben, daß die Art und Weise, wie er in H 3 mit Wittgenstein umsprang, ihm im Gegenzug ein wenig Heldenverehrung von seiten Russells einbringen werde, hatte seine Taktik versagt. Während Poppers Schriften mit Hinweisen auf Russell übersät sind, hat sich Popper in Russells Autobiographie keiner einzigen Erwähnung verdient gemacht.

Richard Braithwaite, Professor für Philosophie am King's College und Gast-geber in H 3, hat angeblich den Schürhaken später verschwinden lassen.

DIE FAKULTÄT

Es war Wittgensteins emanzipatorische
Wirkung.

STEPHEN TOULMIN

Die Aufzählung der Zuschauer in H 3 ist noch nicht vollständig. Zum einen waren da die Studenten, viele von ihnen Wittgensteins Jünger, die sich bewegten und redeten, sich kleideten und diskutierten wie Abbilder ihres Professors. Zum anderen waren da die Hochschullehrer, die – mit einer Ausnahme: John Wisdom – aus persönlichen oder beruflichen Gründen Gegner Wittgensteins waren. Ihre akademische Existenz gründete auf dem Vorhandensein philosophischer Probleme, der *Conditio sine qua non* ihrer Karrieren. Sie lehrten Philosophie weitgehend auf die traditionelle Art: Descartes und Kant, Ethik und Erkenntnistheorie, philosophische Logik und Geistesphilosophie. An diesem Abend galt ihre Sympathie dem anderen Wiener Philosophen in H 3, Dr. Popper.

Im Jahre 1946 war – von Wittgenstein einmal abgesehen – die Hoch-Zeit der Philosophie in Cambridge vorüber. Für ihre beiden einheimischen Größen, Bertrand Russell und George Edward Moore, war der Lebensabend angebrochen, den Russell gleichsam wie eine lange, helle nördliche Mittsommernacht erfahren würde; obschon bereits in den Siebzigern, hatte er immerhin noch ein Viertel seines Lebens vor sich. Dessen ungeachtet lagen seine besten Leistungen in der Philosophie weit zurück. Das gleiche galt für seinen Zeitgenossen, den anderthalb Jahre jüngeren G. E. Moore, der die intellektuelle und kulturelle Elite des Cambridge vor dem Ersten Weltkrieg verkörpert hatte – jenes Cambridge, das der junge Wittgenstein im Sturm genommen hatte.

Moore war nunmehr pensioniert, und seine Frau Dorothy hielt aufdringliche Besucher von ihm fern. Gelegentlich kam er noch immer zu den Sitzungen des Moral Science Club, war aber an diesem Abend nicht erschienen. Sowohl Popper als auch Wittgenstein würden seine Anwesenheit begrüßt haben – ein Umstand, der eher für Moores Charakter als für seine Philosophie spricht. Er war schüchtern, aufmerksam und tolerant, von einer naiven Loyalität und einer unerschütterlichen Integrität: Alles in allem besaß er, laut Russell,

»eine Art exquisiter Reinheit«. Russell fragte Moore einmal, ob er je gelogen habe. »Ja«, erwiderte Moore, und das hielt Russell für seine einzige Lüge.

Popper hatte bereits mit den meisten Fakultätsmitgliedern Kontakt, so auch mit Moore, der ihm 1936 zunächst eine kurzfristige Dozentur angeboten und dann als Referenz für Poppers Anstellung in Neuseeland fungiert hatte. Wittgensteins Beziehung zu Moore war älter und vertrauter. Drei Wochen nach dem Meeting in H 3, als Wittgenstein seine Erwiderung auf Poppers Referat vortragen sollte, sandte er Moore einen Brief, in dem er schrieb, es sei ihm eine Ehre, wenn Moore zu seinem Vortrag käme. Es gibt jedoch keinen Beweis dafür, daß Moore dieser Aufforderung nachkam. Mrs. Moore versuchte, die Begegnungen ihres Mannes mit Wittgenstein einzuschränken, da sie Moore oft völlig erschöpften.

Wittgenstein und Moore waren einander erstmals 1912 begegnet, und der Verlauf ihrer Beziehung vermittelt eine lebhafte Vorstellung sowohl von Wittgenstein als auch von dessen Verhältnis zu Cambridge. Moore war bereits berühmt, der junge Österreicher lediglich ein Student. Gleichwohl war der ältere Mann von Wittgenstein – dem einzigen seiner Studenten, der in Moores Vorlesungen verwundert dreinsah – sofort eingenommen. Rückblickend schrieb er: »Als ich ihn kennenlernte, begann ich bald zu fühlen, daß er ein viel klügerer Philosoph war als ich, und nicht nur klüger, sondern auch viel gründlicher und begabt mit einem viel besseren Blick dafür, welche Untersuchung wirklich wichtig und der Durchführung am ehesten wert war, und für die beste Methode, solche Untersuchungen durchzuführen.«

Das Kräftegleichgewicht zwischen ihnen begann sich rasch zu verlagern. 1912 räumte Moore sein Appartement im obersten Stock von Whewell's Court, um – buchstäblich wie symbolisch – Wittgenstein Platz zu machen. Symptomatisch dafür, wie weit das Kräfteverhältnis aus dem Gleichgewicht geraten war, ist eine Seereise, die Moore 1914 – widerstrebend und nur auf Wittgensteins beharrliches Drängen – nach Norwegen unternahm und auf der er furchtbar seekrank war. Wittgenstein hatte sich in einem kleinen Dorf nördlich von Bergen ins Exil begeben, wo er sein einsames Dasein mit Wandern und Nachdenken über Logik verbrachte. Kaum hatte sich der Professor nach seiner Ankunft ein wenig eingewöhnt, bestand seine Hauptaufgabe darin, das Diktat seines Studenten aufzunehmen. Wittgenstein pflegte dann die Aufzeichnungen zu korrigieren und wurde zornig und wütend, wenn Moore etwas nicht begriff.

Nach seiner Rückkehr erkundigte sich Moore bei den Universitäts-
behörden im Auftrag Wittgensteins, ob diese seine Abhandlung über
Logik zur Erlangung des akademischen Grads eines Bachelor of Arts
genüge. Moore wurde abschlägig beschieden: Die Abhandlung war
nicht den Vorschriften entsprechend im üblichen Format, mit einem
angemessenen Vorwort, den erforderlichen Quellenangaben und so
weiter eingereicht worden. Moore übermittelte diese Auskunft nach
Norwegen. Dort löste sie eine Antwort von solcher Heftigkeit und
Grobheit aus, daß die Beziehungen zwischen den beiden abgebrochen
wurden. »Wenn ich Dir nicht so viel Wert bin, daß Du für mich *wenigstens in einigen stupiden Details* eine Ausnahme machst, dann direkt
zur Hölle mit mir; und wenn ich Dir doch so viel Wert sein sollte, und
Du tust es trotzdem nicht – bei Gott – dann zur Hölle mit *Dir*.« Moore
war zutiefst erschüttert und völlig fassungslos: Er hatte zu helfen versucht. Der Brief ging ihm wochenlang nicht aus dem Kopf. Die beiden
Männer redeten nicht mehr miteinander, bis sie, als Wittgenstein
1929 nach England zurückkehrte, im Zug London–Cambridge einander plötzlich trafen. Aus der Zufallsbegegnung ergab sich die Wieder-
aufnahme dieser absonderlichen Freundschaft.

Bis Wittgenstein auf der Bildfläche erschien, entsprach Moore
nach Russells Überzeugung dessen Ideal von einem Genie. Wittgenstein hingegen hatte keinerlei Achtung vor den geistigen Fähigkeiten
Moores – in seinen Augen der lebende Beweis dafür, wie weit man es
bringen konnte »ohne einen Funken Verstande«. Tatsächlich war
Moore eine Persönlichkeit von international anerkannter Bedeutung
und wurde – neben Russell – als Pionier der analytischen Methode
verehrt. Die heutigen Studenten der Philosophie sind daran gewöhnt,
daß ihre elementaren Äußerungen von den Professoren mit der ste-
reotypen Replik quittiert werden »Was genau *meinen* Sie?«. Moore
hätte sich diese Frage patentieren lassen sollen; sie war sein Lo-
sungswort, und kein Tag war so recht im Lot, wenn sie nicht gestellt
wurde. Moore bestand stets auf Genauigkeit.

Die Spannweite seiner Interessen war beeindruckend. Er trug Ent-
scheidendes zu Debatten über Realismus und Idealismus, Gewißheit
und Skeptik, Sprache und Logik bei. Als energischer Verfechter des
gesunden Menschenverstands war er berühmt dafür, verkündet zu
haben, daß er die Existenz einer Außenwelt beweisen könne, indem
er seine beiden Hände hochhielt und sagte »Hier ist eine Hand« und
»Da ist noch eine«. Bekannt wurde Moore in erster Linie durch sein
1903 veröffentlichtes Buch *Principia Ethica*. Nach seinem Erschei-

nen sofort ein Erfolg, wurde es von der Bloomsbury-Gruppe gleichsam zu deren Bibel erhoben – wenngleich die Mitglieder es vermutlich eher überflogen als überdacht haben dürften. Virginia Woolf fragt in einem ihrer Briefe: »Haben Sie jemals das Buch gelesen, das uns alle so gescheit und gut werden ließ – *Principia Ethica*?«

In *Principia Ethica* behauptet Moore, daß das Gute in der Ethik – ähnlich wie etwa die Farbe gelb – nicht definiert werden könne. »Wenn ich gefragt werde ›Was ist gut?‹, so lautet meine Antwort, daß gut gut ist«, schrieb er in *Principia Ethica*, »und damit ist die Sache erledigt.« Den Irrtum, das Gute in anderer Weise ausdrücken zu wollen, versah Moore mit dem Etikett »Naturalistischer Trugschluß«. Es sei ein Irrtum ähnlich dem, von dem der im 18. Jahrhundert lebende Philosoph David Hume gesagt hatte, er würde immer dann begangen, wenn wir versuchten, aus einem »Ist« ein »Muß« abzuleiten beziehungsweise von einer Tatsache zu einer Wertung zu schreiten. Man könne nicht von der Beschreibung eines Zustands (»In Burundi verhungern Menschen«) zu einem moralischen Urteil (»Wir sollten ihnen Lebensmittel schicken«) übergehen. Das eine folge nicht *logisch* aus dem anderen.

Aber wie wissen wir dann, was zu tun recht ist? Moore vertrat die Überzeugung, daß wir durch Intuition zum Guten gelangen: Intuition sei das moralische Auge des Verstands. Wir nehmen das Gute ebenso wahr, wie wir die Farbe gelb wahrnehmen. An Stelle unserer Eltern, unserer Lehrer, des Staates oder der Bibel wird unser Gewissen zu unserer moralischen Autorität. Moores Aussage begriff die Bloomsbury-Gruppe als eine Botschaft der Befreiung, als grünes Licht zu Experimenten und zu sexueller Aufgeschlossenheit – Nicht-Bloomsburianer würden gesagt haben, zur Promiskuität.

Man kann sich nur schwer vorstellen, daß die übrigen Mitglieder der Moral Science Fakultät diese Botschaft auf ihre eigene Lebensführung angewandt oder in die väterlichen Ratschläge für ihre Schutzbefohlenen aufgenommen hätten. »Langweilig, langweilig, langweilig«, lautet Michael Wolffs entschiedenes Urteil über die Professoren.

Diese hochanständigen und gewissenhaften, wenn auch nicht außergewöhnlichen Männer erfüllten immerhin eine wertvolle Aufgabe. Zwar ging die Rede: »Ist ein Schüler einmal zu Wittgenstein gegangen, wird er von Stund an für andere Lehrer kaum noch etwas übrig haben.« Das mochte wohl der Fall sein, aber mit einem entscheidenden Vorbehalt: Studenten »verließen Wittgensteins Räume nicht notwendigerweise mit vermehrten Geistesgaben«. Für geistiges Feuerwerk, für die höchsten intellektuellen Anforderungen war Whewell's Court genau der richtige Ort; aber wenn es das Hauptziel eines Studenten war, Examen zu bestehen, mußte er die »langweiligen« Männer aufsuchen.

In den vierziger Jahren des 20. Jahrhunderts hatte Cambridge im Gegensatz zu Oxford nur wenige Hochschullehrer für Philosophie. In Oxford war ein relativ neues Fach eingerichtet worden – politische, philosophische und Wirtschaftswissenschaften. Es erfreute sich rasch zunehmender Beliebtheit, und um der Nachfrage gerecht werden zu können, hatte jedes der Colleges seinen eigenen Dozenten für Philosophie eingestellt, die größeren und wohlhabenderen sogar zwei oder drei. Cambridge hingegen mußte sich mit insgesamt etwa einem halben Dutzend behelfen. Das führte zwangsläufig zu einer Verlagerung des Schwerpunkts der philosophischen Disziplin: In dem Maße, in dem sich in Großbritannien eine Wittgenstein-Schule herausbildete, wurde deren Hochburg nach dem Zweiten Weltkrieg Oxford. Wenngleich in Cambridge einige Fakultätsmitglieder Wittgensteins Einfluß anerkannten, ja sogar in ihren Büchern und Artikeln ihre Dankbarkeit zum Ausdruck brachten, war ihr Philosophieunterricht in der Praxis seiner Methode kaum verpflichtet.

In Cambridge gab es vier ordentliche Hochschulfachkräfte für Philosophie: C. D. Broad, R. B. Braithwaite, J. Wisdom und A. C. Ewing. Alle außer Broad waren an jenem Abend in H 3 anwesend. Während Wittgenstein sein Nomadendasein zwischen Cambridge, Wien und Norwegen aufteilte, verbrachten seine Kollegen die meiste Zeit ihres akademischen Lebens an der Universität. Sie hatten keine Jünger – und wären wahrscheinlich auch sehr in Verlegenheit geraten, hätten sie welche angezogen. In Cambridge und auf dem Gebiet der Philosophie hinterließen sie so gut wie keine Spuren. Aber das ist das Schicksal der meisten philosophischen Hochschullehrer. In der Öffentlichkeit stellten sie ein mustergültiges Beispiel für Umgangsformen und Haltung des englischen Gentleman dar, weltenfern von dem ungestümen und durchaus wienerischen Ausdrucksbedürfnis Wittgensteins und Poppers. Sie achteten und befolgten das Prinzip der Toleranz; in der Diskussion legten sie Wert darauf, die Dinge auch vom Standpunkt des anderen aus zu betrachten. Sie sprachen in höflichem, gemäßigtem Ton und erhoben, selbst wenn aufgebracht, kaum jemals die Stimme. (Allerdings fanden viele ihrer Studenten, daß derartige Attribute der Zivilisation überaus lächerlich seien.) Die Heftigkeit und Aggressivität des Wortwechsels in H 3 dürfte sie sehr erschreckt und peinlich berührt haben.

Richard Bevan Braithwaite, der Bewohner des Appartements H 3, übernahm in dem Drama eine Nebenrolle, als er, dem Bericht Peter Geachs zufolge, zwischen den Beinen der Studenten hindurchkroch, um des Schürhakens habhaft zu werden. Er zählte zu jenen, die beide Hauptdarsteller kannten. Popper war er erstmals begegnet, als der Österreicher 1936 London besucht hatte, worauf Popper ihn als Referenz für seinen Antrag auf Unterstützung beim Academic Assistance Council angegeben hatte – einem Gremium, das Universitätsfachkräften, die fliehen mußten, finanzielle Hilfe gewährte. Das war der Beginn einer lebenslangen, wenn auch stets etwas distanzierten und förmlichen Freundschaft. Kurz nach Poppers Rückkehr aus Neuseeland sahen sie sich wieder auf der in Nordengland stattfindenden gemeinsamen Jahresversammlung der *Aristotelian Society* und der *Mind Association*, die Braithwaite eröffnete und auf der Popper einen trockenen Fachvortrag über den Stand der Regeln der Logik hielt. Braithwaite, Poppers Hauptkontakt in Cambridge, hatte den zu dem Meeting in H 3 anreisenden Gast über die Abfahrtszeiten der Züge von London informiert, ihn zum Diner an der Hohen Tafel von King's College eingeladen und ihm angeboten, ihn für die Nacht in seinem Hause unterzubringen.

Im Jahre 1900 geboren, war Braithwaite 1924 von King's College zum Fellow gewählt und als hinreichend überdurchschnittlich erachtet worden, um aufgefordert zu werden, Cambridges Geheimgesellschaft der geistig Erhabenen, *The Apostles*, beizutreten. Braithwaite hatte schon früh die Bedeutung von Wittgensteins *Tractatus* erkannt und 1923 einen Vortrag darüber im Moral Science Club gehalten. 1953 würde er – obschon nicht auf Ethik spezialisiert – Nachfolger Broads als Knightsbridge Professor für Moralphilosophie werden. Als solcher sollte er unter den ersten sein, die die von Mathematikern und Spieltheoretikern entwickelten Instrumente auf die Philosophie übertrugen. Die Wirtschaftswissenschaftler hatten bereits das Potential der Verwendung einfacher Spiele zur Simulation komplizierter menschlicher Interaktionen erkannt. Braithwaite wendete die gleichen Techniken auf die Ethik an. Ein hypothetischer Fall lautete folgendermaßen: Zwei Junggesellen bewohnen nebeneinanderliegende Appartements; der eine (Matthew) verbringt seine Abende gern mit

Klavierspielen, das Hobby des anderen (Luke) ist die Jazztrompete. Jeder der beiden braucht Ruhe und Frieden, um üben zu können. Unter diversen Voraussetzungen hinsichtlich ihrer Prioritäten vermochte Braithwaite als die beste Lösung nachzuweisen, daß Luke an 17 Abenden klassische Musik spielen und Matthew an 26 Abenden Trompete blasen sollte.

Derartige harte Nüsse waren für Popper vertrautes Terrain. Aber noch wichtiger für seine Beziehung zu Braithwaite war ihrer beider Interesse für Wissenschaftsphilosophie, Wahrscheinlichkeit, Unendlichkeit und Kausalität.

Kausalität übte auf Cambridges Philosophen eine besondere Faszination aus, nicht nur auf Braithwaite, sondern auch auf Broad und Russell. Sie alle rätselten an einem hypothetischen Fall herum, bei dem es um zwei Fabriken ging – eine in Manchester und eine in London: Jede Fabrik hat eine Sirene, die Punkt zwölf Uhr mittags das Ende der Schicht anzeigt. Somit könnte es sich empirisch ergeben, daß jedesmal, wenn die Sirene mittags in Manchester heult, die Arbeiter in London ihr Werkzeug aus der Hand legen. Wir hätten dann, wie Hume gesagt haben würde, eine Tatsachensequenz, bei der das Heulen der Sirene im Norden stets vom Aufbruch der Arbeiter im Süden gefolgt werden würde. Dennoch wäre das eine eindeutig nicht die Ursache des anderen. Die Frage war, weshalb nicht? Worin lag der Unterschied zwischen zwei zufällig miteinander verbundenen und zwei kausal miteinander verbundenen Ereignissen? Wie ließ sich die rätselhafte Macht der Kausalität identifizieren, dieser geheimen, nie gesehenen oder berührten, gleichsam im Dienst einer Verschwörung wirkenden Agentin? Vielleicht war Kausalität eine Schimäre, ein Streich, den uns unsere Einbildung spielt.

Als Popper darauf beharrte, daß dies echte philosophische Probleme seien, konnte er auf Braithwaites Unterstützung zählen. Aber selbst wenn Braithwaite nicht mit Poppers philosophischem Projekt sympathisiert hätte, hatte er noch einen anderen Grund, in H 3 auf dessen Seite zu sein. Dreizehn Jahre zuvor hatte er sich gezwungen gesehen, sich in *Mind*, der führenden philosophischen Zeitschrift des Landes, die von allen seinen Kollegen gelesen wurde, öffentlich bei Wittgenstein zu entschuldigen.

Ursache des Ganzen war Wittgensteins beständiger Verdacht, plagiiert zu werden. Braithwaite hatte Wittgensteins Seminare besucht, die dieser nach seiner Rückkehr aus Wien 1929 abgehalten hatte. Daraufhin veröffentlichte er 1933 in *University Studies* einen Artikel, in welchem er einige der von Wittgenstein in ihrem Entwicklungszustand vorgetragenen Ideen klärend zu erläutern versuchte. Darüber war Wittgenstein so erzürnt, daß er an *Mind* einen Brief hinpfefferte, in welchem er jeden Zusammenhang seiner tatsächlichen Anschauungen mit den von Braithwaite ihm »fälschlich« unterstellten dementierte. Als Reaktion darauf richtete Braithwaite an *Mind* ein reumütiges Schreiben, daß er den Namen Wittgensteins mißbraucht habe, schloß es jedoch mit der bissigen Bemerkung: »In welchem Ausmaß ich Dr. Wittgenstein falsch interpretiert habe, läßt sich vor Erscheinen seines von uns allen ungeduldig erwarteten Buches nicht beurteilen.« Zu diesem Zeitpunkt dürfte Braithwaite bereits geargwöhnt haben, daß Wittgensteins unerbittliches Streben nach Perfektion jede derartige Veröffentlichung verhindern würde.

Braithwaite selbst hatte keine solchen Skrupel, seine Überlegungen drucken zu lassen. Die Vorlesungen, die er 1946 hielt, erschienen schließlich als Buch; eingangs schreibt er: »Ich bin mir bewußt, daß ich nicht in dieser Form Philosophie betreiben könnte, hätte ich nicht das Glück gehabt, in Cambridge zu Füßen von G. E. Moore und Ludwig Wittgenstein zu sitzen.« Doch im Text als solchem wird Wittgenstein kaum erwähnt. Und als Wittgenstein 1947 seinen Lehrstuhl aufgab, schrieb Braithwaite an einen möglichen Kandidaten für diese Vakanz und ermutigte ihn, sich zu bewerben, obwohl dieser Mann ein erklärter Gegner der Methode Wittgensteins war. Letztlich entschloß sich der angesprochene Popper, von einer Bewerbung Abstand zu nehmen: Die Tatsache, daß er zu C. D. Broad wegen dessen Interesses für das Übernatürliche patzig gewesen war, hatte seine Chancen nicht verbessert. Wittgensteins Lehrstuhl wurde anstatt mit Popper mit Georg von Wright, einem glühenden Anhänger Wittgensteins besetzt.

Möglicherweise war an jenem Abend eine weitere Person mit Namen Braithwaite in H 3. Es wird behauptet, im Publikum habe Braithwaites eigenwillige zweite Frau, auch unter ihrem Mädchennamen Margaret Masterman bekannt, gesessen. Sie war die Tochter des liberalen Kabinettsmitglieds Charles Masterman, der Großbritanniens Propagandaeinheit im Ersten Weltkrieg ins Leben gerufen hatte. Als ehemalige Sekretärin des Moral Science Club hatte sie sich angewöhnt, in Sitzungen und Seminaren aufzutauchen, an denen ihr Mann teilnahm. Meistens pflegte sie auf der Fensterbank Platz zu nehmen. Einem vielleicht allzu phantasiebegabten Augenzeugen zufolge war sie bekannt dafür, keinen Schlüpfer zu tragen. (Er behauptet, wegen ihres fortgesetzten Übereinanderschlagens der Beine den Schürhaken-Zwischenfall gar nicht mitbekommen zu haben.)

Die Braithwaites waren gastfreundlich und großzügig. Sie boten den Poppers stets an, bei ihnen zu wohnen, wenn sie nach Cambridge kamen. Darüber hinaus sprangen sie ein – wie wir noch sehen werden –, als Wittgenstein einen seiner ehemaligen Kollegen, Friedrich Waismann, der aus Wien geflohen war, fallenließ. Die Braithwaites nahmen die Familie Waismann bei sich auf, versorgten sie mit ein wenig Geld und leisteten ihr Gesellschaft.

Ein weiteres Fakultätsmitglied, Alfred Cyril Ewing, in Michael Wolffs Erinnerung ein »kleiner grauer Mann«, saß an jenem Abend still in H 3 und beteiligte sich mit Sicherheit nicht an der Diskussion. Sofern Popper ihn im Publikum ausmachen konnte, hatte er allen Grund, sich seiner dankbar zu erinnern. Es war Ewing, der ihm 1936 geschrieben und ihm offiziell einen kurzfristigen Lehrauftrag in Cambridge angeboten hatte, nachdem die finanzielle Seite von dem Dekan G. E. Moore mit dem Academic Assistance Council geregelt worden war.

Ewing, ein Jahr älter als das Jahrhundert, hatte in Oxford studiert, mehrere Jahre in Wales gelehrt und war 1931 als Dozent nach Cambridge gekommen. Reverend Maurice Wiles berichtet über die von Ewing abgehaltenen Übungen: »Er ging ganz systematisch vor, pflegte eine Weile zu reden und dann zu sagen: ›Ich werde jetzt diktieren.‹ Man fühlte sich in die Schule zurückversetzt. Es war sehr deprimierend. Stets hatte er eine fertige Antwort auf alles. Er war absolut unflexibel.« Ewing trug schwere Stiefel – die fürs Bergsteigen eher geeignet gewesen wären als für das flache East Anglia –, als ob »er fürchtete, nasse Füße zu bekommen«. Über sein generelles Verhalten meinte der Mathematiker Georg Kreisel, »er wirkt, als lebe er noch bei seiner Mutter« – was auch tatsächlich zutraf.

Ewing war tief religiös und überaus ernst veranlagt. Als A. J. Ayer ihn wegen seines Glaubens an ein Leben nach dem Tode hänselte und wissen wollte, worauf er sich im Jenseits am meisten freue, antwortete Ewing ohne zu zögern: »Gott wird mir sagen, ob es synthetische *a priori* Sätze gibt.«

Inwieweit Ewing der Diskussion in H 3 zu folgen vermochte, ist ungewiß. Maurice Wiles gestand Ewing einmal, daß er kein Wort von dem verstehe, was Wittgenstein sagte. »Ich auch nicht«, bekannte Ewing. Wittgenstein seinerseits gab sich nie, noch nicht einmal in

Anwesenheit von Studenten, auch nur die geringste Mühe, seine Verachtung für Ewing zu verbergen. Ein zentrales Thema Wittgensteins war Solipsismus – die Theorie, daß nur das eigene Selbst wirklich und die Kenntnis, die man darüber habe, gewiß seien –, und im Verlauf einer vorangegangenen Sitzung des MSC hatte er diese Theorie anhand von Ewing veranschaulicht: »Lassen Sie uns rein hypothetisch annehmen, daß Ewing einen Verstand besitzt.« Noch abfälliger äußerte sich Wittgenstein über Ewings Arbeit. In einer Diskussion an der Cornell-Universität zitierte er Ewings Definition »gut ist, was mit Recht bewundert wird«.

»Dann schüttelte er darüber den Kopf. ›Die Definition ist nicht erhellend. Es gibt drei Auffassungen, die alle vage sind. Stellen Sie sich drei massive Steinbrocken vor. Sie heben sie auf, fügen sie passend zusammen, und dann bekommen Sie einen Ball. Was Sie jetzt haben, sagt etwas über die drei Formen aus. Nun stellen Sie sich vor, Sie hätten drei Klumpen weichen Lehms oder Kitts. Jetzt fügen Sie die drei zusammen und formen aus ihnen einen Ball. Ewing macht einen weichen Ball [soft ball] aus drei Klumpen Lehm.«

Das dritte bei jenem Meeting anwesende Fakultätsmitglied, John Wisdom, war der eine Philosoph Cambridges, aus dem ein ausgesprochener Vertreter der Wittgenstein-Methode wurde. Wisdom war beliebt, zugänglich, offenkundig menschlich und im großen und ganzen auch fleißig, obwohl er gelegentlich Vorlesungen ausfallen ließ, damit er nach Newmarket zu den Pferderennen radeln und dort Wetten placieren konnte, um seine Wahrscheinlichkeitstheorien zu testen.

Ebenso wie Braithwaite hatte Wisdom ein paar Monate zuvor Popper auf jener gemeinsamen Tagung von *Mind Association* und der *Aristotelian Society* getroffen, in deren Verlauf er die Frage aufgeworfen hatte, wie wir wissen könnten, wann ein Mensch wütend ist. Ist es wie zu wissen, wann im Teekessel das Wasser kocht – was wir aus dessen sinnlich wahrnehmbaren Besonderheiten ableiten können? Oder bezieht sich »Wut« auf eine innere Gemütsbewegung, ein rein seelisches Phänomen, das sich an seinen äußerlichen Anzeichen nicht ohne weiteres ablesen läßt?

Seine eingehende Untersuchung unseres Sprachgebrauchs und der Einzelheiten, die dieser über die schwierigen und mannigfaltigen Strukturen unserer Grammatik verrät, war eine von Wisdom wieder aufgegriffene Methode Wittgensteins. Ehe er eine Dozentur in Cambridge erhielt, hatte Wisdom mehrere Jahre an der St. Andrews-Universität in Schottland verbracht. Mit seiner Ankunft in Cambridge

1934 trat eine drastische Wende in seiner Arbeitsrichtung und seiner Ausdrucksweise ein. Zu diesem Zeitpunkt begann er, an Wittgensteins Seminaren teilzunehmen.

Ebenso wie für viele Anhänger Wittgensteins setzte für Wisdom damit eine Gratwanderung zwischen Bewunderung und Furcht ein, auf der er innerhalb eines schmalen, problematischen Spielraums zu gefallen suchte, ohne womöglich anmaßend zu erscheinen. Das ist aus dem ersten Essay seines Buches *Other Minds* ersichtlich, in dem er schreibt: »Wieviel in diesem Aufsatz auf Wittgenstein zurückgeht, wird nur der ermessen können, der ihm zugehört hat. Ich stehe abgrundtief in seiner Schuld ... Gleichzeitig fürchte ich, daß meine Verfahrensweise nicht seine volle Zustimmung fände – sie ist nicht fleißig genug – ein wenig vereinfacht und auf Effekt bedacht.« Freilich kopierte er Wittgensteins Ausdrucksweise und Methode und teilte dessen Skepsis im Hinblick auf das, was Philosophie im Grunde vollbringen kann. Studienanfänger, die ihren Kopf zur Tür hereinstreckten, wenn er nach den Ferien die Eröffnungsvorlesung seines Kurses hielt, pflegten mit der Frage empfangen zu werden: »Sind Sie auf der Suche nach Weisheit [Wisdom] in der Philosophie?«

Schließlich soll von dem vierten und letzten Fakultätsmitglied, C. D. Broad, die Rede sein, der wegen Abwesenheit nicht an jenem Meeting teilnahm und, selbst wenn er in Cambridge gewesen wäre, wohl kaum – oder nur höchst widerstrebend – daran teilgenommen hätte. Er war Knightsbridge Professor für Moralphilosophie und der bekannteste der vier Hochschullehrer. In jenem Herbst genoß er einen Studienurlaub in Schweden, obgleich einige Berichte fälschlicherweise behaupteten, er sei in H 3 dabeigewesen.

Broad repräsentierte und lenkte die nicht-wittgensteinianische Philosophengruppierung in Cambridge; er hatte einen über die Universität hinausreichenden beachtlichen Ruf erlangt, der weitgehend auf seinen in den zwanziger und dreißiger Jahren erschienenen bedeutenderen Werken beruhte. In diesen hatte er so ewig gültige Fragen behandelt wie das Verhältnis zwischen Körper und Geist, wie unsere Kenntnis der Außenwelt zu rechtfertigen sei und was im Kopf vor sich geht, wenn man einen Gegenstand wahrnimmt. Aber 1946 hatte Broad seine Aufmerksamkeit bereits der Ethik zugewandt. In einem kurz vor dem Meeting in H 3 verfaßten Essay hatte er unter ethischem Aspekt Betrachtungen über eine terroristische Handlung angestellt, von der sowohl das beabsichtigte Opfer als auch unschuldige Umstehende betroffen wären. Wittgenstein vergeudete niemals Energien auf die Analyse praxisbezogener ethischer Probleme. Für ihn blieb Sittlichkeit stets eines jener Gebiete, die gezeigt, aber nicht erörtert werden können, die aus der Lebensführung eines Menschen ersichtlich sind, aber nicht strenger Logik unterworfen werden können.

»Eher zuverlässig als glänzend«, hatte Russells frühe – und scharfsichtige – Einschätzung Broads gelautet, als dieser, im Schatten Wittgensteins, Russells Schüler gewesen war. Als Lehrer hatte Broad kleine Schwächen, die noch heute bei Ehemaligentreffen Gegenstand eines erheiternden Austauschs von Erinnerungen sind. Er pflegte seine Vorlesungen im voraus von A bis Z niederzuschreiben und dann jeden Satz zweimal laut vorzulesen. Scherze las er dreimal vor – was, laut Reverend Maurice Wiles, der Broads Vorlesungen einst besucht hat, das einzige Merkmal war, woran man sie erkennen konnte. Wurde Broads Kurs durch Trimesterferien unterbrochen, begann er die erste Vorlesung nach seiner Abwesenheit mit »Punkt D ...«.

Während Broad im Hörsaal langweilig und gewissenhaft war, ergötzte er sich außerhalb der Lehrveranstaltungen an boshaftem Klatsch, mäkelte unaufhörlich an Wittgenstein hinter dessen Rücken herum und streute in seine Schriften höhnische Bemerkungen über ihn ein. Er gab zu, daß ihm die Teilnahme an den Meetings des Moral Science Club zuwider war. Er sei nicht »geistig behende und schlagfertig genug, um sich an mündlich geführten philosophischen Diskussionen zweckdienlich beteiligen zu können; und ich war nicht bereit, jede Woche stundenlang in dicken Zigarettenrauch-Schwaden zu sitzen, während Wittgenstein uns prompt durch die Mangel drehte und die Gläubigen, ebenso prompt, mit dümmlich anbetenden Gesichtern staunten.« In einem Mitte der zwanziger Jahre erschienenen Buch mokierte sich Broad über »die philosophischen Luftsprünge meiner jüngeren Freunde, wenn sie zu dem hochgradig synkopischen Pfeifen von Herrn Wittgensteins Flöte tanzen«.

Die Spannung in ihrer Beziehung währte bis zu Wittgensteins Ende. Joan Bevan, die Ehefrau des Arztes, der Wittgenstein vor dessen Tod bei sich aufnahm, spielte ihrem Gast einmal einen Streich, indem sie ihm mitteilte, Broad käme herüber zum Tee. Als er entdeckte, daß man gewissermaßen mit Entsetzen Scherz getrieben hatte, schnappte Wittgenstein spürbar ein und weigerte sich zwei Tage lang, mit seiner Gastgeberin zu sprechen.

Nichtsdestoweniger zeugt es von Broads tiefverwurzeltem Gerechtigkeitssinn – ein Wesenszug, den Wittgenstein (und auch Popper) zu schätzen wußte und stets mit den Engländern assoziierte –, daß er Wittgensteins Ernennung zu Moores Nachfolger bei dessen Pensionierung 1939 unterstützte. Broad soll gesagt haben: »Wenn man Wittgenstein den Lehrstuhl abschlüge, dann wäre das so ähnlich, als würde man Einstein den Lehrstuhl für Physik abschlagen.« Ebenso ergriff er während des Krieges Wittgensteins Partei in einem seltsamen Disput, in dem es darum ging, ob Wittgenstein bezahlt werden sollte oder nicht; Wittgenstein bestand darauf, nicht bezahlt werden zu wollen.

Zu diesem Zeitpunkt, 1942, arbeitete Wittgenstein als Apothekengehilfe im Guy's Hospital in London und fuhr immer übers Wochenende nach Cambridge, um Vorlesungen zu halten. Nach seinem Empfinden war dieser Unterricht fruchtlos – möglicherweise, mitten im Krieg, wegen der unzulänglichen Vorbildung der Studenten. Wittgenstein schlug daher vor, seine Vorlesungen in »Heimveranstaltungen« abzuhalten, weshalb er so lange von der Gehaltsliste abgesetzt und nur seine Spesen erstattet haben wollte, bis er sich davon überzeugt habe, daß das neue System zufriedenstellend funktionierte. Broad, der im Trinity College – als seinen Beitrag zur Kriegsanstrengung, wie er erklärte – das zusätzliche Amt eines Zahlmeisters übernommen hatte, schrieb an die Moral Science Fakultät mit dem Bemerken, Wittgenstein sei »ein äußerst gewissenhafter Mann von überragendem Niveau; und ich habe keinerlei Zweifel, daß die meisten von uns nicht zögern würden, für das, was er zu tun beabsichtigt, ein Gehalt entgegenzunehmen. Tatsache bleibt jedoch, daß ihm das höchst unangenehm ist. Er kann nicht umhin, nach wie vor bei jeder nur möglichen Gelegenheit zu philosophieren, und für ihn ist es ein wesentlicher Bestandteil des Philosophierens, weiterhin eine Art sokratischen Dialogs mit seinen Studenten führen zu können.« Und Broad war überzeugt, daß Wittgenstein absolut ehrlich sein würde. »Da ich Wittgenstein kenne, bin ich völlig sicher, daß die Universität mit dieser Vereinbarung kein Risiko eingeht.«

(1) Ludwig Wittgenstein (r.) und seine Schwestern (v.l.n.r.) Hermine, Helene und Margarete. Hermine war wie eine Mutter für ihn.
(2) Karl, das Baby der Familie: Popper und seine Schwestern (v.l.n.r.) Dora und Annie.

WIENER WIRBEL

Es ist mir klar, daß die Beziehungen zwischen
den Wiener Philosophen der frühen zwanziger
Jahre komplex, belastend und oft paranoid
waren.

STEPHEN TOULMIN

Einer heftigen Konfrontation zwischen Wittgenstein und Popper würde ein Außenstehender wahrscheinlich mit Unverständnis begegnet sein. Oberflächlich betrachtet war ihnen eine Kultur gemeinsam – und deren Auflösung. Obwohl Wittgenstein dreizehn Jahre älter war, hatten beide Anteil genommen an den aufregenden kulturellen Strömungen und an den kosmopolitischen Bestrebungen der letzten Jahre des österreichisch-ungarischen Kaiserreichs. Auch hatten der verlorene Krieg, der Versuch, auf den Trümmern der Monarchie eine moderne Republik zu errichten, der Abstieg in den Ständestaat und der von Hitler und dem Nazismus verursachte Strudel beider Leben auf ähnliche Weise geprägt.

Und natürlich war da ihr Wien. Dort lebte der österreichische Stahlmagnat Karl Wittgenstein in den Marmorsälen des Palais Wittgenstein in der Alleegasse 16. Am Abend des 26. April 1889 kam Ludwig Josef Johann als achtes und jüngstes Kind zur Welt. Nur etwa einen Kilometer entfernt lag die gemütliche, mit Büchern vollgestellte Wohnung, in der der am 28. Juli 1902 geborene Karl Raimund Popper aufwachsen sollte, das jüngste von drei Kindern eines gutsituierten Anwalts. Zwischen diesen beiden Punkten erhob sich der Herrschaftssitz der Habsburger, die Hofburg, in der Kaiser Franz Joseph, der »erste Diener seines Staates«, gewiß häufig in seinem schlicht möblierten Büro an der Arbeit saß.

Für die Hauptstadt eines Kaiserreichs, das auf dem Höhepunkt seiner Macht über Ungarn, Tschechen, Slowaken, Polen, Italiener, Galizier, Slowenen, Serben und Kroaten – und über die Österreicher selbst – gebot, war Wiens gesellschaftliches Leben überraschend eng geknüpft. Für mögliche Verbindungen zwischen Wittgenstein und Popper gab es zahlreiche Gelegenheiten. Wiens kulturelle, soziale und akademische Architektur bestand aus sich überschneidenden Zirkeln, in denen sich unsere zwei Philosophen mit ihrer jüdischen

Herkunft, ihrem Interesse an Musik, ihren Kontakten zu radikalen Kulturschaffenden, ihrer Lehrerausbildung und ihren Verbindungen zur Quelle des logischen Positivismus, dem Wiener Kreis, bewegten.

Auffallend ist, daß sie in diesen Zirkeln nie aufeinandertrafen. Schließlich war Wien eine Hauptstadt, in der sich die führenden Intellektuellen, Schriftsteller, Komponisten und Künstler innerhalb der engen Grenzen der Ringstraße alle kannten oder zumindest über gemeinsame Bekannte verfügten. So kannte Wittgenstein den Architekten Adolf Loos, der wiederum mit Arnold Schönberg bekannt war, und dessen Konzerte seiner privaten Musikgesellschaft besuchte Popper. Darüber hinaus wußte jeder, wo und wann Wiens Berühmtheiten innerhalb des Ringstraßenareals zu finden waren. Es war die Welt der Kaffeehäuser und Stammtische: Bei einem Kaffee, einem Glas Wasser und vielleicht noch einem Stückchen Strudel wurde der Artikel verfaßt, das Streitgespräch fortgeführt, die Theaterkritik geschrieben, ein neuer Kontakt geknüpft.

Sie wollen sich mit Loos über ein modernistisches Bauvorhaben unterhalten oder mit Alban Berg über die Zwölftonmusik? Versuchen Sie's mal im Café Museum oder vielleicht im Herrenhof. Sie wollen mit Karl Kraus wegen einem seiner funkelnden Texte in der *Fackel* ein Hühnchen rupfen? Mit seiner Zustimmung kann man ihn abends treffen, im Café Central, wo er sein Abendessen einnimmt, eine scharfe Wurst. Sie dürfen nicht vergessen, er arbeitet die ganze Nacht und schläft bis zum späten Morgen. Den Dichter Peter Altenberg können Sie dort ebenfalls treffen. Wahrscheinlich schreibt er gerade eine seiner zahllosen Postkarten, mit denen er den Kontakt zu seinen Freunden hält. Die Mathematiker, etwa Gödel, trifft man in den Kaffeehäusern mit den weißen Tischen, auf die sie ihre Gleichungen kritzeln. Vielleicht eine Partie Schach? Versuchen Sie Ihr Glück gegen den politischen Flüchtling und Kaffeehausstammgast Lev Bronstein – der später unter seinem Revolutionsnamen Trotzky mehr Armeen als Schachfiguren verschob. Wenn Sie den Polizeireporter eines Boulevardblatts suchen, müssen Sie wahrscheinlich etwas weiter »hinab« begeben, etwa in Joseph Roths Café Wirzl mit seinen »fettigen Spielkarten und dem Geruch aus Kaffee, Okocimer, billigen Zigarren und warmen Salzstangen«, wo die Reporter ihre Tarotkarten konsultieren, während sie auf ihre Informanten warten.

Wir wollen die amüsante Vorstellung, wie Ludwig und Karl im Wirzl zusammen Karten spielen und Bier trinken, nicht weiterverfolgen – klar ist, daß sie in Wien viele gemeinsame Freunde und Bekannte hatten und daß sie sich oft genug räumlich sehr nahe gewesen sein müssen. Dies war gewiß am 15. Juli 1927 der Fall, als die Polizei auf demonstrierende sozialdemokratische Arbeiter und auf Passanten das Feuer eröffnete und dabei fünfundachtzig Menschen tötete. »Meine Frau und ich (wir waren noch nicht verheiratet) waren unter den Augenzeugen des Vorfalls, unfähig, das, was wir sahen, für wahr zu halten«, schrieb Popper. Irgendwo in der Nähe waren auch Wittgenstein und seine Schwester Margarete. Auf sein Beharren hin hatte sie ihren Chauffeur samt Wagen weggeschickt, und nun waren sie zu Fuß unterwegs. Als sie vor der Schießerei davonlaufen wollte, erklärte er ihr streng: »Wenn man Gewehrfeuer hört, läuft man nicht weg.«

Ein Beispiel dafür, wie sehr sich die Wege ihres gesellschaftlichen Lebens kreuzten, waren die Freuds, zu denen beide Familien Beziehungen unterhielten. Sigmund Freuds Schwester Rosa Graf war mit Poppers Eltern eng befreundet. 1916 machte sie gemeinsam Urlaub mit den Poppers, als ihr Sohn sie dort in Uniform besuchte – wie sich herausstellen sollte zum letzten Mal, denn er fiel kurz darauf. Wittgensteins Schwester Margarete, die im Dunstkreis so mancher der in Wien blühenden unterschiedlichsten intellektuellen und künstlerischen Bewegungen zu finden war, lernte Freud Anfang der dreißiger Jahre kennen. Nach dem Ersten Weltkrieg hatte sie der Leiter der amerikanischen Hilfsorganisation und spätere amerikanische Präsident Herbert Hoover zur Spezialbeauftragten des amerikanischen Hilfsprogramms für Österreich ernannt. Später arbeitete sie als Psychotherapeutin in Jugendstrafanstalten und an der Grazer Universität, und so landete sie auch auf Freuds Couch. Um die Behandlung von Neurosen besser zu verstehen, machte sie zwei Jahre lang eine Analyse bei ihm. Bis zu seinem Tod hielten sie engen Kontakt. Am 3. Juni 1938, dem Tag, an dem er aus Wien floh, widmete er ihr ein Exemplar seines Buches *Die Zukunft einer Illusion*: »Für Frau Margarete Stonborough anläßlich meines vorübergehenden Weggangs«.

Freuds Arbeit wirkte intellektuell sowohl auf ihren Bruder als auch auf Karl Popper, wenn auch recht gegensätzlich. Wittgenstein zog Parallelen zwischen seiner eigenen späteren Arbeit und der Psychotherapie, Popper dagegen bezeichnete die Freudsche Lehre als ein besonders schwachbrüstiges Beispiel einer Pseudowissenschaft.

Die Reform des Erziehungswesens war ein weiteres Thema des in der Stadt herrschenden kulturellen Gärungsprozesses, das sich direkt auf Wittgensteins und Poppers philosophische Entwicklung auswirkte.

Beide wurden in Wien in einem Abstand von nur zwei Jahren zu Lehrern ausgebildet, und beide übten ihren Beruf eine Zeitlang wirklich aus: Wittgenstein an ländlichen Volksschulen, Popper an Volks- und weiterführenden Schulen und unter der Ägide von Alfred Adler, einem Psychiater und früheren Kollegen von Freud, auch mit benachteiligten Kindern in Wien. Beide wurden beeinflußt von Karl Bühler, einem temperamentvollen Philosophieprofessor am Pädagogischen Institut, und Otto Glöckel, der in Wien für das Erziehungswesen zuständig war und der als treibende Kraft hinter einem kurzlebigen Experiment im österreichischen Schulwesen stand. Glöckel soll auch enge Verbindungen zu Margarete Stonborough unterhalten haben, als sie Hoovers Beauftragte war.

Ludwig wandte sich 1919 dem Lehrerberuf zu, nachdem er aus der italienischen Kriegsgefangenschaft entlassen worden war. Dieser Richtungswechsel stellte keine vorübergehende Laune dar, er unterrichtete immerhin sechs Jahre lang an Dorfschulen in den abgelegensten Winkeln des Landes. Seine Entscheidung muß im Zusammenhang mit dem traditionellen sozialen Engagement seiner Familie gesehen werden. Seine älteste Schwester Hermine widmete sich ebenfalls der Erziehung der Armen. Und als sich Margarete 1942 um eine Stelle beim amerikanischen Roten Kreuz bemühte, merkte sie in ihrer Bewerbung (die auf mysteriöse Weise beim Office of Strategic Services, dem Vorläufer der CIA, landete, als man ernsthaft in Betracht zog, ihr eine Stelle anzubieten) an, daß sie ihr ganzes Erwachsenenleben über ehrenamtlich gearbeitet habe. Doch anders als bei seinen Geschwistern war Ludwigs Engagement nicht einfach nur Ausdruck des aristokratischen Gefühls, zur Wohltätigkeit verpflichtet zu sein – er wollte damals allen unnötigen Ballast aus seinem Leben verbannen und auf jegliche Annehmlichkeiten, insbesondere Luxus, verzichten. Er wurde zum Asketen und unterrichtete die Kinder der armen Landbevölkerung in Dörfern, die nur zu Fuß zu erreichen waren.

Für Karl Popper ging es nicht ums Erdulden: Der Schritt in den Erziehungsbereich war die natürliche Folge seiner Arbeit mit benachteiligten Kindern, die er nach seinem Schulabschluß aufgenommen hatte. Ein weiteres starkes Motiv, sich an Wiens neuem Pädagogischen Institut einzuschreiben, erwuchs aus der Tatsache, daß einige Kurse gemeinsam mit der Universität abgehalten wurden. Auf diese Weise konnte er zu einer universitären Ausbildung überwechseln, die ihm sonst, da er seine Matura – das Abitur – nicht ablegen konnte, unerreichbar gewesen wäre. Wie noch zu schildern ist, mußte er wegen der plötzlichen Verarmung seines Vaters die Schule vorzeitig verlassen.

Das Pädagogische Institut war gegründet worden, um das österreichische Erziehungsreformprogramm voranzubringen. Man wollte vom schulischen Drill wegkommen; Schulkinder sollten nicht mehr als leere Gefäße betrachtet werden, die es mit einem Haufen vorgegebenem Wissen und mit Autoritätshörigkeit zu füllen galt; sie sollten vielmehr angeregt werden, auf dem Weg der Selbstentdeckung und der Problemlösung aktiv mitzuarbeiten. Popper und Wittgenstein wurden beide in diesen Methoden ausgebildet. Der Vision lag die Vorstellung zugrunde, daß der Geist aus sich heraus in der Lage sei, einen Bezugsrahmen zu entwickeln, innerhalb dessen Information organisiert werden könne.

Obwohl sich Wittgenstein über die »platten Slogans und Projekte« des Programms lustig machte, stimmte sein *Wörterbuch für Volksschulen*, in dem er die Dialekte der österreichischen Landbevölkerung benutzte und ihre Kultur achtete, mit dem Geist der Reformen überein. Dieser floß ebenfalls in das philosophische Projekt ein, das Wittgenstein in den *Philosophischen Untersuchungen* zu der Einsicht führte, daß Gemeinschaften Sprache völlig zu Recht auf vielfältige Art gebrauchen könnten. Vielleicht ist auch seine propädeutische Methode davon durchdrungen, seine Art, zu unterrichten, indem er Beispiele heraufbeschwor und die Reaktionen seiner Studenten hinterfragte.

Bei Karl Poppers Ausbildung kam es zu einer prägenden Begegnung mit Karl Bühler. Von ihm übernahm er die Ansicht, wir dächten in Begriffen von Problemen und ihren möglichen Lösungen. So, behauptete Popper später, schreite Wissenschaft fort. Wissenschaftler sammeln keine Fakten und überlegen, was sich daraus ergibt; sie denken sich vielmehr Problemlösungen aus und suchen dann erst nach Beweisen.

Glöckel hatte Bühler nach Wien eingeladen; diese Einladung kam aber erst, nachdem Wittgenstein bereits weit weg auf dem Land weilte. Wittgenstein war zwar nie Bühlers Schüler gewesen, doch kannte er offenbar sowohl den Mann als auch seine Arbeit. (Bühler und seine Frau Charlotte, eine bekannte Kinderpsychologin, waren bei der folgenreichen ersten Begegnung von Moritz Schlick und Wittgenstein anwesend, eine Begegnung, die Margarete arrangiert hatte.) Von Zeit zu Zeit bezeichnete Wittgenstein Bühler abfällig als Scharlatan.

Popper vertrat die gegenteilige Ansicht: »Von den Lehrern am Pädagogischen Institut lernte ich sehr wenig, viel aber lernte ich von Karl Bühler.« Die Wertschätzung beruhte auf Gegenseitigkeit. In einem Empfehlungsschreiben, das Bühler Popper für einen Lehrauftrag in Neuseeland überreichte, nannte er Poppers Doktorarbeit eine »sehr scharfsinnige philosophische Untersuchung«. Er fügte hinzu: »Ganz besonders schätze ich seine Fähigkeiten als Lehrer.«[1]

Doch all dies Verbindende zwischen unseren beiden Wienern deutet auch auf einen vielsagenden Unterschied hin. Auf der einen Seite sehen wir den Chauffeur, die ehrenamtliche Wohltätigkeit, die freiwillige Entscheidung, Wien für das verarmte Land aufzugeben. Auf der anderen Seite steht die schiere Notwendigkeit. Um die Tiefe dieses trennenden Grabens zu verstehen, müssen wir Wittgensteins Heim in der Alleegasse aufsuchen.

---

[1] »I am highly estimating [sic] his abilities as a teacher.«

Eingang in der Alleegasse 16; für die meisten Wiener war es ein »Palais«, für Karl Wittgenstein das »Haus«.

*Die Wohnung der Poppers mit Blick auf den Stephansdom beherbergte zehn-
tausend Bücher.*

DIE KONZERTE IM PALAIS

*Der Multimillionär als Dorfschullehrer ist
doch wohl schon eine Perversität ...*

THOMAS BERNHARD

Popper und Wittgenstein entstammten beide einem höchst kultivierten Milieu. Poppers Vater war Anwalt, seine Wohnung und seine Kanzlei lagen im Herzen Wiens. Seine Bibliothek umfaßte zehntausend Bände; aus Liebhaberei übersetzte er griechische und römische Klassiker ins Deutsche. Er kümmerte sich auch um Obdachlose und saß in Ausschüssen, um verarmten Arbeitern eine Unterkunft zu besorgen; eines ihrer Heime beherbergte auch Hitler während seiner frühen Wiener Jahre. In Würdigung für seine Arbeit erhielt er den Franz-Joseph-Orden. Doch die Wittgensteins gehörten einer anderen Schicht an, einer Schicht, von der aus sie vorbehaltlos auf großbürgerliche Familien wie die Poppers herabschauten.

Ende des 19. Jahrhunderts hatten die Wittgensteins ihren Platz unter den Superreichen eingenommen, einzig übertroffen vom Wiener Zweig der Rothschilds. Karl Wittgenstein war ein genialer Geschäftsmann, er stand an der Spitze des österreichischen Stahlkartells und konnte den Stahlpreis nach Gutdünken formen. Wäre er ein Deutscher gewesen, so hieß es, dann hätte ihm Bismarck eine Führungsposition in der Wirtschaft angeboten. Das läßt sich am ehesten damit vergleichen, daß man Carnegie, Mellon oder Rockefeller einen Posten in der amerikanischen Regierung angeboten hätte.

Sein Domizil war das herrliche Palais Wittgenstein in der Alleegasse, heute Argentinierstraße (jetzt steht dort ein heruntergekommener Mietsblock aus der Nachkriegszeit). Karl Wittgenstein war dagegen, den Reichtum der Familie zur Schau zu stellen, weshalb er auch die Bezeichnung ›Palais‹ scheute – für ihn war es das ›Haus Wittgenstein‹. Es stand in der Nähe der mit grandioser barocker Pracht unter Kaiser Karl VI. erbauten Karlskirche, im Herzen jener Gegend, in der sich Ende des 19. Jahrhunderts die neue Aristokratie aus Handel und Industrie ansiedelte. Hier befanden sich die Luxusvillen der Familien, die in der steifen, verkrusteten Hierarchie der österreichisch-ungarischen Gesellschaft nur noch eine Stufe unter dem etablierten Adel des Hofs und der Regierung standen. Über seine

Gastgeber bemerkte Johannes Brahms, der die Wittgensteins regelmäßig besuchte, sie würden nach seinem Eindruck miteinander verkehren, als seien sie bei Hofe.

Ein solcher Status beinhaltete öffentliche Verpflichtungen. Das Haus Wittgenstein war einer der herausragenden musikalischen Salons der Stadt von Mahler, Schönberg, Webern, Berg und natürlich Brahms, dessen Klarinettenquintett dort uraufgeführt wurde. Der Komponist erteilte Karls und Leopoldines musikalischen Kindern Klavierunterricht. Einmal massierte er in Margaretes Kopfhaut besten Champagner; damit sollte ihr Haarwuchs angeregt werden, denn aufgrund einer Krankheit hatte sie sich die Haare kurz schneiden lassen müssen. Clara Schumann, Gustav Mahler und der Dirigent Bruno Walter waren ebenfalls häufige Gäste. (Walter war mit Poppers Großmutter verwandt.) Richard Strauss spielte im Duett mit Ludwigs Bruder Paul, einem Konzertpianisten, der im Ersten Weltkrieg seinen rechten Arm verloren hatte und für den Ravel 1931 sein Klavierkonzert für die linke Hand komponierte. (Ein Werk für die linke Hand, das er bei Prokofjew in Auftrag gegeben hatte, wies Paul zurück: »Ich verstehe keine einzige Note davon – ich werde es nicht spielen.« Prokofjew erwiderte, Paul gehöre musikalisch gesehen ins letzte Jahrhundert.) Es wäre wohl nicht allzu übertrieben, wenn man behauptete, die Poppers gingen zu den Konzerten, die sie förderten, während die von den Wittgensteins geförderten Konzerte und Dichterlesungen zu ihnen kamen, in ihrem Hause stattfanden, wo die Pianisten die Wahl zwischen sechs Konzertflügeln hatten.

Der Dirigent Bruno Walter, von 1901 bis 1912 Dirigent an der Wiener Staatsoper und später ihr Musikalischer Direktor, schrieb in seinen Memoiren: »Die Wittgensteins setzten die edle Tradition jener tonangebenden Wiener Kreise fort, in denen die Künste und Künstler seit jeher ›Protektion‹ gefunden hatten ... Musiker sowohl wie Bildhauer von Bedeutung und die hervorragendsten Männer der Wissenschaften verkehrten in dem Hause ... Daß mich die Familie Wittgenstein an ihr Herz genommen hatte, war mir ein beglückendes Erlebnis, ... immer genoß ich mit Befriedigung die Atmosphäre von Humanität und Kultur, die im Hause herrschte.« Nichtsdestoweniger wies die Beziehung der Wittgensteins zum alten Adel gewisse Widersprüche auf: Man hielt sich fern, und man wollte nicht auffallen. Dies zeigte sich darin, daß Karl Wittgenstein auf der Benennung ›Haus Wittgenstein‹ beharrte, und auch in der Anonymität seiner stattlichen wohltätigen Spenden. Karl verwehrte Ludwigs Schwestern den Reitunterricht mit der Begründung, sie sollten nicht in dem Glauben aufwachsen, sie seien Aristokratinnen. Als ein Adliger zum Finanzminister ernannt wurde, veröffentlichte Karl einen Angriff gegen diese Berufung; Graf zu sein, so argumentierte er vehement, sei keine ausreichende Qualifikation.

Er sah sich als radikalen Liberalen und unterstützte als solcher maßgeblich eine Revolution in den bildenden Künsten: 1897 finanzierte hauptsächlich er den Bau des Ausstellungsgebäudes der Sezession für Künstler, die sich losgesagt hatten von der erstickenden etablierten Schule, die große Themen grandios darstellen zu müssen glaubte. Gustav Klimt nannte ihn »Minister der feinen Künste« und malte 1905 ein Portrait von Margarete bei ihrer Hochzeit. In dem üppigen Erotizismus des Gemäldes lassen ihre dunklen Augen ein gewisses Unbehagen erahnen. So bald wie möglich ließ sie das Bild auf dem Dachboden ihres Landhauses verschwinden.

Obwohl die Wittgensteins wohl versucht haben, ein weitgehend unauffälliges Leben zu führen, waren ihr Reichtum und ihr Fördern der Künste nicht jedermanns Geschmack. *Die Fackel* verunglimpfte eifrig die führenden Familien Wiens, die sich ihrer Wohltaten brüsteten. Und Thomas Bernhard, dessen Werk durchaus eine Obsession mit Ludwig zeigt, gibt in seinen fiktiven Memoiren *Wittgensteins Neffe* einen wütenden Kommentar zu Karl Wittgensteins Förderung von Klimt ab:

»Dazu kam, daß an den hohen Wänden, die bis an die Decke feucht waren, vier große, schon pilzbefallene abstoßende Gemälde aus der Zeit Klimts hingen, daneben auch noch ein solches von Klimt selbst, von welchem sich die Waffen produzierenden Wittgensteins haben malen lassen, wie von andern berühmten Malern ihrer Zeit auch, weil es unter den sogenannten Neureichen der Jahrhundertwende die große Mode gewesen ist, sich malen zu lassen unter dem Deckmantel des Mäzenatentums. Im Grunde hatten die Wittgensteins wie alle andern ihresgleichen für die Kunst überhaupt nichts übrig, aber sie wollten Mäzen sein.«

Im weiteren beschreibt Bernhard die Familie, »als die kunst- und geistfeindliche ..., die in ihrem Millionenvermögen erstickt ist«.

Zumindest vor dem Ersten Weltkrieg schien Ludwig den Reichtum seines Vaters in vollen Zügen zu genießen. Sein Freund aus Cambridge, David Pinsent, der selbst aus recht wohlhabendem Hause stammte, äußerte sich in seinem Tagebuch verwundert, als Ludwig einen Urlaub auf Island vorschlug, den sein Vater bezahlen sollte. »Nach der anfänglichen Überraschung fragte ich, wie hoch er die Kosten dafür einschätze. Worauf er sagte: ›Oh, das ist nicht wichtig: Ich habe kein Geld, und du hast kein Geld – und es ist auch völlig unwichtig, ob du welches hast. Dafür hat mein Vater einen Haufen.‹ Worauf er vorschlug, sein Vater solle die Kosten für uns beide übernehmen.« Zu Beginn ihrer Reise mußte geklärt werden, wo Pinsent in London unterkommen sollte. Wittgenstein brachte ihn zum Grand Hotel am Trafalgar Square. »Ich schlug ein weniger protziges Hotel vor – zumal Wittgenstein sowieso bei Russell wohnt –, aber er wollte davon nichts hören! Auf dieser Reise sollten keine Kosten gescheut werden!« Und während Wittgenstein später für die spartanische Einrichtung seiner Räumlichkeiten in Cambridge berühmt werden sollte, war dies vor dem Ersten Weltkrieg nicht der Fall. Pinsent erinnert sich, wie er im Oktober 1912 Wittgenstein half, Möbel in seine Räume im Trinity College zu transportieren. Das Mobiliar kam aus London; Wittgenstein hatte das, was Cambridge zu bieten hatte, als »scheußlich« abgelehnt. »Er hat alle seine Möbel nach eigenen Entwürfen anfertigen lassen – ziemlich schlicht, aber nicht schlecht.« Nach der Rückkehr aus Island nahmen die beiden »das Dinner gegen 7.45 ein – stilvoll mit Champagner«.

Wittgensteins Vater starb 1913 an Krebs. Ludwig, so hieß es, wurde dadurch zum reichsten Mann Österreichs und zu einem der reichsten ganz Europas. Während Poppers Vater in der Nachkriegsinflation seine gesamten Ersparnisse verlor, konnte Wittgensteins Vater einen Großteil des Familienvermögens dadurch vor der späteren Entwertung bewahren, daß er es im Ausland angelegt hatte.

Doch Ludwigs Reichtum war flüchtig. Der Krieg hatte ihn geistig verändert. Seine Schwester Hermine erinnert sich, daß ihn Soldaten als »den mit dem Evangelium« bezeichnet hatten, da er stets eine Ausgabe des von Tolstoi herausgegebenen Evangeliums bei sich trug. Nach seiner Rückkehr aus der Gefangenschaft überschrieb er seinem einzigen verbliebenen Bruder Paul und den Schwestern Hermine und Helene sein gesamtes Vermögen. Margarete, die einen wohlhabenden Amerikaner, Jerome Stonborough, geheiratet hatte, war bereits wohlversorgt. Hermine erinnert sich, wie sich Ludwig mit einem immer verzweifelter werdenden Notar abplagte, um nur ja sicher zu gehen, daß sein Vermögen für ihn unwiderruflich außer Reichweite wäre. Doch sie erinnert sich auch, daß seine Haltung ganz wesentlich davon geprägt gewesen war, zu der »die ganz freie gelockerte Möglichkeit gehörte, sich von seinen Geschwistern in irgendeiner Situation helfen zu lassen«.

Von da an führte Wittgenstein ein zwanghaft nüchternes und karges Leben, verbunden mit einer Leidenschaft für Ordnung und Sauberkeit. Sein Freund und späterer Mitarbeiter, der Architekt Paul Engelmann, führt dies zurück auf ein

»gewiß lange zurückgedrängtes übermächtiges Bedürfnis, endlich alles von sich abzutun, was in seiner Haltung zur Umwelt unerträglich belästigte: sein Vermögen wie seine Krawatte. Diese hatte er früher einmal, wie ich gehört zu haben glaube, als sehr junger Mensch mit besonderer Sorgfalt und gewiß mit seinem untrüglichen Geschmack gewählt. Nicht um dafür zu büßen ... Er mußte seine Lebensweise völlig ändern ... und er kam endlich dazu, Großes oder Kleines, das ihm jetzt kleinlich oder lächerlich gewesen wäre, von sich abzutun.«

Eine ähnliche Erklärung gab Wittgenstein seinem Neffen John Stonborough. »›Wenn du einen langen Weg einen steilen Berg hinauf vor dir hättest‹, sagte er, ›würdest du deinen schweren Rucksack am Fuße des Berges zurücklassen.‹ Diese Einstellung hatte mein Onkel zum Geld. Er wollte sich von einer schweren Last befreien.« The Times erinnerte in ihrem Nachruf daran, daß »Wittgenstein die Merkmale eines Menschen aufwies, der wie ein Eremit die religiöse Versenkung sucht«, und bezog sich auf seine extreme Verzichtshaltung und seine Zurückgezogenheit.

Gleichwohl wurde nicht auf alle Annehmlichkeiten verzichtet, die es mit sich bringt, wenn man aus einer reichen Familie stammt. Für seine Gespräche mit Moritz Schlick, der treibenden Kraft des Wiener Kreises, und einem seiner Mitglieder, Friedrich Waismann, standen Wittgenstein in den zwanziger und den dreißiger Jahren diverse Ruhe und Frieden bietende Wittgenstein-Anwesen zur Verfügung. Da war Neuwaldegg, in das sich seine Familie im Frühjahr und im Herbst zurückzog. Seinem Bruder und seiner Schwester gehörte ein Haus in der Augustinerstraße, in dessen unbenutztem Büro er sich mit Leuten traf. Und auch der Sommersitz der Familie, die Hochreith in Niederösterreich, nur eine Stunde von Wien Richtung Westen entfernt, stand ihm stets zur Verfügung. Die Bindung an Wien und an seine Schwestern blieb stark. Von 1929, als er nach Cambridge zurückkehrte, bis 1937 und von 1949 bis zu seinem Tod 1951 verbrachte Wittgenstein regelmäßig den Sommer und die Weihnachtsfeiertage in Österreich.

Das aristokratische Auftreten ließ sich nicht so leicht abstreifen wie der Reichtum. Leavis hielt Wittgenstein für eine gequälte Seele.

Doch dies hatte seiner Meinung nach auch viel mit der hohen Herkunft des Philosophen zu tun. »Vermutlich bin ich nicht der einzige, für den diese Eigenschaft, die ich hier ›Sicherheit‹ genannt habe, etwas Aristokratisches an sich hatte, da sie mit kultiviertem und unaufdringlichem Verhalten einherging.« Diese von Leavis ausgemachte Qual rührte wohl aus der Reibung eines materiell abgesicherten Schwebezustandes und dem Drang nach einem kargen Lebensstil. Thomas Bernhard drückte es drastischer aus: »Der Multimillionär als Dorfschullehrer ist doch wohl schon eine Perversität ...«

Kultiviertheit ohne Zweifel, vielleicht auch stille Würde, doch eine aristokratische Haltung zeichnete Popper nicht aus; zudem hatte er auch kein Geld, auf das er zurückgreifen konnte. 1919/1920 lebte auch er sehr bescheiden, doch nicht aus freien Stücken. »Im Laufe des Winters 1919/1920 verließ ich mein Elternhaus und zog in das Grinzinger Barackenlager, den leerstehenden Teil eines ehemaligen Kriegslazaretts, das von Studenten in ein äußerst primitives Studentenheim umgewandelt worden war. Ich wollte unabhängig sein und versuchen, meinem Vater nicht zur Last zu fallen, der weit über sechzig Jahre alt war und in der galoppierenden Inflation nach dem Krieg alle seine Ersparnisse verloren hatte.«
Obwohl Karl Wittgenstein Wert darauf gelegt hatte, daß seine Familie nicht mit ihrem Reichtum protzte, war die Familie in einer so klaustrophobisch engen Stadt wie Wien bei den anderen Wiener Familien, den Poppers etwa, gewiß bestens bekannt. Der Name Wittgenstein hatte Nachrichtenwert – nicht nur in den Gesellschaftsspalten und den Wirtschaftsseiten der Tagespresse, sondern auch in Karl Kraus' Zeitschrift *Die Fackel*, in der er mit bissigen Kommentaren und satirischen Beiträgen das Establishment geißelte. Man kann sich kaum vorstellen, daß die Geschäftsangelegenheiten Karl Wittgensteins, seine Wohltätigkeit, seine Artikel zu Fragen der Wirtschaft und die Stellung seiner Familie im Wiener Kulturleben nicht bei den Poppers am Abendessentisch diskutiert wurden. Daß Karl Popper einen gewissen persönlichen Groll hegte, zeigt sich in einer abfälligen Bemerkung, an die sich Peter Munz erinnert: Ludwig Wittgenstein könne ein Kaffeehaus nicht von einem Schützengraben unterscheiden. Kaffeehäuser weckten bei Popper eindeutige Assoziationen: Sie standen für frivole Zeitverschwendung und modisches Denken. Zu einem seiner früheren Studenten und späteren Kollegen, Joseph Agassi, sagte er: »Der *Tractatus* roch nach Kaffeehaus«.

Popper hatte allerdings völlig unrecht, wenn er Wittgenstein Unkenntnis der Schützengräben unterstellte. Wenn der *Tractatus* nach irgend etwas roch, dann nach Tod und Verfall. Wittgenstein hatte als Freiwilliger im Ersten Weltkrieg auffallend tapfer für Österreich gekämpft. Er hatte die Beziehungen seiner Familie genutzt, um an die Front abkommandiert zu werden (nicht wie viele Gleichgestellte, die mit ihren Verbindungen das Gegenteil zu erreichen suchten), obwohl ihm eine Operation wegen eines doppelten Leistenbruchs, der er sich als 17-Jähriger hatte unterziehen müssen, erlaubt hätte, sich vom Kugelhagel fernzuhalten. Als Offizier eines vorgeschobenen Beobachterpostens der Artillerie hielt er seine Stellung weit länger, als es seine Pflicht gewesen wäre. Angeblich hätte er dafür einen hohen Orden bekommen können, doch die fragliche Schlacht wurde verloren, und für Niederlagen gab es keine Orden. Ungeachtet dessen arbeitete er den ganzen Krieg hindurch am Text des *Tractatus*. Paul Engelmann schreibt, Wittgenstein »empfand seine Verpflichtung, Kriegsdienst zu leisten, als etwas, das unter allen Umständen erfüllt werden müsse. Als er hörte, daß sein Freund Bertrand Russell damals als Kriegsgegner im Gefängnis sitze, empfand er das, bei aller Hochachtung vor dem persönlichen Mut Russells, als einen hier unangebrachten Heroismus.«

Im Zweiten Weltkrieg bewies Wittgenstein erneut Pflichtgefühl. Obwohl er über fünfzig war, sorgte er dafür, daß er Cambridge verlassen konnte, um in einem Krankenhaus im Süden Londons während des Luftkriegs als Sanitätsgehilfe zu arbeiten. Seine Gabe, völlig in der jeweiligen Aufgabe aufzugehen, die er sich vorgenommen hatte, zeigte sich auch hier, wo er einem Ärzteteam assistierte, das den Wundschock erforschte. Als das Team nach Newcastle umzog, folgte er der Aufforderung, sich anzuschließen. Vielleicht trug er noch etwas, wenn auch verdreht, zur Kriegführung der Briten bei: 1939 diskutierte er mit Alan Turing über Widersprüche in der mathematischen Logik. Turing hielt Wittgensteins Ansicht, daß Widersprüche keine große Bedeutung hätten, für völlig hirnverbrannt. (Wittgensteins Sprachphilosophie hatte sich seit dem *Tractatus* entscheidend verändert. Damals hatte er an eine perfekte, ideale Sprache geglaubt, bar jeder Uneindeutigkeit. Nun war er der Auffassung, daß die inneren Widersprüche der von einer Gemeinschaft entwickelten oder übernommenen Sprache nolens volens hinzunehmen seien.) Die Erinnerung an diese Meinungsverschiedenheit könnte eine Rolle gespielt haben, als Turing über den logischen Aufbau der ›Bombe‹

nachdachte, des primitiven Computers, mit dem es möglich wurde, im Dechiffrierungszentrum Bletchley Park zur rechten Zeit den Code des deutschen Verschlüsselungsgerätes Enigma zu knacken.

Trotz seines abfälligen Kommentars über Wittgenstein kämpfte Popper selber nie im Krieg. Am Ende des Ersten Weltkriegs war er erst sechzehn; während des Zweiten Weltkriegs arbeitete er Tausende von Meilen entfernt von der Front im sicheren Neuseeland. Dort half er, die Rettung von etwa vierzig österreichischen Flüchtlingen zu organisieren. Er wollte in die neuseeländische Armee eintreten, wurde jedoch aus gesundheitlichen Gründen abgelehnt. Doch auch er trug zur Niederlage des Nazismus bei, wie er meinte, nämlich durch seine Werke *Das Elend des Historizismus* und *Die offene Gesellschaft und ihre Feinde*. In *Ausgangspunkte* stellte er fest, diese Bücher wären seine »Versuche, einen Beitrag zum Krieg zu leisten«. Ähnliches wiederholte er 1946 in einem Gespräch mit Isaiah Berlin und A. J. Ayer in Anwesenheit von Ernest Gellner: »Es war eine Kampfschrift«. Es hatte sich um einen Kampf gehandelt, an dem sowohl Popper als auch Wittgenstein, beide aus jüdischem Hause, ein persönliches Interesse hatten.

Fallowfield
Manor Road
Penn, Buckinghamshire

January 6th, 1969.

Michael Wallach
Editor
Jewish Year Book
25 Furnival Street
London E.C. 4.

Your Reference: MW/SB

Dear Mr. Wallach,

Thank you for your letter of January 3rd.

I am of Jewish descent, but I was born and
brought up as the son of parents who were baptized years before
I was born. I myself was baptized at birth, and was brought up
as a protestant.

I do not believe in race; I abhor any form of
racialism or nationalism; and I never belonged to the Jewish faith.
Thus I do not see on what grounds I could possibly consider myself
a Jew.

I do sympathize with minorities; but although
this has made me stress my Jewish origin, I do not consider myself
a Jew.

Yours sincerely

K. R. Popper

Poppers Protestschreiben an das Jewish Year Book: »Ich glaube nicht an Rasse.«

EINMAL EIN JUDE

*Der Jude wird in der westlichen Zivilisation
immer mit Maßen gemessen, die auf ihn nicht
passen.*

Ludwig Wittgenstein

Wie sehr sich Wittgenstein und Popper von ihrem gesellschaftlichen
Stand und Vermögen her auch unterschieden, so war doch Wien in
einer unauslöschlichen Eigenschaft ihr gemeinsames kulturelles Hin-
terland: Sie stammten aus assimilierten jüdischen Familien der Stadt,
in der die Assimilierung europaweit am weitesten fortgeschritten
war. Man kann die Auseinandersetzung in Cambridge auch als die
zweier Exilanten begreifen, die noch immer in Wien verwurzelt waren. Diese besondere soziale und politische Kultur war weit davon
entfernt, sie zu einen, sondern zeigte nur, wie unterschiedlich ihre
Lebenseinstellung war.

Die Frage der jüdischen Identität barg komplexe Probleme. Die ge-
gensätzlichen Konzepte Ausschluß oder Assimilation werden der Position vieler Juden nicht gerecht, deren Platz sich in dieser multina-
tionalen christlichen Gesellschaft unter Kaiser Franz Joseph dauer-
haft zwischen diesen Extremen bewegte – sie waren weder völlig
ausgeschlossen noch völlig assimiliert. Für die Juden ergab sich aus
der rechtlichen Emanzipation eine Reihe möglicher Selbstdefinitio-
nen. Aber unabhängig davon hing das Maß an Akzeptanz immer von
anderen ab. Ausschluß, Diskriminierung, unausgesprochene Vorbehalte, die »jüdische Frage« – all dies lag in den Händen der nichtjüdischen christlichen Mehrheit.

Sigmund Freud konnte seine starke jüdische Identität anerkennen
und tat dies auch deutlich. »Ich war selbst Jude, und es war mir immer nicht nur unwürdig, sondern direkt unsinnig erschienen, es zu
verleugnen. Was mich ans Judentum band, war – ich bin schuldig, es
zu bekennen – nicht der Glaube, auch nicht der nationale Stolz, denn
ich war immer ein Ungläubiger, bin ohne Religion erzogen worden,
wenn auch nicht ohne Respekt vor den ›ethisch‹ genannten Forderungen der menschlichen Kultur ... Aber es blieb genug anderes
übrig, was die Anziehungskraft des Judentums und der Juden so un-

widerstehlich machte«, schrieb er. Wittgenstein und Popper aber hätten dies nicht von sich behaupten können. Beide stammten aus einer der vielen jüdischen Familien, die sich hatten christlich taufen lassen. Bei Popper war dies sogar erst kurz vor seiner Geburt der Fall gewesen – Poppers ältere Schwester war noch in einem jüdischen Haushalt zur Welt gekommen.

Die Wiener Juden, ob von ihrer Abstammung oder ihrem Glauben her, neigten dazu, eine einheitliche und zusammenhängende Gemeinschaft zu bilden: Sie lebten und arbeiteten, sie trafen und heirateten einander innerhalb derselben großen Gruppe. Im Wien der Jahrhundertwende fühlten sich konvertierte Juden noch immer in den überwiegend jüdischen Vierteln wie Leopoldstadt und Alsergrund heimisch; die meisten ihrer Freunde fanden sie in anderen jüdischen Familien, konvertiert oder nicht.

In Wien konvertierten so viele Juden wie in keiner anderen europäischen Großstadt. Dies ergab sich aus der Verinnerlichung der allgegenwärtigen Kultur des Antisemitismus und der Überzeugung, daß es notwendig wäre, um in der Habsburger Gesellschaft weiterzukommen. Ehegesetze, die eine Verbindung zwischen Juden und gläubigen Christen untersagten, spielten ebenfalls eine Rolle. Um eine Ehe einzugehen, mußte ein Partner entweder zum Glauben des anderen übertreten oder sich konfessionslos erklären. In der Regel war es der jüdische Partner, der einen dieser Schritte unternahm.

In einer deutschsprachigen Kultur und Gesellschaft erzogene Juden legten großen Wert auf die Assimilierung, doch vollständig konnte sie nie erreicht werden. Ihre Anpassung an die deutsche Kultur konnte in allen Aspekten des familiären, beruflichen, kulturellen und politischen Lebens perfekt sein. Doch war es, wie der Wiener Dramatiker Arthur Schnitzler bemerkte, »nicht möglich, insbesondere für einen Juden, der in der Öffentlichkeit stand, davon abzusehen, daß er Jude war, da die andern es nicht taten, die Christen nicht und die Juden noch weniger«. Dieses Phänomen beschränkt sich keineswegs auf Wien. In Alan Islers New Yorker Roman *Der Prinz der West End Avenue* kommt dies prägnant zum Ausdruck: »Für den Gojim bleibt er natürlich ein Jude; und für die Juden ist er angesichts seines Erfolges ohnehin immer noch ein Jude.« Popper, der oft nach seiner Reaktion ›als Jude‹ gefragt wurde, hätte, wenn auch ärgerlich, diese Wahrheit anerkannt.

Es gab viele subtile oder auch weniger subtile Möglichkeiten, auf eine jüdische Herkunft, eine Konversion und ihre Umstände anzuspielen »Liegend getauft« (als Säugling getauft) etwa war ein diskreter Hinweis auf eine jüdische Herkunft. Der Komponist Felix Mendelssohn Bartholdy war »als Kind getauft«. Er war übrigens ein Freund von Ludwigs Großmutter väterlicherseits, Fanny Figdor, und der erste Förderer ihres Neffen, des Geigenvirtuosen Joseph Joachim. In den Augen der Menschen, die solche Begriffe benutzten, bedeutete ›übergetreten‹, also bewußt konvertiert zu sein, ›jüdischer‹ zu sein als in den beiden genannten Fällen von Taufe.

Später haben dann manche Juden diese Begriffe für den eigenen Gebrauch adaptiert. »Liegend getauft« wurde mit leichtem Spott und manchmal gar mit einem Anflug von Schadenfreude benutzt. »Das hat ihm auch nicht viel genützt«, konnte man sagen. Oder anders als bei den Konvertierten konnte es heißen: »Man sollte ihm nicht vorwerfen, die Gemeinde verlassen zu haben, denn es war ja nicht seine Entscheidung, als Katholik oder Protestant aufzuwachsen«. Wenn es sich um jemanden mit einem großen und berühmten Namen handelt, um eine kulturelle Größe, wird er oder sie dann doch als »einer der unsrigen« reklamiert und in die stolze Aufzählung *Große Juden der Geschichte* aufgenommen. Vielleicht ist ja auch Popper gelegentlich mit dem Attribut *liegend getauft* versehen worden, Wittgenstein hingegen blieb diese Anspielung wahrscheinlich erspart, denn in seiner Familie wurden Nachkömmlinge schon viel länger getauft.

In Wien war das Gefühl, von der Mehrheit der christlichen Gesellschaft ausgeschlossen oder entfremdet zu sein, das Los vieler konvertierter wie praktizierender Juden. In den zwanziger Jahren, wenn Popper zur Entspannung Arnold Schönbergs Abonnentenkonzerte besuchte, ist er gewiß so manchem aufgefallen als jemand, der sich überzählig fühlt. Eine Schülerin Schönbergs, Lona Truding, erinnerte sich an Popper als einen »wundervollen Mann, der als Mann ebenso groß war wie als Denker. Er paßte nicht dazu. Er war ein Außenseiter im besten Sinne des Wortes.« Zweifellos zeigte er stets eine kritische Distanz. Der Historiker Malachi Hacohen siedelt es auf einer fundamentalen Ebene an: »Im Leben und Werk dieses zentraleuropäischen Exilanten zeigen sich zugleich die Dilemmata des Liberalismus, der jüdischen Assimilation und des zentraleuropäischen Kosmopolitismus.«

Das Gefühl, von der Welt, die ihn umgab, losgelöst zu sein, gehörte gleichermaßen zu Wittgensteins Wesen, wenn auch mit einem Unterschied: Er wurde in das mühelose Akzeptiertwerden hineingeboren, das enormer Reichtum mit sich bringt. Vielleicht begann er nach dem Ersten Weltkrieg, sich bewußt selbst zu verleugnen, doch Theodore Redpath, der Rektor von Cambridge, hielt ihn für jemanden, der sich stets der ihm vererbten Stellung bewußt war. Er sah sich »als Sproß einer reichen österreichischen Familie der Oberschicht, und manchmal überraschte er seinen Gesprächspartner, wenn er dies recht deutlich werden ließ, indem er zum Beispiel häufig den Begriff ›Ringstraße‹ für Dinge verwendete, die er für zweitrangig hielt.« Die Ringstraße war und ist der geschäftige Prachtboulevard rund um die Wiener Innenstadt, aber für Wittgenstein war sie nur ein Ort des Pomps und der leeren Gesten, bar jeglichen Inhalts. Und obgleich die Ringstraße ein elegantes Viertel umschloß, war der Name für einen Wittgenstein offensichtlich nicht gleichbedeutend mit echter Qualität. In diesem Geist der Herablassung bezeichnete er gegen Ende seines Lebens die Abendkleider der jungen Damen, die einen Maiball im Trinity College besuchen wollten, als »billig«. Wahrscheinlich hätten sie in jenen glanzvollen Tagen vor dem Ersten Weltkrieg den Ansprüchen eines Empfangs im Palais Wittgenstein nicht genügt.

All dieser Glanz war noch vergleichsweise neuen Datums. Die gesellschaftliche Mobilität der Wittgensteins – einer Familie deutscher Juden aus Hessen – stellt eine Fallstudie für die Toleranz in Franz Josephs Reich dar. Ludwigs Großvater, dessen Vater als Gutsdirektor für einen relativ unbedeutenden deutschen Prinzen gearbeitet hatte, betätigte sich zunächst als Wollhändler und später als Immobilienmakler in Wien; sein Sohn, Ludwigs Vater, arbeitete sich zum Großindustriellen hoch, wurde Kunstmäzen und ein ständiger Gast des alteingesessenen Adels – und dies alles innerhalb von achtzig Jahren. Doch Ende der 1930er Jahre sollte sich erweisen, daß dieses gesellschaftliche Gebäude in seiner Gänze auf allerdünnstem österreichischen Eis errichtet worden war.

Das Wien der Popper und Wittgenstein prägenden Jahre war die Brutstätte eines Hitler und des Holocaust, gar ein Testgelände für die Vernichtung der Welt, wie Karl Kraus es in einer alptraumhaften Vision benannte. Hermann Kesten beschrieb es als eine Art verschwundenen märchenhaften Wilden Osten, als die Stadt brillanter Schöpfungen inmitten einer verfallenden Kultur. Jene brillanten Schöpfungen waren die intellektuelle und kulturelle Zukunft: das Neue, das sich bemühte, der erstickenden Umklammerung durch das Alte zu entkommen.

Die Ursprünge dieser Revolution lagen in dem Umbruch, den die rasche Industrialisierung im 19. Jahrhundert bewirkt hatte; eine Revolution, an der Karl Wittgenstein maßgeblich beteiligt war. Zur Jahrhundertwende bildete sich eine neue Perspektive heraus; sie lehnte die Gewißheiten der Aufklärung ab, ebenso die Liebe zum Dekorativen und den Gehorsam gegen die Tradition, welche die Gesellschaft des Kaiserreichs belasteten, ihren Horizont begrenzten und jeglichen Fortschritt hemmten. An ihre Stelle trat die Forderung nach dem Experiment und der Funktion, die die Form, die Aufrichtigkeit und den klaren Ausdruck vorschrieb.

Im Schatten der Hofburg, doch geistig meilenweit entfernt von ihrer dominierenden Formalität und ihrem Erbe, lag die Stadt von Ernst Mach und der Theorie des fluktuierenden, unsicheren Selbst; die Stadt von Freud und der Macht des Unbewußten; die Stadt von Schönberg und der Vertreibung des konventionellen Wohlklangs durch das atonale Zwölftonsystem. Hier, innerhalb einer einzigen Stadt und Zeitspanne, gab es Arthur Schnitzlers Literatur des inneren Monologs und des Sexualtriebs als primärer Triebfeder menschlicher Beziehungen; Adolf Loos und das Entfernen des allein selbstbezogenen Ornaments aus der Architektur; Otto Weininger, den mit Selbsthaß erfüllten Juden, dessen Werk *Geschlecht und Charakter* Wittgenstein als junger Mann las und bewunderte. Es war die Zeit und die Stadt von Karl Kraus und dessen Angriff auf sprachliche Formen wie Klischees und Metaphern, mit denen Wirklichkeiten in Politik und Kultur verschleiert wurden. Kraus' Forderung, die Sprache des öffentlichen Lebens müsse von kultureller Unaufrichtigkeit gesäubert werden, ging in die gleiche Richtung wie Wittgensteins linguistische Betrachtungen.

Es war auch die Stadt, in der jüdische Intellektuelle ()jüdisch‹ soll hier auch heißen)jüdischer Abstammung‹) eine dominante Rolle spielten und sich dynamisch an die kosmopolitische Couleur der Stadt assimilierten. Sechs der im vorigen Absatz genannten führenden Persönlichkeiten waren der Abstammung nach Juden – Schönberg konvertierte zum Protestantismus, bekannte sich jedoch später – Hitler zum Trotz – wieder zu seinem jüdischen Glauben. Als 1929 der Wiener Kreis offiziell ins Leben gerufen wurde, waren acht der vierzehn eingetragenen Mitglieder Juden. Manche der restlichen, etwa Viktor Kraft, wurden gewöhnlich für Juden gehalten. Auf Kraft schien genau zuzutreffen, was der Satiriker Leon Hirschfeld Reisenden riet: »Seien Sie während Ihres Wiener Aufenthaltes nicht zu interessant und originell, sonst sind Sie hinter Ihrem Rücken plötzlich ein Jud ...«

Im Rückblick sahen viele jüdische Intellektuelle die habsburgische Herrschaft als ein goldenes Zeitalter. Ihre offizielle Toleranz und ihre reiche Mischung an Nationalitäten und Kulturen führte zu einer konstitutionellen Mehrdeutigkeit, innerhalb derer Juden, ob Traditionalisten aus Galizien oder an die hiesige Kultur angepaßte Wiener, eine Heimat finden konnten. Darin lag sogar ein paradoxes Argument für das Kaiserreich als der fortschrittlichsten Regierungsform, da sie der allseitig befruchtenden Koexistenz eines vielstimmigen Karnevals das sichere Gerüst einer liberalen Verwaltung bot.

Mitte des 19. Jahrhunderts, zu der Zeit, als Ludwigs Großvater väterlicherseits, Hermann Christian Wittgenstein, aus Leipzig nach Wien übersiedelte und anfing, sich im Immobiliengeschäft zu betätigen, wurde die im Vielvölkerstaat herrschende Freiheit der kosmopolitischsten Stadt Europas mit einem kleinen Vers besungen:

Der Christ, der Türke, der Heide, der Jud',
Hausen seit jeher hier zwanglos und gut.
Denn hier gilt für ein' jeden
Das Recht auf sein eigenes Leben.

In Wien nahm der jüdische Bevölkerungsanteil explosionsartig zu: 1875 waren es zwei Prozent, 1900 schon neun, bis zum Ersten Weltkrieg stieg die Zahl etwas langsamer an. Nach Warschau und Budapest hatte Wien die drittgrößte jüdische Gemeinde Europas. Doch diese Zahlen lassen nicht erkennen, welch führende Rolle die österreichischen Juden in vielen Lebensbereichen außer am kaiserlichen Gerichtshof und in der Regierung spielten.

1913 bemerkte ein britischer Beobachter, Wickham Steed, der als Korrespondent der *Times* in Österreich arbeitete und allerdings kein Freund der Juden war, sie seien »dem wirtschaftlichen, politischen und allgemeinen Einfluß nach ... doch das bedeutendste Element der Monarchie«. Selbst der christlichsoziale Wiener Bürgermeister um die Jahrhundertwende, Karl Lueger, der mit seinen antisemitischen Parolen an die Macht kam und sie im politischen Diskurs zur gängigen Münze machte, konnte nicht umhin festzustellen: »... aber ich bin kein Feind unserer Wiener Juden; sie sind gar nicht so schlimm, und wir können sie gar nicht entbehren ... die Juden sind die einzigen, die immer Lust haben, tätig zu sein.« Zwischen 1910 und 1913 wurde ein anstellungsloser (und anstellungsunfähiger) Adolf Hitler in Wien von einer – auch von Poppers Vater unterstützten – jüdischen Hilfsorganisation für Obdachlose sowie von den jüdischen Ladenbesitzern, die seine Bilder kauften, am Leben gehalten.

Da die Juden ursprünglich vom Staatsdienst und den höheren Rängen in der Armee ausgeschlossen waren, strebten viele Menschen jüdischer Abstammung, wenn auch nicht mehr jüdischen Glaubens, in das Erziehungswesen und die intellektuellen Berufe. Um 1880 waren fast ein Drittel der Gymnasiasten Juden, in der auf einen späten Ausbildungsberuf ausgerichteten Realschule stellten sie ein Fünftel der Schülerschaft. An der medizinischen Fakultät waren knapp 50 Prozent der Studenten jüdischer Abstammung, an der juristischen Fakultät betrug der Anteil ein Fünftel, an der philosophischen ein Sechstel. Die jüdische Emanzipation hatte einen ungeheuren Schub ziviler Energie freigesetzt: »Mit dem Erlaß des Grundgesetzes von 1867, das allen österreichischen Staatsbürgern die gleichen bürgerlichen und politischen Rechte garantierte, erwiesen sich die Juden erpicht darauf, ihre kreativen Talente einzusetzen ... Juden fanden sich unter den Förderern wohltätiger Einrichtungen; sie begründeten Zeitungen und allgemeinbildende Zeitschriften und taten sich in Musik und Literatur, in Wirtschaft und Politik hervor. Als Bankiers, Philanthropen, Professoren, Ärzte, Schriftsteller und Wissenschaftler beteiligten sie sich an der Entwicklung Österreichs ... Darüber hinaus verteidigten sie Seite an Seite mit ihren österreichischen Landsleuten ihre Heimat und nahmen an vielen geistigen Auseinandersetzungen teil«, bilanzierte der Historiker Robert Wistrich.

Die Chance für solche bedeutenden Beiträge verdankten sie Österreich und schenkten dem Land deshalb auch ihre Loyalität. Dies ging so weit, daß es kaum überrascht, wenn der Oberrabbiner von Wien, Adolf Jellinek, angesichts des österreichisch-ungarischen Vielvölkerstaats 1883 behauptete: »Allein die Juden in Österreich sind Österreicher, fühlen und denken österreichisch, ... wollen einen Gesammtstaat [sic] mit einem Herzen, von welchem aus das Gesammtleben ausströmt.« In einer bitteren, wenn auch nicht belegten Geschichte wird geschildert, wie eine Gruppe österreichisch-ungarischer Offiziere einem der ihren eine Handvoll Erde ins Grab mitgeben: Jeder macht es im Namen seiner Nation, der ungarischen, der tschechischen, der slowakischen, der polnischen. Nur der jüdische Offizier spricht für Österreich.

Seine Loyalität hätte ihn nicht vor dem in Österreich tief verwurzelten Antisemitismus geschützt. Die unheilvollen Widersprüche kommen in einer Bemerkung des Kaisers Franz Joseph zu seiner Tochter Marie Valerie zum Ausdruck: »Ja, ja, man tut natürlich alles, um die

Juden zu schützen, aber wer ist eigentlich kein Antisemit?« (Einer Bemerkung des früheren Diplomaten, Biographen und Kritikers Harold Nicolson nicht unähnlich: »Obwohl ich den Antisemitismus verabscheue, kann ich Juden einfach nicht leiden.«) Und gleichgültig, wie wohl sich jüdische Intellektuelle gefühlt haben mögen – in anderen Bereichen war die Stadt zutiefst antisemitisch. 50 Jahre vor Hitlers Machtübernahme ließen begeisterte Anhänger Bürgermeister Karl Lueger hochleben und drohten zugleich allen Juden mit Verfolgung und Tod. Für die österreichischen Juden war die bittere Frucht ihres anhaltenden Erfolges eine Stärkung des Antisemitismus. »Wenn denn eine Stadt auf der Welt für sich beanspruchen kann, die Wiege des modernen politischen Antisemitismus zu sein, dann Wien«, urteilt der Historiker Peter Pulzer. Und weder Popper noch Wittgenstein sollten diesem Übel ungeschoren entkommen.

Die gesetzte Existenz deutschsprachiger Juden wurde von den repressiven Regierungen anderer europäischer Länder bedroht. Verarmte Ostjuden flohen vor den zaristischen Pogromen und tauchten in Wien als Bettler, Hausierer und kleine Händler auf. Sie wurden ›Luftmenschen‹ genannt, da sie im Freien arbeiteten und mit ihren Karren und Säcken von Tür zu Tür zogen. Sie wohnten in den ärmlicheren Vierteln der Stadt und schienen mit ihrem deutlich hörbaren Jiddisch, ihren Gebetslocken, Pelzkappen und Kaftanen aus einem völlig anderen Volk zu stammen als ihre Glaubensbrüder (oder auch ehemaligen Glaubensbrüder) aus der Mittelschicht, welche in der Welt der Zeitungsredaktionen, Anwaltskanzleien, Arztpraxen und dem abendlichen Kaffeehausplausch aufgingen. Im Vergleich zu den führenden Familien wie den Wittgensteins schienen die Ostjuden aus einem anderen Universum zu stammen. Poppers ältester Freund, der in Wien geborene Kunsthistoriker Ernst Gombrich, berichtete über die Reaktionen auf diese Neuankömmlinge:

»Um ehrlich zu sein, die Westjuden verachteten die Ostjuden und verspotteten sie oft sehr grausam, weil sie häufig außerstande waren, die Traditionen der westlichen Kultur zu verstehen, zu übernehmen und sich zu assimilieren ... Ich fühle mich nicht dazu aufgerufen, ein Urteil über diesen Antagonismus zu fällen, ihn zu verurteilen oder zu verdammen, doch de facto hatten die meisten assimilierten Wiener Juden das Gefühl, daß sie mit ihren nichtjüdischen Mitbürgern mehr gemein hätten als mit den Neuankömmlingen aus dem Osten.«

Man zog eine klare Trennungslinie zwischen sich, den Krawattenjuden, und den Juden aus dem Osten, den Kaftanjuden.

Gegen Ende des 19. Jahrhunderts befand sich die österreichische Wirtschaft in einer schweren Krise, und der Antisemitismus wurde immer lautstärker. Die Wissenschaft übernahm die Rolle des Aberglaubens, wenn es darum ging, tief verwurzeltem Haß eine Stimme zu verleihen. In den Worten des Historikers Steven Beller:

»Angeregt durch sozialdarwinistische Ideen, einen inhärenten Nationalismus und den Rassismus, bedrohte der Erfolg der Biologie die liberalen, in der Aufklärung wurzelnden Überzeugungen, die hinter der jüdischen Integration in Mitteleuropa standen. In Wien wurde dies noch durch das Geschick verstärkt, mit dem der regierende Bürgermeister Karl Lueger und seine christsozialen Parteigenossen die wahrhaft nicht sehr modernen Ressentiments des ›kleinen Mannes‹ gegenüber dem jüdischen Erfolg ausschlachteten. Und so zerstörte diese ›biologische Wendung‹ in der Form eines ›wissenschaftlichen‹ Antisemitismus de facto die emanzipatorischen Bestrebungen der Juden (und ihrer Verbündeten).«

Wagte man sich einen Schritt aus den Hauptbereichen des jüdischen Lebens heraus, ertönte bald der Ruf »Saujud«. Theodor Herzl gab seinen Traum der Assimilierung auf – in diesem Traum strömten die Wiener Juden in Massen an die Donau, um sich dort taufen zu lassen – und wandte sich dem Zionismus zu. 1897 war er die treibende Kraft bei der Schaffung des Weltzionistenbundes. Die Dreyfus-Affäre – als ein jüdischer französischer Offizier fälschlich der Spionage beschuldigt wurde –, die er in Paris verfolgt hatte, war der Wendepunkt.

Das Ende des Ersten Weltkriegs brachte die Niederlage und den Zerfall Österreich-Ungarns und wurde zur Wasserscheide für die jüdische Gemeinde. Die Gründung der kurzlebigen österreichischen Republik zerstörte den Grundkonsens des Kaiserreichs, innerhalb dessen das Judentum floriert hatte. Als der junge Popper zu studieren begann, äußerte sich der Antisemitismus immer offener und bösartiger. Oberflächlich betrachtet behielt Wien sein glitzerndes, kultiviertes, kosmopolitisches Selbst des Fin d'empire bei, doch die Politik ging schwanger mit Haß. Zwar wurde die Stadt von den Sozialisten kontrolliert, in deren Parteispitze viele Juden saßen, die Landesregierung jedoch wurde von einer Allianz geführt, die sich aus der katholischen, der christsozialen und der alldeutschen Partei zusammensetzte, bei denen der Antisemitismus weit verbreitet war.

Der Krieg hatte die jüdische Bevölkerung Wiens um ein weiteres Drittel anwachsen lassen; aus dem Osten kamen erneut Flüchtlinge, denen das in der Mittelschicht vorherrschende Ideal der Assimilation fremd war. In Österreich und in Wien aber fand eine schmerzhafte

Wiedergeburt statt. Naftali H. Tur-Sinai, aus Wien geflohener Bibel-wissenschaftler, erinnert sich an den atmosphärischen Wandel:

»Der Krieg hatte die Daseinsberechtigung der Stadt und der hier lebenden jü-dischen Gemeinde verändert; und so wurden nicht nur die Neuankömmlinge zu einem ernsten und hartnäckigen Problem, nein, alle Wiener Juden wurden in gewissem Sinn zu Flüchtlingen ... Nun war die politische Basis der Juden zerstört worden. Man brauchte keine Österreicher mehr; jetzt gab es nur noch Deutsche.«

Die Implosion des Vielvölkerstaats und die Neuerrichtung einzelner Nationalstaaten zerriß den Schleier kultureller Unsichtbarkeit; die Juden waren nun exponiert in einem plötzlich ›deutsch‹ gewordenen Land. Robert Wistrich faßt die drohende Katastrophe prägnant zu-sammen: »Mit seinem Tod [des Kaisers Franz Joseph] sollten die Schleusentore der Barbarei weit aufgerissen werden.«

Die jüdischen Intellektuellen reagierten unterschiedlich. Einige emigrierten, einige schlossen sich dem sozialistischen oder kommu-nistischen Untergrund an, einige wandten sich, ihr Judentum neu entdeckend, dem Zionismus zu. Viele waren sich ihrer geschützten Stellung als Teil der Wiener Gesellschaft so sicher, daß sie keine per-sönliche Gefährdung erkennen konnten. Einige unterstützten sogar den katholischen Konservativismus der Regierung nach der Maßga-be, das Übel vorzuziehen, das man kennt. Und dazu kam noch, nach den Worten von Malachi Hacohen, »dieses Sich-Zurücksehnen nach der ›österreichischen Idee‹ eines vollkommen liberalen und pluralisti-schen Staates, den es nie wirklich, sondern nur in der Vorstellung vieler Juden und einiger josephinischer Bürokraten gegeben hatte.« Die Wittgensteins gehörten zu der Kategorie ›Uns wird niemand et-was tun‹. Karl Popper hingegen befand, daß er unmöglich länger in seiner Heimat bleiben konnte und daß ihm nur die Wahl blieb, ins Ausland zu gehen. Er nahm die ›österreichische Idee‹ mit sich ins Exil; sie floß in seine Vision einer idealen Gesellschaft ein. Hacohen glaubt, daß er »bis an sein Lebensende ein assimilierter, progressiver Jude« blieb. Dies hätte Popper nie akzeptiert. Ihn als Juden zu be-schreiben hieß, seine tiefempfundene Ablehnung herauszufordern. Dennoch war es sein Jüdischsein, das ihm eine Karriere in Österreich verwehrte und ins akademische Exil trieb, von wo er zurückkehrte, um sich als gleichrangig zu bewähren und doch so wenig Zeit hatte, es zu erreichen. H 3 sollte eine frühe Prüfung sein.

Popper (l.) als Lehrer in Wien, erfüllt von reform-pädagogischen Gedanken.

POPPER LIEST »MEIN KAMPF«

Protestantisch, d.h. evangelisch, jedoch jüdischer Herkunft

KARL POPPER

In seiner Autobiographie schrieb Popper: »Nach langer Überlegung war mein Vater zu dem Schluß gekommen, daß das Leben in einer Gesellschaft, die in ihrer überwältigenden Mehrheit christlich war, die Verpflichtung auferlegte, so wenig Anstoß wie möglich zu erregen und sich zu assimilieren.« Karls Vater Simon kam aus Böhmen, seine Großeltern mütterlicherseits aus dem heute polnischen Schlesien und aus Ungarn. Juden dieser Regionen gehörten zu den am stärksten germanisierten jüdischen Untertanen des Kaiserreichs. Sobald sie in Wien waren, »schickten sie ihre Kinder in deutsche Schulen, ließen sich in Büros anstellen und veränderten Wiens berufliche Elite«. Poppers Vater veranschaulichte diesen Trend; er trat der Anwaltskanzlei des letzten liberalen Bürgermeisters von Wien, Raimund Grübl, als Kompagnon bei (daher auch Karl *Raimund* Popper). Poppers Mutter, Jenny Schiff, kam aus dem jüdischen Wiener Großbürgertum. Hacohen meint, der Poppersche Haushalt verkörperte die Tugenden von »Besitz, Recht und Kultur, die bei den Wiener Liberalen höchste Wertschätzung genossen«.

Daß sich Poppers Eltern für den Protestantismus und nicht für den Katholizismus entschieden hatten, entsprach der Wahl, die die meisten konvertierten Juden trafen. Vielleicht sorgte die protestantische Arbeitsethik und die Betonung des individuellen Gewissens dafür, daß man sich in der neuen Heimat wohler fühlte, vielleicht wäre es ein zu großer Verrat gewesen, die herrschende Religion, den Katholizismus, anzunehmen.

Welche Beziehung hatte nun Popper zu seinen jüdischen Vorfahren? Als er 1936 beim Academic Assistance Council in England Hilfe beim Verlassen Österreichs beantragte, beschrieb er sich als »protestantisch, d.h. evangelisch, jedoch jüdischer Herkunft«. Die Frage, ob er einverstanden sei, wenn man sich in seinem Anliegen an religiöse Gemeinschaften wandte, verneinte er. Er schrieb ein sehr deutliches »Nein« neben den Eintrag der Jüdisch-Orthodoxen, und um seine Haltung noch klarer zu machen, unterstrich er dieses Nein doppelt.

Doch zu Recht ist ein Jude zu sein damit verglichen worden, einem Verein anzugehören, aus dem man nicht austreten kann. Was auch immer er davon hielt, Karl Popper entkam nie dem Interesse anderer – Juden wie Nichtjuden – an seiner Herkunft. So fragte zum Beispiel 1969 der damalige Herausgeber des *Jewish Year Book*, ob denn Professor Sir Karl Popper, da er doch jüdischer Abstammung sei, nicht in die Abteilung *Who's who* aufgenommen werden wolle, »die herausragende Juden sämtlicher Lebensbereiche umfaßt«. Popper erwiderte, er sei zwar jüdischer Abstammung, doch hätten sich seine Eltern schon viele Jahre vor seiner Geburt taufen lassen, und auch er sei bei seiner Geburt getauft worden und im protestantischen Glauben aufgewachsen. Dann fuhr er fort: »Ich glaube nicht an Rasse; ich verabscheue jegliche Form von Rassismus oder Nationalismus, und ich hing nie dem jüdischen Glauben an. Deshalb sehe ich nicht, auf welcher Grundlage ich mich überhaupt als Juden betrachten könnte. Ich hege Sympathien für Minderheiten, doch obgleich mich dies dazu gebracht hat, meine jüdische Herkunft zu betonen, betrachte ich mich nicht als Juden.« Dennoch, er war sich stets seines Judentums bewußt. Als er 1984 die israelische Politik gegenüber den Arabern scharf kommentierte, erklärte er: »Ich schäme mich in meiner Herkunft. Die Vorstellung eines auserwählten Volkes war ›bösartig‹«.[1]

Popper glaubte, daß Juden nicht hoffen könnten, Juden zu bleiben und zugleich als Deutsche anerkannt zu werden, und er verteidigte den Entschluß seines Vaters, den Glauben zu wechseln:

»Das bedeutete jedoch, beim organisierten Judentum Anstoß zu erregen. Es bedeutete auch, als Feigling hingestellt zu werden, als jemand, der den Antisemitismus fürchtet. Das alles war verständlich. Es war dem aber entgegenzusetzen, daß der Antisemitismus ein Übel war, das von Juden und Nichtjuden gleichermaßen gefürchtet werden sollte, und daß es die Aufgabe aller Menschen jüdischer Herkunft war, ihr Bestes zu tun, um ihn nicht zu provozieren. Überdies gab es viele Juden, die ganz in der Bevölkerung aufgingen: Die Assimilation funktionierte. Es ist zwar verständlich, daß Menschen, die wegen ihrer rassischen Herkunft verachtet wurden, darauf mit der Bemerkung reagierten, sie seien stolz auf ihre ›Rasse‹. Aber Rassenstolz ist nicht nur dumm, sondern auch unrecht, selbst dann, wenn er durch Rassenhaß provoziert ist. Jeglicher Nationalismus oder Rassismus ist von Übel, und der jüdische Nationalismus ist keine Ausnahme.«

---

[1] »It makes me ashamed in my origin' [sic]. The notion of a chosen people was ›evil‹«.

Juden müßten ihren Teil der Schuld am Antisemitismus und daran, gesellschaftliche Außenseiter zu sein, tragen. Diese Sichtweise war wie ein Echo von Karl Kraus: Juden sollten aus ihrem selbst auferlegten kulturellen und sozialen Ghetto heraustreten, und damit würden sie sich befreien.

In Wahrheit jedoch war die vollständige Assimilation genauso ein Traum wie Herzls Massentaufe. Popper hing einer gänzlich anderen Vision an, inspiriert durch das Reich, über das Franz Joseph geherrscht hatte. Dieses Reich, so beharrte Popper, sei das Modell einer liberalen kosmopolitischen Gesellschaft, in der Vielfalt gedeihen könne. Das österreichisch-ungarische Heer, dessen Soldaten in mehr als zehn Sprachen redeten, war eine augenfällige Veranschaulichung dieses Liberalismus. Die historische Wahrheit war gleichwohl nuancenreicher: Franz Josephs kaiserliche Herrschaft wurde bedroht durch die Entstehung lokaler ethnischer Nationalismen, die er erfolglos zu unterdrücken versuchte. Diese Nationalismen hatten ihrem Wesen nach einen ausschließenden Charakter – ›Fremde‹ waren nicht willkommen. Die anschließend an den Ersten Weltkrieg getroffenen Vereinbarungen zu den zentral- und südeuropäischen Staaten verschafften dem gewalttätigen Nationalismus freie Bahn. Popper mußte erkennen, daß ihm persönlich Gefahr drohte, wenn ihn andere als Juden sahen.

Obwohl Hitler in Deutschland erst 1933 an die Macht kam und er sich Österreich nicht vor 1938 einverleibte, führte Poppers Einschätzung der den Juden in Mitteleuropa erwachsenden Probleme früh zu bedenklichen Vorhersagen: »Ich erwartete, von 1929 an, den Aufstieg Hitlers; ich erwartete die Annexion Österreichs durch Hitler in der einen oder anderen Form; und ich erwartete den Krieg gegen den Westen.« Dies zeugte von seiner Weitsicht. Er hatte *Mein Kampf* gelesen und ernst genommen. Während Popper Oberschullehrer wurde und daran arbeitete, das Buch abzuschließen, das wir als *Logik der Forschung* kennen, wurden die Straßen Wiens von Gruppen junger Leute erobert, viele mit Hakenkreuzen am Arm. Sie marschierten auf den Bürgersteigen und grölten Nazilieder. In einer Anekdote, die an Görings berüchtigte Bemerkung erinnert, er würde zu seiner Waffe greifen, wenn er das Wort ›Kultur‹ hörte, erinnerte sich Popper an einen Vorfall, der kurz vor Hitlers Machtergreifung stattgefunden hatte. Er traf einen jungen Kärntner in einer Naziuniform und mit einer Pistole bewaffnet. »Er sagte zu mir: ›Wie bitte, Sie möchten diskutieren? Ich diskutiere nicht, ich schieße.‹« Popper meinte, dies könnte den Anstoß für *Die Offene Gesellschaft* gegeben haben.

In den dreißiger Jahren wurde der Druck auf die jüdische Gemeinde in Österreich immer stärker. Jenseits der Grenze war Hitler an der Macht. Und zu Hause präsidierte ein klerikal-korporatistischer Staat über eine zunehmende Diskriminierung. Ob Juden zu den Reichen oder den Armen gehörten, ob sie im Ghetto lebten oder auf der Bühne des Burgtheaters auftraten, ob sie ihrem Judentum verpflichtet blieben oder deutlich machten, wie assimiliert sie waren, sie waren alle – unabhängig von ihrer individuellen Stellung – permanente Zielscheiben der Kritik der Wiener Antisemiten. Welche Laufbahn ein Jude auch immer einschlug, er stieß auf Vorurteile und Feindseligkeit – so Robert Wistrich, einer der großen Historiker des europäischen Antisemitismus. Die österreichische Nazipartei übernahm die Kontrolle an den Universitäten, und Nazistudenten sorgten gewaltsam dafür, daß kein Jude mehr Zutritt hatte.

Schlimmeres begann, sich zusammenzubrauen; doch als es sich zeigte, war Karl Popper weit weg von Europa. Die Türe zu einer Hochschulkarriere in Österreich war ihm verschlossen, und die Nazis besaßen den Schlüssel – eben zu jener Zeit, als er gehofft hatte, den Lehrerberuf aufgeben zu können. Die sich verdüsternde Atmosphäre ließ in ihm einen Entschluß reifen, der seine Karriere in neue Bahnen lenken und das zu einem dauerhaften Bestandteil seiner Lebensperspektive gewordene Gefühl verstärken sollte, vom normalen akademischen Leben ausgeschlossen zu sein. Dieses Ressentiment, erwachsen aus dem Gefühl, an den Rand gedrängt zu sein, würde auch seinen Niederschlag finden in dem Treffen des Moral Science Club vom 25. Oktober 1946.

Adolf Hitler berichtet »vor der Geschichte« auf dem Heldenplatz in Wien.

»EIN SCHÖNER JUDE, DAS!«

Habe ich die Begründung erschöpft, so bin ich
nun auf dem harten Felsen angelangt; & mein
Spaten biegt sich zurück. Ich bin dann geneigt
zu sagen: ›So handle ich eben.‹

LUDWIG WITTGENSTEIN

Einen Vorwurf müssen sich Wittgenstein wie auch Popper gefallen lassen: In ihren Schriften wird jüdischer Selbsthaß spürbar, ja sogar Antisemitismus, wobei dies auf Wittgenstein sogar noch in stärkerem Maße zutrifft als auf Popper.

Während sich Popper um die äußeren Erscheinungen kümmerte, um die soziale und politische Welt und den Ort, den Juden dort einnahmen, konzentrierte sich Wittgenstein erwartungsgemäß auf die inneren Mechanismen – seine eigenen wie die anderer Individuen. Ihn beschäftigte die Idee des Judentums als eines Mechanismus zur Kontrolle des Denkens. Die Vorstellung, Juden dächten an sich auf eine bestimmte Weise, war verflochten mit einer fortwährenden Selbstquälerei. ›Judentum‹ (fester Bestandteil seines Selbst) beschreibt er als einen hemmenden oder verzerrenden Mechanismus.

Inwieweit er in den 1930er Jahren seine jüdische Abstammung kannte und erkannte, läßt sich nur schwer ergründen, da seine Familie sich nach Kräften bemüht hatte, ihr Judentum hinter sich zu lassen. Sein Urgroßvater väterlicherseits hieß einst Moses Maier, doch im Jahre 1808 nahm die Familie den Namen Wittgenstein an, nach dem örtlichen hessischen Adelsgeschlecht der Sayn-Wittgenstein, für die Moses Maier als Gutsdirektor arbeitete. Fälschlicherweise wurde oft angenommen, daß Ludwig ein Sproß dieser Adelsfamilie sei. *The Times* hielt in ihrem Nachruf fest, daß er aus einer bekannten österreichischen Familie käme, und »unter seinen Vorfahren befand sich auch Prinz Wittgenstein, der gegen Napoleon kämpfte«.

Ludwigs Großeltern väterlicherseits konvertierten zum Protestantismus. Die jüdische Seite der Familie seiner Mutter war schon vor langem zum Christentum übergetreten und durch viele Eheschließungen mit christlichen Ehepartnern verbunden. Wittgensteins Mutter war römisch katholisch, und Ludwig wurde in diesem Glauben getauft. Von orthodox-jüdischer Sichtweise her war Wittgensteins

Großmutter mütterlicherseits, Marie Stallner, ihrer Abstammung nach nicht jüdisch, also er auch nicht. Doch das bewahrte ihn keineswegs vor den Zugriffen der Nazis, wie wir noch sehen werden. Für Fania Pascal, Wittgensteins Russischlehrerin in Cambridge, war er keinesfalls Jude. Als jüdisches Kind hatte sie in ihrer Heimat, der Ukraine, die volle Wucht des slawischen Antisemitismus zu spüren bekommen; sie meinte, daß ihre Großmutter über Ludwig wohl gesagt hätte: »Ein schöner Jude, das!«

Für das, was Ludwig, sein Bruder und seine Schwestern aus ihrem jüdischen Erbe machten, läßt sich eine Reihe von Interpretationen finden. Den Anfang könnte folgende Geschichte machen: Der junge Ludwig und sein Bruder Paul wollten in einen Wiener Sportverein eintreten, der Juden nicht zugänglich war. Ludwig dachte, sie könnten sich die Aufnahme mit einer Notlüge erschwindeln, doch Paul war dagegen. Sie fanden dann einen anderen Verein. Doch wenn sich dies tatsächlich so zugetragen hat, wie soll man sich dann die Tatsache erklären, daß Paul kurz nach dem Anschluß seinen Schwestern »mit bleichem Entsetzen mitteilte, wir gälten als Juden«. Sein Entsetzen war berechtigt. In Deutschland waren die Nürnberger Gesetze bereits seit drei Jahren in Kraft. Sie hatten dafür gesorgt, daß den als Juden Klassifizierten die bürgerlichen Rechte aberkannt wurden und sie als deutsche Staatsangehörige gleichzeitig in der Falle saßen. Aufgrund dieser Gesetze konnte de facto kein jüdischer Konzertpianist mehr öffentlich auftreten. Paul kannte sicher einige, die ein Auftrittsverbot bekommen hatten. In Wien und Prag drängten sich jüdische Musiker aus Deutschland auf der Suche nach Arbeit. Doch Pauls offensichtliche Überraschung erscheint merkwürdig, wenn man den Realitätssinn bedenkt, den er bei der Frage des Sportvereins gezeigt hatte.

In einer anderen Anekdote wird berichtet, wie Ludwigs Tante Milly ihren Bruder, seinen Onkel Louis, fragte, »ob die Gerüchte über ihre jüdische Herkunft zuträfen. Darauf er: ›Pur sang [reinen Blutes], Milly, *pur sang*.‹« Wie Millys Enkelin zum Judentum der Familie stand, sollte sich für die Familie noch als höchst bedeutend erweisen.

Und dann Ludwig selber. Zu Beginn des Ersten Weltkriegs als Freiwilliger zu den Waffen geeilt, hielt er düster fest: »Wir aber können verlieren und werden verlieren, wenn nicht in diesem Jahr, so im nächsten! Der Gedanke, daß unsere Rasse geschlagen werden soll, deprimiert mich furchtbar, denn ich bin ganz und gar deutsch.«

Diese Geschichten zeigen, daß die Wittgensteins in der katholisch-christlichen Wiener Gesellschaft so weit integriert waren, daß sie sich zwar ihres jüdischen Hintergrunds bewußt waren, er in ihrem Leben jedoch überhaupt keine Rolle spielte. Wahrscheinlich verleugneten sie ihn nicht aktiv - einmal jedoch schämte sich Ludwig, es fast getan zu haben -, doch für sie selbst war er unsichtbar geworden.

Damit sollen die Wittgensteins jedoch nicht schlechtgemacht werden. Paul Engelmann glaubte, Wittgenstein habe seine jüdischen Vorfahren bis 1938 mehr oder weniger vergessen. »Bei manchen, wie bei Otto Weininger und Karl Kraus, welche Wittgenstein beide bewunderte, ist es möglich, den Einfluß einer spezifisch jüdischen Umgebung zu erkennen, dessen sie sich sicherlich bewußt waren. Aber Wittgensteins eigene jüdische Abkunft scheint zu entfernt gewesen zu sein, um ihn in dieser Weise zu beeinflussen, und war bis zum Anschluß mehr oder weniger vergessen.«

Welchen Eindruck er auch immer auf Engelmann machte, der ihn seit dem Ersten Weltkrieg kannte, Ludwig selbst durchlebte in den dreißiger Jahren eine Phase, in der sich sein Judentum entfaltete. In dieser Zeit hielt er seine Überlegungen zum Judentum fest. Die daraus resultierenden »Bekenntnisse« las er 1931 und 1937 ausgewählten, erstaunten und oft genug unwilligen Freunden und Bekannten vor. Eine seiner ›Sünden‹ bestand darin, daß er andere Leute in dem Glauben belassen hatte, er sei Vierteljude, wo er es doch zu drei Vierteln war. Würde man sie wörtlich nehmen, dann würden die folgenden Überlegungen - von einem anderen (T. S. Eliot zum Beispiel) geäußert - als offensichtlich antisemitisch verurteilt werden:

»Man hat manchmal gesagt, daß die Heimlichtuerei und Versteckheit der Juden durch die lange Verfolgung hervorgebracht worden sei. Das ist gewiß unwahr; dagegen ist es gewiß, daß sie, trotz dieser Verfolgung, nur darum noch existieren, weil sie eine Neigung zu dieser Heimlichkeit haben.

Die Geschichte der Juden wird darum in der Geschichte der europäischen Völker nicht mit der Ausführlichkeit behandelt, wie es ihr Eingriff in die europäischen Ereignisse eigentlich verdiente, weil sie als eine Art Krankheit, und Anomalie, in dieser Geschichte empfunden werden und niemand gern eine Krankheit mit dem normalen Leben gleichsam auf eine Stufe stellt ...

Man kann sagen: Diese Beule kann nur dann als ein Glied des Körpers betrachtet werden, wenn sich das ganze Gefühl für den Körper ändert (wenn sich das ganze Nationalgefühl für den Körper ändert). Sonst kann man sie höchstens dulden.

Vom einzelnen Menschen kann man so eine Duldung erwarten, oder auch, daß er sich über diese Dinge hinwegsetzt; nicht aber von einer Nation, die ja nur dadurch Nation ist, daß sie sich darüber nicht hinwegsetzt.«

Wittgenstein wirft sich auch vor, nur ›reproduktiv‹ denken zu können
– seiner Ansicht nach ein jüdisches Wesensmerkmal; »der größte jüdische Denker ist nur ein Talent. (Ich z.B.)« Dann wieder behauptet er,
das jüdische Denken nur zu verallgemeinern. Auf ähnliche Weise
schildert er sich später einem Freund in Cambridge, Maurice O'Con-
nor Drury, bei einem Gespräch über religiöse Gefühle, nämlich als
jemanden, der »hundertprozentige hebräische Gedanken« habe.
Während Wittgenstein überlegte, was es bedeutete, ein Jude zu sein,
waren die deutschen Zeitungen und das Radio erfüllt von Hitlers
Hetzreden. Als Wittgensteins Biograph Ray Monk die genannten
Passagen zitierte, sah er sich genötigt, mit offenbar großem Unbehagen zu bemerken: »An seinen Bemerkungen über das Judentum
schockiert vor allem der Sprachgebrauch, denn Wittgenstein wiederholt die Parolen des antisemitischen Rassismus ... Dieser ganze grau-
sige Unsinn klingt in Wittgensteins Bemerkungen von 1931 an.« Teil
dieses ganzen Unsinns war auch die Charakterisierung der Juden als
gefährlicher Fremdkörper im Volkskörper. Für Wittgenstein konnte
es offenbar – anders als für Kraus und Popper – keine Assimilation
der Juden geben; wenn Juden versuchten, sich zu assimilieren, sei
das nur gefährlich für die Wirtskultur. Mit genau dieser Sicht begründeten die Nazis die Nürnberger Gesetze.

Doch Monk rückt Wittgenstein aus der Nähe von *Mein Kampf*: Die
Nazisprache habe er als eine »Art Metapher für sich selbst« verwendet, als er sich um einen Neuanfang bemüht hatte. Zwischen Wittgensteins beiden Geständnissen lag sein Besuch in der Sowjetunion.
Er hatte mit dem Gedanken gespielt, dort entweder an einer Universität oder als einfacher Arbeiter zu leben und zu arbeiten. Und die
einfachste Erklärung für seine üblen Bemerkungen über das Judentum, seine Reise in die Sowjetunion und seine Geständnisse ist, sie
alle als Teil desselben von Ray Monk so genannten Reinigungspro-
zesses zu sehen – des Zwangs, zum tiefsten Grund hinabzugraben
und von da an wieder aufzubauen. Dies hielt Wittgenstein auch in
der Politik für nötig, um den geistigen Verfall und die alte Ordnung
radikal zu tilgen. Aus diesem Grund brachte er letztlich auch für
Stalins notorischen Drang Verständnis auf, die Sowjetunion von
Grund auf neu zu schaffen. Das erinnert an die Bemerkung, die er
Fania Pascal gegenüber äußerte und die jene so beunruhigend fand:
(geistige) Amputation habe ihn gesünder gemacht. Er sei wie ein
Baum, an dem alle Äste abgeschnitten worden waren; dann erst würde der Baum gesünder sein.

Es weist nichts darauf hin, daß Wittgenstein seine Äußerungen über das Judentum bedauerte oder daß er seine Meinung änderte. Die Lehre, die er aus seinen Überlegungen zog, weist auch keinerlei Ähnlichkeit mit *Mein Kampf* auf, selbst wenn in der Metaphorik Anklänge zu finden waren. Diese Lehre stimmte völlig mit seiner Antwort auf die Frage überein, ›Wie sollen wir leben?‹. Man sollte über jüdische Eigenschaften nicht als eine Kraft zum Bösen nachdenken. Die einzige Schuld, die Juden auf sich geladen hätten, läge darin, ihr wahres Wesen nicht erkannt zu haben. Die Ehrlichkeit geböte es, die eigenen Grenzen einzugestehen.

Wichtig ist, daß sich diese Überlegungen auf ein rassisch definiertes Judentum bezogen, nicht auf ein religiöses. Viel später, nämlich 1949, bemerkte Wittgenstein gegenüber O. B. Bouwsma, daß er »den modernen Judaismus nicht verstehe. Er sähe nicht, was denn davon noch übrigbleiben könne, nachdem nicht mehr geopfert würde. Gebete und ein paar Lieder.«

Durch ihren jüdischen Hintergrund waren Popper und Wittgenstein natürlich tief betroffen, als es am 12. März 1938 zum »Anschluß« Österreichs an Deutschland kam. Zwei Tage später stand Hitler auf dem Balkon der Neuen Hofburg, dem früheren Kaiserpalast, und wurde von Hunderttausenden begeisterter Wiener, die auf dem Heldenplatz zusammengeströmt waren – angeblich die größte Versammlung von Österreichern, die je stattgefunden hatte –, willkommen geheißen. »Als Führer und Reichskanzler der deutschen Nation melde ich vor der Geschichte nunmehr den Eintritt meiner Heimat in das Deutsche Reich.«

Der »Anschluß« konfrontierte Wittgenstein schließlich damit, wie real das Judentum seiner Familie war; denn er mußte sich mit hochgestellten Nazis in Berlin auseinandersetzen.

Vor Ausfüllung des Vermögensverzeichnisses ist die beigefügte Anleitung genau durchzulesen!

Zur Beachtung!

1. Wer hat das Vermögensverzeichnis einzureichen?
Jeder Angehörigkeitige, also auch jeder Ehegatte und jedes Kind sür sich. Für ein minderjähriges Kind ist das Vermögensverzeichnis vom Inhaber der elterlichen Gewalt oder von dem Vormund einzureichen.

2. Bis wann ist das Vermögensverzeichnis einzureichen?
Bis zum 30. Juni 1938. Wer anmelde- und bewertungspflichtig ist, aber die Anmelde- und Bewertungspflicht nicht oder nicht rechtzeitig oder nicht vollständig erfüllt, setzt sich schwerer Strafe (Geldstrafe, Gefängnis, Zuchthaus, Einziehung des Vermögens) aus.

3. Wie ist das Vermögensverzeichnis auszufüllen?
Es müssen sämtliche Fragen beantwortet werden. Nichtzutreffendes ist zu durchstreichen. Reicht der in dem Vermögensverzeichnis für die Ausfüllung vorgesehene Raum nicht aus, so sind die geforderten Angaben auf einer Anlage zu machen.

4. Wenn Zweifel bestehen, ob diese oder jene Werte in dem Vermögensverzeichnis aufzuführen müssen, sind auch die Werte aufzuführen.

Verzeichnis über das Vermögen von Juden

nach dem Stand vom 27. April 1938

des   Hermine Wittgenstein   Private
der   (Beruf oder Gewerbe)

in   W i e n   IV., Argentinier-   Straße, Platz Nr. 16
       (Wohnsitz oder gewöhnlicher Aufenthalt)

Angaben zur Person

Ich bin geboren am 1.12.1874, röm.kath.Religion.   *)siehe den Vorbehalt
                                                       auf Seite 4

Ich bin Jude (§ 5 der Ersten Verordnung zum Reichsbürgergesetz vom 14. November 1935, Reichsgesetzbl. I S. 1333)

und — deutscher¹) —   — Staatsangehörigkeit¹) — staatenlos¹) —

Da ich — Jude deutscher Staatsangehörigkeit¹) — Staatenloser Jude¹) — bin, habe ich in dem nachstehenden Vermögensverzeichnis mein gesamtes inländisches und ausländisches Vermögen angegeben und bewertet¹).

Da ich Jude fremder Staatsangehörigkeit bin, habe ich in dem nachstehenden Vermögensverzeichnis mein inländisches Vermögen angegeben und bewertet¹).

Ich bin verheiratet mit   geb.
                                                              (Mädchenname der Ehefrau)

Mein Ehegatte ist der Rasse nach — jüdisch¹) — nichtjüdisch¹) — und gehört der
Religionsgemeinschaft an.

Angaben über das Vermögen

I. Land- und forstwirtschaftliches Vermögen (vgl. Anleitung Ziff. 9):

Wenn Sie am 27. April 1938 land- und forstwirtschaftliches Vermögen besaßen (gepachtete Ländereien u. dgl. sind nur aufzuführen, wenn das der Bewirtschaftung dienende Inventar Ihnen gehörte):

Lage des eigenen oder gepachteten Betriebs und seine Größe in Hektar?	Art des eigenen oder gepachteten Betriebs?	Handelt es sich um einen eigenen Betrieb oder um eine Pachtung	Wert des Betriebs	Bei eigenem Betriebe:
1	2	3	4	5
siehe Beilage 1	Gesamtwert RM 1.261.585.--			

II. Grundvermögen (Grund und Boden, Gebäude) (vgl. Anleitung Ziff. 10):

Wenn Sie am 27. April 1938 Grundvermögen besaßen (Grundstücke, die nicht zu dem vorstehend unter I und nachstehend unter III bezeichneten Vermögen gehörten):

Lage des Grundstücks?	Art des Grundstücks?	Wert des Grundstücks	Wenn das Grundstück nach Anderen gehört:
1	2	3	4
siehe Beilage 2	Gesamtwert RM 1.652.254.--		

¹) Nichtzutreffendes ist zu durchstreichen.

Vermögensverzeichnis (VO v. 26. 4. 38)

Hermine Wittgensteins »Vermögensverzeichnis«, das sie zusammen mit dem Antrag auf »Befreiung« einreichen mußte.

KLEIN LUKI

*Der Führer hat die physische Vernichtung der
Juden befohlen.*

REINHARD HEYDRICH, SEPTEMBER 1939

*... die nervliche Belastung der letzten beiden
Monate. (Meine Familie in Wien ist in großer
Gefahr.)*

LUDWIG WITTGENSTEIN

Während sich Karl Popper im Juni 1938 an die irdischen Frustrationen des Hochschullebens in Neuseeland gewöhnte, befand sich Ludwig Wittgenstein in Berlin und verhandelte dort, um seine Schwestern und andere Verwandte vor der SS zu retten.

Obwohl die Nürnberger Gesetze in Deutschland seit 1935 galten
und Österreich sich in den Fallstricken nazifreundlicher Aktivitäten
befand, hatten die Wittgensteins offensichtlich nicht das Gefühl gehabt, sich in persönlicher Gefahr zu befinden. Vielleicht waren sie
sich in ihrem täglichen Leben ihres jüdischen Ursprungs einfach
nicht bewußt, vielleicht verdrängten sie diesen, vielleicht waren sie
verständlicherweise davon überzeugt, daß sie in der Gesellschaft
Wiens eine augenscheinlich unanfechtbare Stellung hatten. Als er
1920 von Ludwigs Plänen gehört hatte, in bescheidenen Dorfschulen
unterrichten zu wollen, hatte ihm sein entsetzter Bruder Paul geschrieben, um ihn an »die sehr große Berühmtheit unseres Namens zu
erinnern, den wir als einzige in Österreich tragen, den sehr großen
Bekanntenkreis von unserem Vater, von Onkel Louis und Tante Clara,
an die Besitztümer, die uns über ganz Österreich verstreut gehören,
an unsere verschiedenen wohltätigen Aktivitäten ...«.

Beim Gedanken an die Folgen einer Machtübernahme der Nazis
für Deutschland befürchtete Wittgenstein das Schlimmste. »Man
denke nur einmal, was es bedeutet, wenn die Regierung eines Landes
von Verbrechern übernommen wird. Wir fallen wieder in die Barbarei zurück. Es würde mich nicht überraschen ... so Entsetzliches zu
sehen, daß Menschen bei lebendigem Leibe als Hexen verbrannt werden.« Trotz solcher düsteren Vorhersagen schien er sich über die Fol-

117

gen, die das für Österreich haben würde, keine Sorgen zu machen. Er erinnerte sich einfach nicht mehr daran, wie der 14jährige Adolf Hitler, der die Staatsoberrealschule in Linz zur selben Zeit besucht hatte wie er und zwei Klassenstufen unter ihm war, als Zeichen seiner Sympathie für ein Großdeutschland eine Kornblume getragen, die rot-schwarz-goldene Reichsfahne geschwungen und mit seinen Freunden laut den deutschen Gruß »Heil« ausgetauscht hatte. Ludwig hatte die Zeitungsmeldungen, nach denen Deutschland sich zum Einmarsch in sein Heimatland anschickte, als lächerliche Gerüchte bezeichnet: »Hitler will Österreich gar nicht haben. Mit Österreich könnte er doch gar nichts anfangen.«

Er war ein besserer Philosoph denn Hellseher. Diese Ansicht äußerte er am Vorabend des »Anschlusses«. Als am nächsten Tag Drury ihm berichtete, daß Hitler tatsächlich in Österreich einmarschiert sei, zeigte sich Wittgenstein zu Drurys Überraschung nicht besonders beunruhigt: »Ich fragte ihn, ob seine Schwestern irgendwie gefährdet sein könnten. [Er erwiderte]: ›Nein, sie genießen viel zu hohes Ansehen, keiner würde es wagen, sie anzurühren.‹« Das erinnerte an Bemerkungen seines Bruders Paul zehn Jahre zuvor. Insgeheim war Wittgenstein besorgter, als er vorgab.

In Wien zeigte sich schnell der wahre Ernst der Lage. Paul gestand entsetzt ein, daß sie nun als Juden gälten. Wenn andere sie als solche erkannten und bezeichneten, befänden sie sich in höchster Gefahr. Die Unterdrückung der österreichischen Juden begann sofort und war grausamer als in Deutschland – als ob die Österreicher versuchten, verlorene Zeit wettzumachen. Zwei Tage nach Hitlers Rede am Heldenplatz wurden jüdische Beamte und Richter entlassen, Industrielle ermordet, Ärzte und Rechtsanwälte unter dem Gejohle einer triumphierenden Menge gezwungen, Protestsprüche gegen den »Anschluß« mit Zahnbürsten von den Gehsteigen zu entfernen. Wohnungen, Läden und Betriebe wurden geplündert.

»Niemand wurde verschont«, berichtete der britische Augenzeuge Norman Bentwich, der sich daran erinnert, von »welcher Brutalität, Verfolgung und Verzweiflung eine der kultiviertesten jüdischen Gemeinden in der Welt und die drittgrößte in Europa heimgesucht wurde. Vor den Konsulaten möglicher Aufnahmeländer bildeten sich gewaltige Schlangen. Sie waren kilometerlang und wurden ständig attackiert.«

Die 99,71 Prozent der Stimmen, die sich in einem Volksentscheid im April für eine Union mit Deutschland aussprachen, spiegelten die

Stimmung in Österreich durchaus realistisch wider, nachdem Hitler den »Anschluß« vollzogen hatte. Es sollte dennoch berücksichtigt werden, daß die Kampagne für den Volksentscheid und die Wahl selbst unter dem allgegenwärtigen Druck der Nazis durchgeführt wurden und daß die katholische Kirche ihren Anhängern erklärte, es sei ihre »nationale Pflicht«, den »Anschluß« zu unterstützen. Bald nach dem Volksentscheid erklärte Göring, Wien werde innerhalb von vier Jahren »judenrein« sein: »Sie sollen weg.« Hitlers Schulort Linz sollte jedoch sofort von Juden »gesäubert« werden.

In dieser Phase zielte die Politik der Nazis darauf ab, die Juden in die Emigration zu zwingen. Die Zahlen derer, die gingen, zeigen, welcher Druck auf ihnen lastete. Zwischen dem »Anschluß« im März und der »Kristallnacht« im November flohen 50 000 Juden aus der Ostmark, wie Österreich jetzt hieß. Bis zum Mai 1939 hatten mehr als die Hälfte der Juden Österreich verlassen.

Für die Wirtschaft der Nazis war die Emigration auch ein Mittel, das Säckel des Reichs anzufüllen, indem man die Juden ausplünderte. Wenn es darum ging, arbeiteten die Behörden schnell. Auf Görings Anweisung mußten jüdische Betriebe registriert werden. Der Wert wurde auf 2,25 Mrd. Reichsmark beziffert, wobei Wohneigentum nicht mitgezählt wurde. Am 14. April wurde eine Auswanderungssteuer, die »Reichsfluchtsteuer«, eingeführt, die ausreisenden Juden ein Viertel ihres besteuerbaren Vermögens wegnahm. Nach erfolgter Emigration wurde der Emigrant flugs als Reichsfeind eingestuft, und zurückgelassenes Eigentum über 5000 Mark konnte beschlagnahmt werden. Ab dem 27. April mußten alle Guthaben über 5000 Reichsmark registriert werden, damit sie vor den Nazis nicht versteckt werden konnten.

Im November 1938 kam die »Kristallnacht«, ein von den Nazis inszenierter »Vergeltungsakt« – aus Anlaß der Ermordung eines deutschen Diplomaten in Paris durch einen jungen polnischen Juden, dessen Familie die deutschen Behörden zusammen mit 15 000 anderen Juden polnischer Staatsangehörigkeit im Niemandsland zwischen Deutschland und Polen dahinvegetieren ließen. Im gesamten »Großdeutschen Reich« wurden jüdische Geschäfte, Betriebe, Synagogen und Gemeindeeinrichtungen durch die von der nationalsozialistischen Partei angeheizte Gewalt zerstört, und als die Parteiführung glaubte, nun ihr Ziel erreicht zu haben, wurden die Verwüstungen eingestellt. Die in Österreich verursachten Schäden wurden auf vier Millionen Dollar geschätzt. Damit nicht genug, mußten die österreichischen Juden ihren Anteil an einer »Strafe« bezahlen, die den Juden des Reichs auferlegt worden war, der »Judenvermögensabgabe« von 20–25 Prozent des Vermögens über 5000 Reichsmark. Aus der »Reichsfluchtsteuer« und der »Judenvermögensabgabe« kamen rund 2 Milliarden Reichsmark zusammen, ein Betrag, der in die Rüstung gesteckt wurde.

Was immer auch Pauls Bedenken waren, Ludwigs Schwestern Hermine und Helene gingen offenbar davon aus, nicht mit der jüdischen Gemeinde Wiens in Verbindung gebracht zu werden. Sie nahmen am Gemeindeleben nicht teil. Auf Anordnung von Hermann Christian, Ludwigs Großvater väterlicherseits, der seinen elf Kindern verboten hatte, sich mit Juden zu verheiraten, war die Familienpolitik die einer völligen Assimilierung. Durch seine Heirat mit einer Frau, die durch ihre Abstammung Halbjüdin war, hatte Ludwigs Vater Karl jedoch diese Anweisung teilweise unterlaufen – obschon sie aus einer Familie kam, die zur römisch-katholischen Kirche übergetreten war. Folglich waren Karls Kinder teilweise, wenn nicht gar ganz jüdischer Abstammung. Jedes Gefühl der Unverletzlichkeit sollte jedoch durch die Nürnberger Gesetze erschüttert werden, die in Österreich ab dem 31. Mai 1938 galten. (Die mit einem Amerikaner verheiratete Margarete befand sich in Sicherheit. Sie verbrachte die Kriegsjahre in New York; ihr älterer Sohn Thomas arbeitete als Agent für das *Office of Strategic Services*, ihr jüngerer Sohn John beim Militärischen Geheimdienst Kanadas.)

Ziel der Gesetze war es, wie Hitler dem Reichstag in einer Sondersitzung nach dem Parteitag in Nürnberg im September 1935 berichtete, eine »gesetzliche Regelung« zu etablieren, »eine Ebene schaffen zu können, auf der es dem deutschen Volk möglich wird, ein erträgliches Verhältnis zum jüdischen Volk finden zu können«. So wurde etwa das Reichsbürgergesetz erlassen, das deutschen Juden die Reichsbürgerschaft verweigerte. Sie wurden zu Untertanen ohne Bürgerrechte, Fremde, gar Gefangene in ihrem eigenen Land: Reichsbürger mit allen politischen und sozialen Rechten konnten nur Menschen mit deutschem oder artverwandtem Blut werden. Historisch gesehen können die Gesetze als die Rücknahme der Emanzipation der Juden betrachtet werden. Die Gesetze verboten auch die Ehe und den außerehelichen Verkehr zwischen Deutschen und Juden mit der Begründung, die Reinheit des deutschen Blutes sei für das Überleben des deutschen Volkes wichtig. Diese Grundsätze warfen eine Frage auf, die für die Wittgensteins nach dem »Anschluß« von äußerstem Interesse war. Wer galt als Jude? Die Antwort auf diese Frage hatte die Fertigstellung von Hitlers Rede bis zuletzt verzögert.

Hauptproblem der Definitionsbemühungen war der Status von Deutschen, die nur teilweise jüdischer Abstammung waren und von den Nazis als »Mischlinge« bezeichnet wurden. Streitigkeiten zwischen der Partei (die das Netz so weit wie möglich auswerfen wollte) und der Bürokratie (die die Definition aus praktischen Gründen enger fassen wollte) wurden in einer Reihe ergänzender Verordnungen beigelegt. Die Nazis sahen sich gezwungen, den hohen Assimilierungsgrad in der deutschen Gesellschaft zu berücksichtigen, vor allem da es über Generationen zahlreiche Mischehen gegeben hatte. Ein zu engmaschiges Netz hätte die Gefahr heraufbeschworen, zahlreiche Deutsche, die jüdische Ehepartner oder irgendeinen jüdischen Vorfahren hatten, dem Regime zu entfremden.

Für die Rassentheoretiker der Nazis waren die Großeltern eines Mischlings das entscheidende Kriterium. Jeder, der drei jüdische Großelternteile hatte, galt als Jude. Jeder, der zwei jüdische Großelternteile hatte, galt als Jude, wenn er der Jüdischen Religion an gehörte oder mit einem Juden verheiratet war. Aber dadurch blieben die Halbjuden vom Terror der Nazis nicht verschont. Sie waren immer noch keine Arier und keine deutschen Bürger. Sie wurden als »Mischlinge ersten Grades« bezeichnet und sollten im Laufe der Zeit immer stärker bedroht werden.

Welche Stellung hatten also nach diesen Gesetzen Ludwig Wittgenstein, sein Bruder Paul, seine Schwestern Hermine und Helene? Wenn ihr Vater Karl ein »Volljude« war, wodurch sie zwei jüdische Großelternteile hätten, und ihre Mutter Leopoldine eine »Halbjüdin« mit einem jüdischen Elternteil war, hätten sie also insgesamt drei jüdische Großelternteile, würden als »Volljuden« gelten und damit nicht mehr Reichsbürger sein können. Wenn ihr Vater kein »Volljude« war und sagen wir nur einen jüdischen Elternteil hatte, dann ergäbe das für sie zwei jüdische Großelternteile, und sie würden »Mischlinge ersten Grades« werden. Wenn sie nachweisen konnten, nur einen jüdischen Großelternteil zu haben, dann wären sie »Mischlinge zweiten Grades«, was ihnen immer noch bessere Möglichkeiten bot, ein annehmbares Leben führen zu können und der Verfolgung und dem Verlust ihres Eigentums zu entgehen.

Am 15. Juli 1938 ließen Paul, Hermine und Helene ihr Vermögen registrieren, wie es die neue Verwaltung von Juden verlangte. In einem Vorbehalt ließen sie aber vermerken, daß sie beabsichtigten, einen Antrag auf rassische Reklassifizierung zu stellen, da ihr Großvater väterlicherseits, Hermann Christian, kein »Volljude« gewesen sei.

Seit 1935 gab es im Deutschen Reich ein Verfahren zur Reklassifizierung von Juden als »Mischlinge« ersten oder zweiten Grades, zum anderen von »Mischlingen« als normale Reichsbürger, das als »Befreiung« bezeichnet wurde. Eine »Befreiung« war auch für sogenannte Verdienste um das Vaterland oder um die Partei möglich. Hitlers Stellvertreter Rudolf Heß machte Ausnahmen für »Bastarde« und ihre Familien, die beim Ausbruch des Ersten Weltkrieges 1914 in den deutschen Streitkräften gedient oder auf seiten Deutschlands oder seiner Verbündeten an der Front gekämpft hatten – dem Prinzip folgend, Treue sollte mit Treue vergolten werden.

Ludwig und Paul hatten sich freiwillig zur Front gemeldet, waren verletzt und ausgezeichnet worden. Für die Wittgensteins bestand also der erste Versuch, den Klauen der Nürnberger Gesetze zu entgehen, in einer Aufstellung, die Hermine von den Auszeichnungen anfertigte, die Paul und Ludwig im Ersten Weltkrieg erhalten hatten, als Nachweis des mutigen Einsatzes der Familie für Österreich. Diese Kategorie der Reklassifizierung wurde in Berlin durch das Reichsinnenministerium und die Reichskanzlei vorgenommen. Hermine und Paul legten die Auszeichnungen dort »hohen Chargen« vor. 1938 war dies jedoch ein vergebliches Unterfangen, denn der »Führer« erteilte denjenigen, die ihm derlei Gesuche vorlegten, eine Abfuhr:

»Ich bekomme waschkörbeweise Ansuchen von Ihnen, meine Parteigenossen. Sie kennen offenbar mehr anständige Juden, als Juden überhaupt im Deutschen Reich vorhanden sind. Das ist ein Skandal! Ich verbitte mir solche Gesuche ganz energisch.«

Im weiteren Verlauf der politischen Umwälzungen dieses Sommers 1938 mußten die Schwestern einen neuerlichen Schlag hinnehmen. Paul, der sich eigentlich um sie kümmern sollte, beschloß zu emigrieren. Es sprach einfach alles für diese Option. Nach dem Verlust seines Armes an der russischen Front 1914 hatte er seine Karriere als Konzertpianist mühsam weitergeführt; in seiner Freizeit unternahm er gern Wanderungen. Das erste war nun unmöglich, das zweite war für einen Juden im Nazistaat eine Aufforderung zur Gewalt. Er war marschiert und hatte einen Arm für Österreich hingegeben, und jetzt war es für ihn nicht mehr möglich, die beiden Dinge zu tun, die er am meisten liebte. Es gab auch noch einen anderen Grund. Keines der vielen Familienmitglieder wußte, daß Paul zwei kleine Töchter hatte. Ihre Mutter Hilde war eine österreichische Katholikin. Er befürchtete, man würde ihm die Kinder wegnehmen und vom Nazistaat aufziehen lassen. Sein Vermögen, seine Familie und seine Karriere standen auf dem Spiel – auf unterschiedlichen Feldern.

Hermine und Helene widersetzten sich seinen eindringlichen Bitten mitzukommen, und Paul ging allein in die Schweiz. Von dort reiste er nach England, um Ludwig von der Familie zu erzählen und Rat zu suchen, wohin er nun gehen sollte. Sein Bruder riet ihm zu Amerika. Im April 1939 verließ Paul Europa. Als er sicher in New York war, erwies er sich in den Verhandlungen der Familie Wittgenstein mit dem Reich als durchaus hartnäckig. Hilde und die zwei Kinder irrten umher und landeten schließlich in Kuba, bevor man es ihnen gestattete, 1941 zu ihm zu kommen.

Paul flüchtete einen Monat vor der Reise des Schweizer Polizeichefs Heinrich Rothmund nach Berlin, der voller Stolz über seine Kampagne gegen die von ihm so genannte »Verjudung« der Schweiz war. Er forderte in der deutschen Hauptstadt, man solle den jüdischen Flüchtlingen ein rotes »J« in die Reisepässe stempeln, damit es der Schweizer Grenzpolizei möglich war, sie an der Grenze abzuweisen.

Angesichts dieser unsicheren Lage könnte man die Frage stellen, warum nicht alle Wittgensteins die Vorteile ihres Vermögens in Österreich und im Ausland nutzten, um das Land zu verlassen. Sie hätten keine Probleme mit Ausreisegenehmigungen gehabt: In dieser Phase betrachteten die Nazis die enorm hohen Emigrationssteuern für die reichen Juden als ein Mittel, die Ausreise weniger begüterter Juden zu finanzieren. Wien war jedoch die Heimat beider Schwestern, und Helene konnte ohnehin ihren kranken Mann Max Salzer nicht zurücklassen. Paul war nun fort, der Druck auf sie wurde stärker, die internationale Lage schwieriger. In dieser Situation zeigte sich die Angst der Schwestern in einem unüberlegten Schritt, den sie unternahmen, um sich selbst zu schützen.

Im Herbst 1938 erwarben Hermine und Helene gefälschte jugoslawische Reisepässe in der Hoffnung, als jugoslawische Staatsbürger nötigenfalls Österreich leichter verlassen zu können. Die Polizei nahm die Fälscher kurz darauf fest, und auch die beiden Schwestern wurden verhaftet. Ihr Gefängnisaufenthalt war kurz, schädigte jedoch nachhaltig ihre Gesundheit. Wie düster muß diesen beiden Damen, deren Wesen von zurückhaltender und aristokratischer Natur war, die weder Luxus noch Respekt einforderten und deren öffentliches Leben in Wien ganz von ihrer Philanthropie bestimmt war, die Zukunft erschienen sein. Im Oktober 1938 erzählte Ludwig G. E. Moore, wie sehr er sich um sie Sorgen mache.

Die einzige begründete Hoffnung der Familie bestand in dem im Juli gemachten Vorbehalt, nämlich Nachweise zu erbringen, die zeigten, daß ihr Großvater väterlicherseits, Hermann Christian Wittgenstein, tatsächlich kein Jude war, und so die Zahl jüdischer Großeltern auf zwei verringern zu können und damit die Aussicht auf eine Reklassifizierung als »Mischlinge« zu erhalten. Die Enkelin von Ludwigs Tante Milly, Brigitte Zwiauer, hatte einen solchen Antrag bereits erfolgreich gestellt. Sie hatte im September 1938 bei der dafür zuständigen amtlichen »Reichsstelle für Sittenforschung« in Berlin einen Antrag auf Nachforschung gestellt, in dem sie ausführte, Hermann Christian sei bekanntermaßen ein illegitimer Abkömmling des Fürstenhauses Waldeck. Sie hatte auch eine Fotografie seiner elf Kinder beigelegt und behauptet, niemand, der sie betrachte, würde auf den Gedanken kommen können, sie seien jüdisch. Damit fiele ein Großelternteil aus der Berechnung heraus. Margaretes Sohn John Stonborough hält es für »unwahrscheinlich, aber möglich«, daß Hermann Christian ein Bastard gewesen sein könnte, jedenfalls habe die Familie Maier/Wittgenstein, als sie in Hessen lebte, offenbar unter fürstlichem Schutz gestanden.

Die Rettung lag jedoch eher in denjenigen Nachforschungen der Nazibehörden, die sich auf das Vermögen der Familie und weniger auf ihre Abstammung bezogen. Die Reichsbank in Berlin bekam Appetit auf das Vermögen der Wittgensteins, von dem ein großer Teil sich in den Vereinigten Staaten befand. Hitlers Kriegsmaschine brauchte Geld: Im November 1938 berichtete Göring dem Reichsverteidigungsrat, die deutschen Devisenreserven seien durch die Wiederaufrüstung erschöpft.

Wie reich waren die Wittgensteins? Keines seiner Kinder war Karl in die Stahlindustrie oder überhaupt ins Geschäftsleben gefolgt, und so war nach seinem Tod 1913 der Grundbesitz der Familie nicht erweitert worden. Das Familienvermögen hat sicher unter der Wirtschaftskrise und der Inflation gelitten, von der die junge Republik Österreich nach dem Krieg betroffen war. Da er aber, nachdem er sich aus seinem direkten Engagement in der österreichischen Industrie zurückgezogen hatte, klugerweise im Ausland, überwiegend in den Vereinigten Staaten, den Niederlanden und der Schweiz, investiert hatte, konnte die Familie den Zusammenbruch der Wirtschaft, unter dem beispielsweise die Familie Popper so gelitten hatte, besser verkraften als viele andere. Dessen ungeachtet behauptete Ludwigs älteste Schwester und gleichzeitig Familienoberhaupt Hermine, als Ludwig 1919 sein Erbteil an seine Geschwister abtrat, die Familie habe einen großen Teil ihres Vermögens verloren. Der Besitz dürfte in der Weltwirtschaftskrise der 1930er Jahre weitere Verluste erlitten haben. Andererseits sagte Ludwig 1938 zu Keynes: »Meine Familie, die vor dem Krieg reich war, ist immer noch wohlhabend.«

Diese Beschreibungen sind natürlich relativ, wie jedem deutlich wird, der Helenes frühere Villa am Brahmsplatz 4 sieht. Der Wert des Familienbesitzes wird auf 200 Millionen Dollar im Wert von 1920 veranschlagt; noch 1938 dürften die Wittgensteins zu den reichsten Familien Österreichs gehört haben. Am Brahmsplatz 4 befand sich nur eines ihrer Häuser. Ein weiteres stand am Brahmsplatz 7, auch gab es noch elf weitere Stadthäuser, darunter drei größere Villen, in denen Familienmitglieder wohnten. Der 1906 erbaute Landsitz Hochreith war umgeben von kaum ermeßlichen Wittgensteinschen Wäldern. Pauls registrierte Liste direkt gehaltener Vermögenswerte in internationalen Wertpapieren und Aktien war ganze fünf eng maschinenbeschriebene Seiten lang, einschließlich der Anteile an dreißig führenden amerikanischen Unternehmen. Er gab auch eine Sammlung antiker Streichinstrumente an, darunter eine Stradivari. Es kann kaum überraschen, daß das Auslandsvermögen der Familie ins Visier der Reichsbank geriet und als Verhandlungsmasse für ihren Rassenstatus angesehen wurde.

Einer Version zufolge wandten sich die Schwestern in dieser Angelegenheit an einen Wiener Rechtsanwalt, der auf die Wahrnehmung von Handelsinteressen spezialisiert war, Dr. Arthur Seyß-Inquart. Er wurde später in Nürnberg als einer der größten Kriegsverbrecher verurteilt und gehenkt. Wie der Zufall so spielt, war der bei seiner Verhaftung als Dolmetscher vorgesehene kanadische Geheimdienstoffizier Wittgensteins Neffe John Stonborough. Da er befürchtete, Seyß-Inquart würde seine Verbindung zu den Wittgensteins bemerken, versuchte Stonborough, einem Zusammentreffen aus dem Weg zu gehen, und sagte dem mit der Festnahme beauftragten Amerikaner: »Wenn er die Handschellen sieht, braucht er keinen Dolmetscher.«

Arthur Seyß-Inquart war im Grunde Hitlers Mann in Österreich, der Vermittler zwischen den Nationalsozialisten und dem österreichischen Ständestaat in ihren Verhandlungen vor dem »Anschluß«. Seine Karriere nahm in dieser Zeit einen kometenhaften Verlauf: Er war Innenminister in den letzten Tagen der österreichischen Republik und wurde dann im Dritten Reich SS-Obergruppenführer und Reichsstatthalter der Ostmark, ein Amt, das er bis April 1939 innehatte. Später wurde Seyß-Inquart Stellvertreter des Reichskommissars in Polen, Hans Frank, und schließlich Reichskommissar der Niederlande, wo er für die Deportation der niederländischen Juden verantwortlich war.

Unter diesen Vorzeichen ist kaum vorstellbar, daß Arthur Seyß-Inquart etwas für die Wittgensteins getan hätte, obwohl die Familie ihren Antrag auf »Befreiung« im Juli 1938 während seiner Amtszeit als Reichsstatthalter an seine Behörde richtete. Der Antrag wurde abgelehnt. Es gab hingegen tatsächlich eine Verbindung zwischen Seyß-Inquart und den Wittgensteins. Sie bestand durch Arthurs Bruder Richard, Leiter einer Jugendfürsorgeeinrichtung, der kein Nazi war und den Margarete durch ihre karitativen Aktivitäten kannte. Nach dem Krieg schickte sie seiner Familie Lebensmittelpakete. Möglicherweise haben die Behörden nach einer Intervention Richards die Ausreise Paul Wittgensteins in die Schweiz genehmigt.

Von dem Zeitpunkt, ab dem sich die Reichsbank für die Angelegenheit interessierte, verhandelten (man könnte auch sagen, feilschten) die Wittgensteins direkt mit den Behörden in Berlin, und Hitler persönlich traf die endgültige Entscheidung über ihre Reklassifizierung. Die Zahlen zeigen, wie schwer es war, eine »Befreiung« zu bekommen. 1939 wurden 2100 Anträge auf Reklassifizierung gestellt – der »Führer« genehmigte lediglich zwölf.

Unter den Antragstellern fand sich auch ein Fall, der die »Befreiung« der Wittgensteins in den richtigen Kontext rückt. Harriet Freifrau von Campe war die Enkelin von Gerson Bleichröder, dem Bankier Bismarcks, einem bekennenden Juden und einst der reichste Mann in Deutschland. Die Familie ihres Mannes gehörte zum preußischen Adel. Nachdem alle anderen Versuche, eine »Befreiung« zu bekommen, fehlgeschlagen waren, bot sie an, für eine Reklassifizierung ihr gesamtes Vermögen dem Reich zu schenken, und führte zusätzlich an, ihr wirklicher Vater sei kein Bleichröder, sondern ein Arier gewesen. Sie wurde 1942 nach Riga deportiert. Ihre Brüder hatten einen Antrag auf Ausnahme von antijüdischen Maßnahmen gestellt und hatten als Gründe ihren Militärdienst, die frühe Unterstützung der NSDAP und ihre Absicht der »Arisierung« angeführt. SS-Obersturmbannführer Adolf Eichmann, der im Dezember 1942 für Ausreisegenehmigungen und Deportationen im ganzen Deutschen Reich zuständig war, lehnte alle Anträge ab: Die Brüder seien Juden, »besonders angesichts der wiederholten Willensäußerungen des Führers«. Sie entgingen jedoch einer Deportation in den Osten und konnten in die Schweiz flüchten.

Daß die Wittgensteins mehr Glück hatten, ist vielleicht nicht nur ein Hinweis auf die Geldsumme, um die es ging, sondern auf die internationalen technischen Komplikationen, mit denen die Reichsbank fertigwerden mußte, als sie an dieses Geld kommen wollte. Dies war eindeutig keine Angelegenheit für die Behörden der provinziellen Ostmark, sondern für die höchste Ebene in Berlin.

Mit der Unterstützung dreier Rechtsanwälte, von denen einer ein Amerikaner war, der zweite zuständig für die Beteiligungsgesellschaft der Familie und der dritte bezeichnenderweise ein Wiener Spezialanwalt, der auf Vorschlag der Nazis in die Verhandlungen einbezogen wurde, verhandelten Margarete, Brigitte Zwiauer und Ludwig mit der Reichskanzlei, dem Innenministerium und der Devisenabteilung der Reichsbank. Die Rolle der für ihre rassische Neueinstufung zuständigen Behörde, der »Reichsstelle für Sippenforschung«, scheint sich auf die Ausführung von Anweisungen von oben beschränkt zu haben.

Grundlage der Verhandlungen war, daß Brigittes Erklärung über die Abstammung der Familie in dem Augenblick akzeptiert werden würde, in dem ein großer Teil der Devisen der Familie an die Reichsbank transferiert werde. Als aber die Gefahr eines Krieges wuchs, verzögerten sich die Verhandlungen. Die Vertreter der Familie reisten in dem Bemühen um eine Einigung ständig zwischen Zürich, Berlin und New York hin und her. Dies zehrte an den Nerven der Schwestern.

Hitler warnte, wenn es den Juden einmal mehr gelänge, die Nationen in einen weiteren Weltkrieg zu verstricken, werde dies die Auslöschung der jüdischen Rasse in Europa zur Folge haben. Er teilte und besetzte die Tschechoslowakei. Er schloß seinen Pakt mit Stalin. Die Wittgensteins verhandelten immer noch mit der Reichsbank – und untereinander.

Denn aus Amerika erhob Paul Einwände wegen des zur Diskussion stehenden Betrages und nahm sich in New York einen eigenen Anwalt, Samuel R. Wachtell der Firma Wachtell, Manheim & Group, um seine Interessen zu wahren. Er erklärte sich bereit, dem Deutschen Reich so viel zu bezahlen, wie erforderlich sei, um die Zukunft seiner

Schwestern zu sichern, aber nicht einen Pfennig mehr. Das Verhalten der Nazis sei reine Erpressung – und bei Verhandlungen mit Gaunern zeige man keine Schwäche. In einem Brief an Ludwig führte Wachtell aus, sein Klient habe ein Angebot gemacht, das für die Reichsbank annehmbar gewesen wäre, doch für die Reichsbank sei es ein leichtes gewesen, auf die Schwestern in Wien Druck auszuüben, um seinen Klienten zu weitergehenden Angeboten zu veranlassen. Einer der Anwälte der Schwestern, Dr. Schöne, drängte Paul, den Forderungen der Reichsbank nachzugeben, mit dunklen Andeutungen über die Gefahren für seine Klientinnen. Außerdem gab es flehentliche Bitten seitens Margarete, die nach Pauls Ansicht zu weich war und sich bereit zeigte, weiteren Forderungen nachzugeben. Er konnte gegenüber Menschen, die seinen Standpunkt nicht einsehen wollten, sehr ungeduldig sein.

Welche Rolle spielte nun Ludwig bei diesen Vorgängen? In der Woche nach dem »Anschluß« war er offenbar von einem Freund in Cambridge, dem italienischen Wirtschaftswissenschaftler Piero Sraffa, gewarnt worden, nicht nach Österreich zu reisen, wo er nun als deutscher Staatsbürger gelte. Wittgenstein gestand sich selbst ein, daß es eine schreckliche Vorstellung sei, Deutscher zu werden – »ein glühendheißes Eisen« –, und daß er, wenn er nun als deutscher Jude nach Österreich reiste, es nicht wieder verlassen könnte. Am 18. März 1938 schrieb er an Keynes: »Durch die Annektierung Österreichs durch Deutschland bin ich ein deutscher Staatsbürger geworden und nach deutschem Gesetz ein deutscher Jude (weil drei meiner Großeltern erst als Erwachsene getauft wurden).« Man kann von Glück sagen, daß dieses Eingeständnis über die Abstammung seiner Großeltern oder seine früheren »Bekenntnisse«, welche dieselbe Schilderung enthielten, nicht in Eichmanns Hände kamen. Er war jedoch immer noch optimistisch in bezug auf das Schicksal seiner Familie und schrieb: »Da meine Verwandten in Wien fast alle sehr zurückgezogen leben und sehr geachtete Menschen sind, die sich immer als Patrioten verstanden und sich so verhalten haben, ist es ganz unwahrscheinlich, daß sie im Augenblick in Gefahr sind.«

Ludwig war jedoch nun wegen seines eigenen Status in Großbritannien besorgt und dachte daran, die britische Staatsangehörigkeit anzunehmen. Vierzehn Tage, nachdem er de jure Staatsangehöriger des Dritten Reiches geworden war, erkundigte er sich bei seinem College, ob es ihm weiterhin erlaubt sei, in Großbritannien zu bleiben.

Alfred Ewing vermerkte, Wittgenstein habe großes Interesse daran gezeigt, seinen Namen in der Dozentenliste der Fakultät erscheinen zu lassen, weil ihm dies helfen würde, die britische Staatsangehörigkeit anzunehmen. Ludwig wäre nicht beruhigt gewesen, hätte er von einem Protokoll der Fakultät gewußt, in dem stand, der Schriftführer sei »von einem Ausländer« gebeten worden, beim britischen Innenministerium wegen einer Lehrerlaubnis für die Universität »auf Ersuchen des *Faculties Board*« vorzusprechen. »Es wurde beschlossen, daß der Ausländer und nicht die Universität diese Schritte unternehmen sollte.«

Für Wittgenstein wurde es immer dringender, die britische Staatsangehörigkeit zu bekommen. Laut Drury war Ludwig besorgt, er könne im Falle eines Krieges als Ausländer interniert werden. 1939, nachdem der Krieg erklärt worden war, bekam er einen Vorgeschmack darauf, was ihm hätte widerfahren können, als er Drury in Pontypridd besuchte und angewiesen wurde, sich sofort auf der Polizeiwache zu melden. Die Managerin des Hotels hatte wegen seines ausländischen Namens Verdacht geschöpft, ganz besonders als sie hörte, wie Drury Scherze über die Verdunkelung machte, und hatte der Polizei seine Ankunft gemeldet.

Wittgenstein hatte schon früher erwogen, die britische Staatsangehörigkeit anzunehmen, hatte aber diesen Gedanken mit der Begründung verworfen, bloß kein »unechter Engländer« werden zu wollen. Nun, da der Nationalsozialismus in ganz Mitteleuropa seine unangenehme Existenz spürbar machte, war es besser, ein unechter Engländer als ein rechtmäßiger Deutscher zu sein. Er bat Keynes um dessen Unterstützung bei der Suche nach einem nützlichen Anwalt. (Keynes hat Wittgenstein über die Jahre hinweg immer wieder handfest unterstützt: so durch seine Kontakte zu Cambridge, mit Bargeld, bei der Beschaffung eines Visums für Rußland und bei Wittgensteins Antrag auf die britische Staatsangehörigkeit.) Anfang Mai 1938 veröffentlichte Wittgenstein die notwendigen Anzeigen in der *Cambridge Daily News,* in denen er seinen Antrag auf Staatsbürgerschaft bekanntgab. Doch selbst mit dem von Keynes empfohlenen Anwalt, einem gewissen Gwatkin, wurde Wittgenstein erst am 12. April 1939 britischer Staatsbürger, als er den erforderlichen Eid leistete. Am Freitag, den 2. Juni 1939 erhielt er seinen britischen Reisepass mit der Nr. 234161. Jetzt konnte er endlich nach Wien eilen und von da aus in die deutsche Hauptstadt, um die Zukunft seiner Schwestern sicherzustellen.

Am 5. Juli reiste er nach Berlin. Er nahm ein Zimmer im Hotel Esplanade, im vornehmen Stadtzentrum in der Nähe des Potsdamer Platzes. Es war um die Jahrhundertwende eröffnet worden und wurde im *Baedecker* als ein Hotel »der Spitzenklasse« bezeichnet, eine Anerkennung, die ansonsten nur zwei anderen Berliner Hotels verliehen wurde, dem von hohen Nazifunktionären bevorzugten Adlon und dem Kaiserhof. Er blieb den nächsten Tag in Berlin und kehrte am Freitag, den 7. Juli nach Wien zurück. Seine Schwester Hermine war stolz darauf, wie er sich verhalten und den Leiter der Devisenabteilung der Reichsbank, wahrscheinlich ein Dr. Reinel, durch seine Klarheit und Kenntnis aller Einzelheiten beeindruckt hatte. Kaum vierzehn Tage später reiste er auf der *Queen Mary* nach New York, um mit seinem Bruder Paul und dessen Anwalt Samuel Wachtell zu sprechen. Er logierte in einem Hotel in der Lexington Avenue in der Nähe des Rockefeller Center und sagte später, der einzige Mensch, der ihm in New York gefallen habe, sei ein italienischer Schuhputzjunge im Central Park gewesen, der ihm zweimal das Schuhwerk gereinigt hatte. Er bezahlte den doppelten Preis.

Am 30. August 1939 hielten Hermine und Helene endlich das für ihre Zukunft so entscheidende Stück hellblaue Papier in den Händen. Damit wurde ihnen bescheinigt, »Mischlinge ersten Grades« zu sein. Doch auch diese Stellung war für sie keinesfalls behaglich, weil dies für andere Familienmitglieder bedeutete, daß sie weder im öffentlichen Dienst arbeiten noch eine freiberufliche oder wissenschaftliche Karriere einschlagen konnten. Ludwigs Cousin Prof. Ernst von Brücke mußte sein Institut verlassen und ins Exil gehen. Doch bald sollte eine deutliche Erleichterung eintreten. Am 10. Februar 1940 schickte der Leiter der Reichsstelle für Sippenforschung, Dr. Kurt Mayer, dem Gauamt für Sippenforschung der NSDAP in Wien ein Schreiben, offensichtlich als Antwort auf eine entsprechende Anfrage. Darin wurde eindeutig und ohne Einschränkung festgestellt, daß der am 12. September 1802 in Korbach geborene Hermann Wittgenstein im Sinne der Nürnberger Gesetze als deutschblütig anzusehen sei. Der Brief ist es wert, zur Gänze zitiert zu werden:

Betr. Schreiben vom 12.1.40 Sippe Mi/Wu

In der Abstammungssache Wittgenstein und Nachkommen habe ich meine Entscheidung auf Weisung des Herrn Reichsministers des Innern vom 29.8.39 gefällt, die ihrerseits auf eine Anordnung des Führers und Reichskanzlers zurückgeht. Unter diesen Umständen sind die Abstammungs-Verhältnisse von hier in eigener Zuständigkeit nicht des näheren nachgeprüft worden. Die vom Führer und Reichskanzler getroffene Entscheidung betrifft zugleich ohne Einschränkung Hermann Wittgenstein (geb. Korbach 12.9.1802), der als deutschblütiger Vorfahre sämtlicher Nachkommen anzusehen ist und für dessen Enkel auch die Rechtsvermutung des § 2 Abs. 2 Satz 2 der Ersten Verordnung zum Reichsbürgergesetz nicht zur Anwendung kommt.

Inzwischen sind für zahlreiche Nachkommen des Hermann Wittgenstein Abst.-Bescheide erstellt worden, so daß ihre rassische Einordnung im Sinne des Reichsbürgergesetzes keine weiteren Schwierigkeiten bereiten dürfte. Erforderlichenfalls können in Zweifelsfällen bei der Reichsstelle für Sippenforschung entsprechende Abstammungsbescheide nachgesucht werden.

gez. Dr. Kurt Mayer

Gemäß Abs. 2 Satz 2 wurden praktizierende bzw. bekennende Juden als »Volljuden« eingeordnet. Mit anderen Worten, sollte Hermann Christian vor seiner Konvertierung Mitglied der Synagoge in Korbach gewesen sein, stünde dies einer Einordnung als Deutschblütiger nicht im Wege.

Der kleine Bruder, »Klein Luki«, hatte die Sache hinbekommen. Binnen vierzehn Tagen nach seinem Besuch in New York hatte Pauls Anwalt einem Arrangement zugestimmt. Paul hatte anschließend die Zahlung an die Reichsbank veranlaßt, wodurch nunmehr Sicherheit und Wohlergehen der Wittgensteins in Wien gewährleistet waren. Diese Sicherheit war für eine Summe gekauft worden, die groß genug war, höchste Kreise der Naziregierung dafür zu interessieren – es handelte sich um nicht weniger als 1,7 Tonnen Gold, was 2 Prozent der österreichischen Goldreserven entspricht, die 1939 an Berlin gingen.

Kaum ein Jahr später begann die Deportation der österreichischen Juden. Wittgensteins Schwestern Hermine und Helene überlebten den Krieg ohne weitere Schikanen.

Nicht nur die Wittgensteins verhandelten mit dem Reich, für das es immer wichtig war, ein Mäntelchen um die Enteignungen zu drapieren. Zwar kam es hier im begrenzten Maße zu echten Verhandlungen, doch kaum auf gleicher Augenhöhe. Dazu stellt der Historiker Raul Hilberg zutreffend fest:

»Die Arisierung war vielleicht die einzige Phase des Vernichtungsprozesses, in der die Juden einen gewissen Handlungsspielraum, die Gelegenheit, Deutsche gegen Deutsche auszuspielen, und die Möglichkeit zur Anwendung einer Verzögerungstaktik besaßen. Doch es war ein gefährliches Spiel. Die Zeit lief gegen die Juden.«

Die Mitglieder der Familie Popper, die in Österreich blieben, waren weder so reich, noch hatten sie soviel Glück wie die Wittgensteins. Sechzehn Verwandte Poppers aus der Familie seiner Mutter, den Schiffs, wurden Opfer des Holocaust. Seine Eltern waren bereits gestorben. Die einzige ihm noch gebliebene Schwester Annie lebte in der Schweiz und schrieb romantische Erzählungen. Er pflegte sehr ärgerlich zu werden, wenn jemand andeutete, sie schriebe schlüpfrige Unterhaltungsprosa.

Karl Popper stellte zweimal den Antrag auf britische Staatsangehörigkeit, einmal vor dem »Anschluß« 1938 und dann noch einmal 1941. Der erste Antrag wurde abgelehnt, weil er das Kriterium der Ansässigkeit nicht erfüllte, und als er den zweiten Antrag stellte, war die Liste bereits wegen des Krieges geschlossen. Er verbrachte die Kriegsjahre als Staatenloser und galt als befreundeter Ausländer. Als er Neuseeland verließ, um seine Stelle an der LSE anzutreten, bereitete sein Status als Ausländer etliche frustrierende Schwierigkeiten, eine Ausreisegenehmigung und die zur Einreise in Großbritannien erforderlichen Visa zu bekommen. »Unsere Ausreiseprobleme sind schier unüberwindlich«, schrieb er Ernst Gombrich. Doch schließlich wurden sie gelöst. Die Poppers gehörten zu den ersten, die die britische Staatsangehörigkeit erhielten, als diese Möglichkeit 1946 wieder bestand. Es gab noch ein letztes Ärgernis, bevor sie schließlich an Bord der *New Zealand Star* nach Großbritannien und zur LSE abreisten: »Wir sind nicht gerade begeistert, 320 Pfund für das Vergnügen zu bezahlen, fünf oder sechs sehr harte Wochen in der Gesellschaft Fremder zu verbringen. Besonders besorgt mich die Tatsache, daß ich den Geruch von Zigaretten auf See nicht aushalten kann, weil mir übel wird – ich werde mich aber wohl daran gewöhnen müssen.« Anfang Januar 1946 kam er endlich in Großbritannien an.

Obwohl er Österreich geliebt hatte, wandte Popper sich entschieden von der Vergangenheit ab. Als man ihn 1945 fragte, ob er sich vorstellen könne, jemals wieder nach Wien zurückzukehren, erwiderte er: »Nein, niemals.« Nach dem Krieg lehnte er eine Professorenstelle in Österreich ab, obwohl er mit dem österreichischen und dem deutschen Radio Sendungen machte und sehr viel später 1986 kurze Zeit Gastprofessor an der Universität in Wien war. 1969 erzählte er seinem Freund, dem ebenfalls in Wien geborenen Ökonom Friedrich von Hayek, er habe überlegt, wieder nach Österreich zu gehen, sich aber wegen des österreichischen Antisemitismus dagegen entschieden. Freilich hatte er sich sorgfältig erkundigt, ob in Großbritannien eine doppelte Staatsangehörigkeit zulässig sei, und nahm später die österreichische Staatsbürgerschaft wieder an, weil er, falls er vor seiner Frau sterben sollte, ihr das Leben leichter machen wollte. Sie war keine Jüdin, hatte immer noch Angehörige in Österreich und blieb ihrer Heimat stets verbunden. Nach Ansicht von Malachi Hacohen hat sie den Verlust der Heimat immer bedauert: »Gleichgültig, wohin sie im nächsten halben Jahrhundert gingen, sie hatte großes Heimweh. Sie war ebenso ein Opfer der Katastrophe in Mitteleuropa wie er. Doch seine Träume zogen mit ihm, ihre hingegen wurden zerstört.«

Sowohl auf Popper als auch auf Wittgenstein traf zu, was Fritz Stern in einem ergreifenden Portrait Gerson Bleichröders sagte, der unter der preußischen Monarchie Reichtum, Einfluß und jegliche materiellen Vergünstigungen genoß: »Für erwiesene Dienste hatten sich die preußische Krone und das Deutsche Reich erkenntlich gezeigt, ihm aber das volle Gefühl der Zugehörigkeit, der Sicherheit, der Aufnahme in die Gesellschaft vorenthalten. Dies war vielleicht das Wesen der Versuchung der Assimilation.«

Möglicherweise haben diese Ereignisse für unsere Geschichte noch eine andere Bedeutung. Die beiden, die einander in H 3 gegenüberstanden, hatten erlebt, wie die Katastrophe des Nationalsozialismus und des Krieges ihre Kultur hinweggerissen und ihre Familien bedroht und vernichtet hatte. Der eine hatte jedoch Zugang zu Reichtum und Einfluß, wodurch er immer die Freiheit gehabt hatte, dort hinzugehen, wo es ihn persönlich und philosophisch hinzog; der andere war bei dem Versuch, sich einen eigenen Platz in der Philosophie zu schaffen, in dem er seine Spuren hinterlassen und sich seinen Lebensunterhalt verdienen konnte, ganz auf sich gestellt.

Ein Mord mit politischem Hintergrund sollte den krassen Gegensatz an Freiheit, Reichtum, sozialem Status und akademischer Reputation erschreckend deutlich machen. Er sollte auch das Erscheinungsbild der Wiener Philosophie ändern, in der bislang, sehr zu Karl Poppers Mißvergnügen, Ludwig Wittgenstein eine führende, wenn auch ausgesprochen zurückhaltende Rolle gespielt hatte.

Moritz Schlick, Gründer des Wiener Kreises und angeblich Vertreter einer »unseligen Richtung der Philosophie«.

TOD IN WIEN

So Hund, du verfluchter, jetzt hast du es.

JOHANN NELBÖCK

Am Morgen des 21. Juni 1936 verließ Moritz Schlick kurz vor 9 Uhr seine Wohnung mit Sicht auf die großen, nach französischer Art gestalteten Gärten von Schloß Belvedere am Ende der Prinz-Eugen-Straße, bestieg die Straßenbahnlinie D, die langsam bergab Richtung Stadtzentrum fuhr, und begann seine gewohnte, eine Viertelstunde dauernde Fahrt zur Wiener Universität, wo er Professor für Philosophie war. Wenige Meter vor der steinernen Treppe, die zum imponierenden Haupteingang führt, stieg er aus, eilte durch das eiserne Tor, durch die höhlenartige Mittelhalle und nahm die rechte Treppe zu den Hörsälen der juristischen und der philosophischen Fakultät. Der 54 Jahre alte Professor kam zu spät zu seiner Vorlesung über die Philosophie der natürlichen Welt, in der er Themen wie Kausalität, Determinismus und die Frage nach der menschlichen Willensfreiheit behandeln würde.

Schlick war alles andere als ein mitreißender Redner. Er sprach seinen Text mit leiser, monotoner Stimme, aber trotzdem waren seine Vorlesungen immer voll. Die Studenten mochten ihn, weil er seine Gedanken klar darlegte und viele Interessen hatte, von den Naturwissenschaften über die Logik bis hin zur Ethik. Seine grauen Haare und die Weste, die er trug, verliehen ihm ein würdevolles und respekteinflößendes Aussehen. Er war bei der jungen Generation beliebt; seine Freundlichkeit und sein Charme waren sprichwörtlich. Auch in der akademischen Welt war er als Gründer und treibende Kraft jener Gruppe von Philosophen und Naturwissenschaftlern, die als Wiener Kreis bekannt war, sehr einflußreich. Durch diese Gruppe war die Lehre des Logischen Positivismus zur beherrschenden Richtung in der Philosophie geworden. Darüber hinaus wurde Schlick als der Mann anerkannt, dem es gelungen war, Ludwig Wittgenstein wieder zur Philosophie zu holen.

Während er zu seiner Vorlesung eilte, lauerte ihm auf der Treppe eine unliebsame Person auf, sein früherer Doktorand Johann (Hans) Nelböck. Nelböck war zweimal in die Psychiatrie eingewiesen worden, weil er Schlick bedroht hatte, und man hatte bei ihm eine paranoide Schizophrenie diagnostiziert. Nelböcks besessene Fixierung auf seinen früheren Doktorvater hatte teilweise mit seiner Kommilitonin Silvia Borowicka zu tun, in die er leidenschaftlich verliebt war. Selbst von nervöser und labiler Verfassung, hatte sie all seine Avancen zurückgewiesen und alles noch schlimmer gemacht, als sie ihm sagte, daß sie für Schlick romantische Gefühle hege. Das war nach Ansicht Nelböcks ein unverständlicher Irrtum. Es ist nicht bekannt, ob Schlick, der mit einer Amerikanerin verheiratet war und mit dieser zwei Kinder hatte, die Gefühle der Studentin erwiderte. Darauf kam es auch gar nicht an. In Nelböcks aberwitzigen Vorstellungen hatten die beiden eine absurde Affäre.

Auch war dies nicht die einzige Kränkung, die ihm, wie er glaubte, der Professor zugefügt hatte. Nach seinen Klinikaufenthalten hatte Nelböck sich vergeblich um Arbeit bemüht. Daß er eine bestimmte Stelle nicht bekam, verursachte bei ihm eine schwärende Wunde. Man hatte ihm eine Lehrerstelle für Philosophie an einer Volkshochschule verweigert, und zwar erst, als seine psychische Erkrankung bekanntgeworden war, die er geheimzuhalten versucht hatte. Auch für diesen Mißerfolg gab Nelböck Moritz Schlick die Schuld, dem Mann, dessen Beschwerden ihm seinen ersten Aufenthalt in der Psychiatrie beschert hatten. Er trug sich mit Rachegedanken.

Wenn Schlick bei seinen Vorlesungen über die Analyse von Sätzen oder das Wesen der Wahrheit von seinen Notizen aufblickte, starrte ihm aus dem Auditorium das hagere, bebrillte Gesicht Nelböcks entgegen. Auch in seiner Wohnung in der Prinz-Eugen-Straße hatte Schlick keine Ruhe, weil Nelböck ihn dort mit Telefonanrufen beleidigte und bedrohte.

Der Professor, dessen Ruhe sonst unerschütterlich war, hatte Angst, wie er gegenüber Freunden und Kollegen zugab. Er wandte sich an die Polizei und engagierte sogar einen Leibwächter. Als jedoch nach einiger Zeit den Einschüchterungsversuchen Nelböcks keine Taten folgten, beschloß man, die Schutzmaßnahmen wieder einzustellen, und Schlick brach alle Kontakte zur Polizei ab. »Sie müssen ja allmählich glauben, daß ich der Verrückte bin«, gestand er einem Kollegen.

Als Schlick um 9.15 Uhr auf halber Höhe der Haupttreppe zu den Räumen der philosophischen Fakultät kam, zog Nelböck eine automatische Pistole und gab aus kürzester Entfernung vier Schüsse ab. Die vierte Kugel, die in Schlicks Bein steckenblieb, war nicht mehr nötig. Die dritte Kugel hatte Dickdarm und Bauch durchschlagen, die erste und zweite jeweils das Herz. Professor Dr. Moritz Schlick war auf der Stelle tot. Heute befindet sich an der Stelle des Attentats eine Messingplatte mit einer Inschrift.

Die Ermordung Schlicks forderte noch ein zweites Opfer. Nelböck hatte gleichzeitig den Wiener Kreis erledigt, der bereits von dem immer stärker werdenden heftigen Antisemitismus bedroht war, der im katholischen Ständestaat Österreich alle Ebenen des Bildungswesens durchdrungen hatte. Es war ein trauriges Zeugnis für den tief verwurzelten Fanatismus der Wiener, daß die Presse, als sich die Nachricht von Schlicks Ermordung verbreitete, wie selbstverständlich davon ausging, daß der Professor Jude gewesen und sein Mörder Anhänger der katholischen Regierung sei. Es erschienen Dutzende von Zeitungsartikeln, von denen einige auf übelste Weise über Schlick herzogen und offen Sympathie für den Mörder bekundeten.

Einer dieser Artikel, von einem Universitätskollegen unter dem Pseudonym *Austriacus* veröffentlicht, wollte angeblich die sogenannten »wahren Hintergründe« der Tat aufdecken und die Leser darüber informieren. Die Öffentlichkeit sollte begreifen, daß Schlick der führende Vertreter einer neuen und unseligen Richtung der Philosophie gewesen war, die die Metaphysik verwarf und von den niederträchtigsten Elementen der Gesellschaft, von Juden, Kommunisten und Freimaurern, unterstützt wurde. Hier war eine Philosophie – der Logische Positivismus –, die die Existenz Gottes leugnete, die Existenz des Geistes leugnete und im Menschen nichts anderes sah als einen Zellklumpen. Hinter den Kugeln, die Moritz Schlick ermordeten, stand nicht die Logik eines Verwirrten, sondern die Logik einer Seele, der man den Sinn des Lebens geraubt hatte. Nun sei die Zeit gekommen, den verderblichen Kräften die Kontrolle über das ideologische Territorium wieder zu entreißen:

»Die Juden sollen in ihrem Kulturinstitut ihren jüdischen Philosophen haben! Aber auf die philosophischen Lehrstühle der Wiener Universität im christlich-deutschen Österreich gehören christliche Philosophen! Man hat in letzter Zeit wiederholt erklärt, daß die friedliche Regelung der Judenfrage in Österreich im Interesse der Juden selbst gelegen sei, da sonst eine gewaltsame Lösung derselben unvermeidlich sei. Hoffentlich beschleunigt der schreckliche Mordfall an der Wiener Universität eine wirklich befriedigende Lösung der Judenfrage!«

Ein paar Mutige, darunter Schlicks Sohn, versuchten, die schwerwiegendsten Vorwürfe gegen den Professor zu widerlegen. Schlick war weder Jude noch Atheist gewesen. Er war deutscher Protestant, seine Kinder waren protestantisch getauft und konfirmiert. Er verkehrte nicht mit Kommunisten. Und es stimmte auch nicht, daß er sich mit jüdischen Assistenten umgab. Er hatte lediglich einen jüdischen Gehilfen eingestellt, einen Bibliothekar namens Friedrich Waismann. Dieser war bereits im Rahmen der Kampagne, die Universitäten »judenfrei« zu machen, entlassen worden. Es sagt viel über die politische Atmosphäre aus, daß es niemandem in den Sinn kam, als Gegenargument einfach anzuführen, daß weder Schlicks Rasse oder Religion noch die seiner Kollegen irgendeine Rolle spielen sollten.

Nelböck wurde des Mordes angeklagt und vor Gericht gestellt. Selbst in einem derart vergifteten Klima, in dem die Öffentlichkeit überwiegend der Ansicht war, daß Schlick bekommen hatte, was er verdiente, war das Urteil des Gerichts absehbar. Nelböck war bei seiner Verhaftung mit blutverschmierten Händen über den Leichnam gebeugt und mit der noch rauchenden Pistole in der Hand angetroffen worden. Ein Zeuge sagte aus, daß er gerufen habe: »So, Hund, du verfluchter, jetzt hast du es.« Außerdem legte der Mörder bereitwillig ein Geständnis ab.

Die Richter waren milde, und Nelböck wurde zu zehn Jahren Haft verurteilt. Mord wurde in Österreich normalerweise durch den Henker bestraft. Das Gericht berücksichtigte jedoch, daß der Täter ein Geständnis abgelegt hatte und psychisch krank war. Wegen der Schwere des Verbrechens wurde die Strafe jedoch geschärft: Nelböck mußte auf hartem Lager schlafen und sollte alle drei Monate ein neues bekommen.

Wie es sich zeigte, sollten nur wenige neue Betten erforderlich sein. Der Fall Nelböck wurde schnell zu einer *cause célèbre*. Der einsitzende Mörder wurde in den Augen der Öffentlichkeit vom psychisch labilen Einzelgänger zum alldeutschen Helden hochstilisiert. Nach dem »Anschluß« wurde er auf Bewährung freigelassen und verbrachte die Kriegsjahre damit, als Techniker in der geologischen Abteilung der Erdölbehörde seinen Teil zum Dritten Reich beizutragen. 1941 wurde sein Antrag auf Straferlaß vor Ablauf der Bewährung abgelehnt. Den Doktortitel, der ihm bei seiner Verurteilung aberkannt worden war, bekam er nicht wieder. Wo käme man hin, argumentierten die zuständigen Stellen, wenn ein Mörder mit der Begründung, die Radikalität seiner politischen Opposition habe den Mord gerechtfertigt, von der Schuld freigesprochen würde?

Zu jenem Zeitpunkt war es für die Bewahrer des Ständestaates unumstößliche Tatsache, daß Schlick ein jüdischer Philosoph gewesen war, der eine jüdische Philosophie verbreitet hatte, die darauf abzielte, den edlen Charakter der deutschen Seele zu vernichten, und daß Nelböck aus einer überzeugten Gesinnung heraus der österreichischen Philosophie einen enormen Dienst erwiesen hatte. Er verdiente ihre Dankbarkeit und die aller Österreicher und Deutschen.

Die Ermordung von Moritz Schlick kann als der Endpunkt der Wiener Verbindungen zwischen Wittgenstein und Popper gesehen werden. Die neue Philosophie des Logischen Positivismus, die das Fundament der Philosophie auf naturwissenschaftliche Grundlagen stellen wollte, wurde nun zum Opfer nazifreundlicher Kräfte. Ernsthafte Erörterungen des Logischen Positivismus – oder Neopositivismus – waren nicht mehr möglich. Sie verlagerten sich ins Ausland und wurden in der englischsprachigen Welt wiederaufgenommen.

Schlick war in aufgeklärteren Zeiten nach Wien gekommen. Er stammte aus einer Familie des niederen deutschen Adels, war in Berlin unter Max Planck zum Physiker ausgebildet worden und war mit den großen Naturwissenschaftlern jener Zeit persönlich bekannt. Bald nach seiner Berufung als Professor nach Wien 1922 zeigte sich, daß er nicht nur den Ruf der Universität durch seine eigenen wissenschaftlichen Leistungen ehrte, sondern auch über eine seltene und unerwartete Gabe verfügte: Er zog Talente an.

Bald hatte er eine außergewöhnliche Gruppe um sich versammelt, die regelmäßig donnerstags abends zusammentraf, um über philosophische Themen zu diskutieren. Diese Gruppe wurde als der Wiener Kreis bekannt, und in der Zeit zwischen den Kriegen stieß sie jahrhundertealte Annahmen der Philosophie um. Insbesondere wurden Ethik und Metaphysik aus der Philosophie verbannt. Ihr *modus operandi*, der Logische Positivismus, war für sie die Zukunft der Philosophie, ein Gedanke, der dann auch in der etablierten Philosophie in der englischsprachigen Welt auf fruchtbaren Boden fiel.

Zu den Mitgliedern des Wiener Kreises gehörten neben Philosophen vor allem Wirtschaftswissenschaftler, Sozialwissenschaftler, Mathematiker, Logiker und Naturwissenschaftler – Denker vom Range eines Otto Neurath, Herbert Feigl, Rudolf Carnap, Kurt Gödel, Viktor Kraft, Felix Kaufmann, Phillip Frank, Hans Hahn und dessen blinde, zigarrerauchende Schwester Olga, eine Expertin für Boolesche Algebra. Auch Friedrich Waismann gehörte dem Kreis an; er sollte nach der Ermordung Schlicks dem Aufstieg der Nazis und später der Brutalität Wittgensteins anheimfallen.

Der Kreis führte auch zu einer ersten philosophischen Verbindung zwischen Karl Popper und Ludwig Wittgenstein. Wittgenstein war Ehrenmitglied und wurde als der führende Geist betrachtet, lehnte aber sowohl eine Mitgliedschaft als auch jegliche Ehrung ab. Popper wurde nicht Mitglied, obwohl er dies gehofft hatte, und übernahm die Rolle der Opposition – und damit auch Jahre vor dem Treffen in H 3 der Opposition gegen Wittgenstein.

Eine an Temperament und intellektuellen Interessen so unterschiedliche Gruppe wie der Wiener Kreis hätte sich niemals zu einer Art Bewegung entwickeln können, wenn der besänftigende Schlick nicht ein geschickter Überredungskünstler und gutmütiger Katalysator gewesen wäre, der beruhigend auf die Egos einwirkte und Spannungen mit seinem liebenswürdigen Humor auflöste. Ermöglicht wurde dies auch dadurch, daß allein Schlick Einladungen aussprach. Wer eine erhielt, fühlte sich entsprechend privilegiert und ihm persönlich verbunden. Wer wie Popper keine bekam, fühlte sich unterbewertet.

Star der Gruppe, ein Virtuose der Notationen und Symbole, war der Logiker Rudolf Carnap, wie Schlick ein gebürtiger Deutscher. Die politische Facette des Kreises wurde von dem Wirtschaftswissenschaftler und Soziologen Otto Neurath beigetragen, einem Mann von enormer Energie und großem Witz, der das Leben und die Frauen liebte und mit seiner Arbeiterkappe, seinem extravaganten und struppigen roten Bart sowie seiner großen Gestalt kaum zu übersehen war. Er unterschrieb seine Briefe gewöhnlich mit der Zeichnung eines Elefanten. Von den jüngeren Jahrgängen war Kurt Gödel, ein hagerer Brillenträger und eher unzugänglicher Mensch, derjenige mit den kühnsten Gedanken. Mit seinem Unvollständigkeitssatz war nachzuweisen, daß Russells Versuche, die Mathematik von der Logik herzuleiten, vergebliche Bemühungen waren.

Sie kamen in einem schmuddeligen Lesesaal im Erdgeschoß eines Gebäudes in der Bolzmanngasse zusammen, in dem sich die Institute für Mathematik und für Physik befanden. Vor der Tafel wurden Stühle in einem Halbkreis aufgestellt, hinten gab es einen langen Tisch für Raucher oder für diejenigen, die sich Notizen machen wollten. Sie waren nur selten mehr als zwanzig, ab und zu gab es Besucher aus dem Ausland, darunter Willard Van Orman Quine aus den USA, Al-

fred Tarski aus Polen, Alfred (Freddie) Ayer aus Großbritannien und
Carl Hempel aus Berlin. Wie Vögel, die sich von einer exotischen
Pflanze ernähren, brachten diese Ausflügler dann den Samen in ihre
Herkunftsländer. Auf diese Weise verbreitete sich der Einfluß des
Wiener Kreises schnell. In England veröffentlichte beispielsweise
A. J. Alfred Ayer *Language, Truth and Logic (Sprache, Wahrheit und
Logik)*, wodurch er über Nacht zu einer akademischen Berühmtheit
wurde. Diese stilvoll provozierende Polemik beruhte fast ausschließ-
lich auf Ansätzen, die er sich in wenigen Monaten in Österreich an-
geeignet hatte.

Die Treffen verliefen nach einem bewährten Schema. Zuerst bat
Schlick um Ruhe und verlas Briefe von seinen berühmten Korrespon-
denten wie Einstein, Russell, David Hilbert oder Niels Bohr, die auf
einen bestimmten Streitpunkt innerhalb der Gruppe Bezug nahmen.
Anschließend wurde ein Thema diskutiert, auf das man sich in der
Woche zuvor geeinigt hatte.

Was sie alle ideologisch miteinander verband, war die Überzeugung, wie wichtig und gar notwendig es sei, naturwissenschaftliche
Methoden auf die Philosophie anzuwenden. Philosophie könne eben-
sosehr von logischer Stringenz profitieren wie andere Disziplinen.
Darin unterschieden sie sich von ihren Kollegen in Cambridge, damals so etwas wie die andere Welthauptstadt der Philosophie. Diese
glaubten, daß vielmehr die Naturwissenschaften von der Philosophie
lernen sollten. Mit den Worten von Gilbert Ryle: »In Wien wurde die
Philosophie als blutsaugender Schmarotzer betrachtet, in England
hingegen als medizinisch sinnvoller Blutegel.« Der eigentliche Feind
war jedoch nicht Cambridge, sondern der deutsche Idealismus – eine
Tradition, die auf Fichte, Hegel und teilweise auf Kant beruhte und
die Geist und Verstand über Physik und Logik stellte. Nach Ansicht
der Österreicher zeigte sich bei dieser Schule eine Kombination von
Vernebelung, leerer Luft und Verwirrung.

Die Treffen waren von Leidenschaftlichkeit getragen. Die Mitglieder waren sich bewußt, daß sie völlig neue Wege gingen: Sie
schlachteten einige der heiligsten Kühe der Vergangenheit der Philosophie. Und als Schlick 1929 die Berufung auf eine lukrative und an-
gesehene Professur in Deutschland ausschlug (doch wer hätte schon
gern Wien gegen Bonn eingetauscht?), taten sich einige der Mitglieder des Kreises zusammen, um eine Art Festschrift zu Ehren Schlicks
zu arrangieren: ein halboffizielles Manifest der Ziele und Werte des
Wiener Kreises. Es trug den Namen *Wissenschaftliche Weltauffas-*

sung: Der Wiener Kreis. Drei Männer wurden darin als die intellektuellen Väter der Bewegung bezeichnet – Albert Einstein, Ludwig Wittgenstein und Bertrand Russell.

Einstein war der hellste Stern am Firmament der neuen naturwis-
senschaftlichen Aufklärung: Seine so frappierend kontraintuitiven
Beschreibungen von Zeit und Raum widerlegten, so glaubte man,
Kants Behauptung, daß es Erkenntnisse über die Welt gäbe, die man
einfach durch Nachdenken im Lehnstuhl, den Kopf in die Hände gestützt, herausfinden könnte. Ein Beispiel Kants ist der Satz »Jedes Ereignis hat eine Ursache«, was uns etwas Konkretes darüber sagen
soll, wie die Welt funktioniert, aber keine Erkenntnis ist, zu der man
durch empirische Beobachtung kommt. Die Gesetze der Newtonschen
Physik wurden als weiteres Beispiel betrachtet, hatte Einstein hier
doch eine Absurdität aufgezeigt. Es war nicht nur nicht möglich, die
Newtonschen Gesetze durch bloßes Nachdenken abzuleiten – diese
sogenannten Gesetze erwiesen sich auch noch als falsch.

Bertrand Russell war der zweite Name auf der Ehrentafel des Wiener Kreises. Seine Attraktivität lag zum einen in seinem entschiede-
nen Eintreten für den Empirismus, also die Theorie, daß sich alle
Erkenntnis aus Erfahrung herleiten läßt, und zum anderen in seiner bahnbrechenden Anwendung der Logik auf die Mathematik und
die Sprache. Rudolf Carnap und Hans Hahn gehörten zur Schar der
Erlesenen, die von sich sagen konnten, den Inhalt von Russells
1910–1913 erschienenen *Principia Mathematica* gelesen und verdaut
zu haben. Carnap hatte Anfang der zwanziger Jahre als mittelloser
Universitätsabsolvent zur Zeit der Hyperinflation in Deutschland an
Russell geschrieben und ihn um ein Exemplar dieses eintausend-
neunhundertneunundzwanzig Seiten starken, dreibändigen Werks
gebeten, das in Deutschland nicht erhältlich beziehungsweise uner-
schwinglich war, und Russell hatte ihm mit einem 35 Seiten langen
Brief geantwortet, in dem er seine sämtlichen Hauptbeweise erläuter-
te. Hahn übernahm für den ganzen Wiener Kreis eine ähnliche Aufgabe, gab den Mitgliedern einen Intensivkurs in Russellscher Logik
und filterte für sie aus der veritablen »Formelwüste« das philosophisch Wesentliche heraus.

Die größte Verehrung hegte der Wiener Kreis jedoch für Wittgenstein. Im Februar 1933 schrieb Ayer an seinen Freund Isaiah Berlin
über seine Eindrücke von der Gruppe: »Wittgenstein ist für sie alle
Gott.« Laut Ayer werde Russell lediglich als ein »Wegbereiter des
Messias [Wittgenstein]« angesehen.

Tatsache ist, daß die intensivste Phase der Verehrung Wittgensteins bereits vorüber war, als der 24jährige Student Freddie Ayer aus Oxford in Wien eintraf. Das deutsche Original des *Tractatus Logico-Philosophicus* war 1921 als *Logisch-Philosophische Abhandlung* erschienen und hatte in der Heimatstadt des Verfassers rasch Aufsehen erregt. Schlick gehörte zu den ersten, die die Originalität des Textes anerkannten. Mitte der zwanziger Jahre wurde der *Tractatus* Satz für Satz im Wiener Kreis gelesen und diskutiert – nicht nur einmal, sondern zweimal. Ein durchaus mühsames Verfahren, mit dem man fast ein Jahr zubrachte.

Das Verfahren, durch das Schlick schließlich dem Verfasser von Angesicht zu Angesicht gegenüberstand, erforderte ebensolche Ausdauer. 1924 schrieb Schlick an Wittgenstein, von dem drängenden Wunsch beseelt, ihn kennenzulernen. Er sei, erklärte er, sowohl von der Bedeutung als auch von der Richtigkeit der Grundgedanken Wittgensteins überzeugt.

Wittgenstein antwortete herzlich. Damals unterrichtete er an einer Volksschule in einem Dorf in Niederösterreich und lud Schlick ein, ihn dort zu besuchen. Unglücklicherweise kamen andere Verpflichtungen dazwischen, und als Schlick die Reise schließlich unternahm, stellte er fest, daß Wittgenstein seine Stelle aufgegeben hatte und weggezogen war.

Ludwigs Schwester Margarete brachte die beiden schließlich zusammen. Nachdem Wittgenstein den Lehrerberuf aufgegeben hatte, war er nun wieder in Wien und beschäftigte sich mit dem Bau eines neuen Hauses für seine Schwester in der Kundmanngasse. Ihr Sohn John studierte bei Schlick. 1927 nahm sie in Ludwigs Namen Kontakt auf: Ihr Bruder wolle sich gern mit ihm treffen, aber nicht, wie Schlick vorgeschlagen hatte, zusammen mit anderen Mitgliedern seiner Diskussionsgruppe. Frau Schlick erinnerte sich daran, wie ihr Mann das Haus verließ, als gehe er auf eine Pilgerreise. »Er kehrte in einem hingerissenen Zustand zurück, sprach wenig, und ich fühlte, daß ich keine Fragen stellen dürfte.«

Ein Mitglied des Wiener Kreises, Herbert Feigl, bemerkte später trocken, daß Schlick von Wittgensteins Genius so tief beeindruckt gewesen sei, daß er »ihm philosophische Einsichten zuschrieb, die er selbst, lange bevor er Wittgensteins fast hypnotischem Bann verfiel, wesentlich verständlicher formuliert hatte«.

Nach mehreren solcher Zusammentreffen ließ sich Wittgenstein schließlich darauf ein, außer ihnen noch ein oder zwei andere Mitglieder des Kreises, darunter Waismann und Carnap und weniger häufig Feigl, hinzuzubitten. Sie kamen an verschiedenen Orten zusammen; manchmal in Schlicks Wohnung, kaum zehn Minuten zu Fuß vom Palais Wittgenstein in der Alleegasse entfernt, manchmal auch im Palais, dann wieder in einem anderen den Wittgensteins gehörenden Haus auf halbem Wege. Der einzige, der sich an diesen aufwendigen Arrangements störte, war der mittellose Friedrich Waismann.

Waismann war scharfsinnig und gelehrt genug, an jeder Universität der Welt eine Stellung angeboten zu bekommen. In Wien konnte Schlick ihn angesichts des Numerus Clausus für Juden an den Universitäten lediglich als Bibliothekar beschäftigen, zumal Waismann seine Dissertation nicht abgeschlossen hatte. Aus einer verarmten Familie stammend, ohne Geld im Hintergrund, mit einer schlechtbezahlten Tätigkeit und Frau und Kind behaftet, die er ernähren mußte, blieb Waismann nichts anderes übrig, als in dem dicht bevölkerten jüdischen Viertel im Nordosten Wiens zu leben. Seine winzige Wohnung in der Fruchtgasse befand sich in dem, was man die Wiener Schattenseite nennen kann, in der bevölkerten, vor Leben pulsierenden Leopoldstadt, auf der anderen Seite des Donaukanals und außerhalb der Ringstraße, die das moderne und reiche Wien umschloß. Wittgenstein hatte den Teil seiner Heimatstadt, in dem Waismann lebte, wahrscheinlich noch nie betreten. Und wenn er über die Bedeutung der Intention sprach und als Beispiel anführte: »Ich kann sagen: ›Herr Waismann, gehen Sie in die Fruchtgasse!‹ Was bedeutet das?«, äußerte der aristokratische Ludwig damit vielleicht auch sozialen Spott.

Waismann war dennoch von der Persönlichkeit des reichen Exzentrikers, dessen großer Familie halb Wien zu gehören schien, dergestalt fasziniert, daß er, dünn und halb verhungert, wie er war, brav durch die ganze Stadt trottete, um an den Treffen dieses kleinen Kreises teilzunehmen. So beschreibt Karl Menger, als Mathematiker ebenfalls Mitglied des Kreises, mit Worten, die an Feigls Bemerkung über Schlick erinnern, wie Waismann gegenüber seinem Idol Wittgenstein eine groteske Unterwürfigkeit entwickelt habe. »Besonders auffällig war, daß er seine Meinung immer dann änderte, wenn Wittgenstein dies auch tat.« Waismann wurde auch so sehr ein Jünger Wittgensteins, daß er von ihm die Angewohnheit übernahm, sich mit der Hand an die Stirn zu schlagen.

Manchmal war dieser *schlep*, wie einige Mitbewohner in der Leopoldstadt es wohl genannt hätten, vergebens. Oft weigerte sich Wittgenstein, über Philosophie zu diskutieren, und bestand darauf, Gedichte zu rezitieren. Sein Lieblingsdichter war damals der bengalische Schriftsteller Rabindranath Tagore. Wahrscheinlich reizte Wittgenstein an Tagores Lyrik ihre kristallene Reinheit und subtile Spiritualität. Beim Lesen saß er am liebsten mit dem Gesicht zur Wand. Und während die versammelten Logiker gebannt auf Wittgensteins Rücken blickten und sich bemühten, ihre Ungeduld zu verbergen, mag ihnen allmählich aufgegangen sein, daß sie die Botschaft ihres Messias falsch interpretiert hatten.

> My poet's vanity dies in shame before thy sight.
> O mater poet, I have sat down at thy feet.
> Only let me make my life simple and straight,
> Like a a flute of reed for thee to fill with music.[1]

Auf die Welt der Philosophie übte der Wiener Kreis deshalb so eine starke Anziehungskraft aus, weil er den einfachen Grundsatz vertrat, daß es nur zwei Arten gültiger Aussagen gibt. Zum einen gibt es Aussagen, die in bezug auf den Sinn ihres Inhalts entweder richtig oder falsch sind. Dies sind Aussagen von der Art »Alle Junggesellen sind ledig«, Gleichungen wie »2+2=4« und logische Schlüsse wie »Alle Menschen sind sterblich, Sokrates ist ein Mensch, also ist Sokrates sterblich«. Die Aussagen der anderen Gruppe sind empirisch und können empirisch verifiziert werden: »Wasser siedet bei 100°C«, »Die Erde ist eine Scheibe« (was eine sinnvolle Aussage ist in dem Sinne, daß sie verifizierbar, wenngleich falsch ist).

Alle anderen Aussagen waren nach Ansicht des Wiener Kreises der sprichwörtliche Unsinn. Weil also nicht verifiziert werden kann, ob Gott existiert oder nicht, werden Aussagen über Religion flugs in den intellektuellen Mülleimer geworfen, wohin auch die Metaphysik folgerichtig gehört, ebenso wie Aussagen über Ästhetik, Ethik und den Sinn des Lebens. Aussagen wie »Mord ist falsch«, »Man muß immer ehrlich sein«, »Picasso ist ein größerer Künstler als Monet« können nur angemessen als persönliche Werturteile verstanden werden: »Ich bin gegen Mord«, »Meiner Meinung nach sollten die Menschen im-

---

[1] In Scham stirbt meine Dichtereitelkeit
Vor Deinem Blick dahin.
Ich saß zu Deinen Füßen, großer Meister.
Gewähre mir das Eine: Einfach und gerade leben,
Wie die Schilfrohrflöte wartet, sich für Dich
Mit Tönen zu füllen.

mer die Wahrheit sagen«, »Mir gefällt Picasso besser als Monet«. »Alles ist dem Menschen zugänglich«, wurde im Manifest des Wiener Kreises verkündet; »und der Mensch ist das Maß aller Dinge«.

Die Hauptaufgabe der Philosophie bestand nach Ansicht des Wiener Kreises nicht darin, sich der Metaphysik hinzugeben, sondern darin, die von den Naturwissenschaftlern verwendeten Begriffe zu schärfen und zu klären. Die Naturwissenschaftler sind die Hauptspieler auf dem Platz. Die Philosophen helfen der Mannschaft lediglich, indem sie die Taktik des Spiels analysieren. Demnach ist die Philosophie den Naturwissenschaften immer untergeordnet.

Doch selbst nach den eigenen Kriterien des Wiener Kreises war die Sache so einfach nicht. Wenn Aussagen nur dann einen Sinn ergeben, weil sie verifiziert werden können, was gilt dann als Verifikation? In der Anfangszeit verwendete der Wiener Kreis viel Energie darauf, eine Definition zu finden. Wie kann beispielsweise die Maxime »Der Sinn eines Satzes ist die Methode seiner Verifikation« so umgemodelt werden, daß sie historische Aussagen einschließt wie »Wilhelm der Eroberer gewann die Schlacht von Hastings«? Der Wiener Kreis glaubte, daß es Aufgabe der Naturwissenschaftler sei, Voraussagen zu machen, die einer Überprüfung unterzogen werden konnten. Doch welche nachprüfbare Voraussage enthält ein Satz über die Eroberung Englands durch die Normannen im Jahre 1066?

Eine Antwort war die, daß die traditionell dem Historiker zur Verfügung stehenden Werkzeuge wie Archive, Briefe, archäologische Beweisstücke, mündliche Zeugnisse usw. für den Historiker das sind, was für den Naturwissenschaftler Bunsenbrenner, Dreifuß und Reagenzglas sind – Instrumente, durch die Erkenntnisse gewonnen werden, die eine bestimmte Theorie erhärten und eine andere nicht. Außerdem führen historische Sätze zu Voraussagen in dem Sinne, daß, wenn eine Aussage richtig ist, man davon ausgehen kann, im nachhinein auftauchende Beweise würden sie erhärten.

In den kommenden Jahren sollte die Behauptung, daß historische Aussagen nur dadurch einen Sinn bekommen, weil sie grundsätzlich verifizierbar sind, vielen Menschen als absonderlich erscheinen. Es schien künstlich, alle anscheinend sinnvollen Aussagen in diese Zwangsjacke der Überprüfbarkeit quetschen zu wollen. Das bedeutete beispielsweise, daß Behauptungen über die Verfassung anderer Menschen (»Hennie hat Kopfschmerzen«) einzig und allein als Belege für oder gegen diese Aussage selbst gewertet werden können (»Braucht Hennie Aspirin?«). Der alternative, dem gesunden Menschenverstand angelehnte Standpunkt gibt einer Aussage wie »Jedesmal wenn keine Menschen mehr im Raum sind, lösen sich alle Möbel darin in Luft auf (und erscheinen wieder, wenn die Menschen zurückkommen)« einen Sinn: Sie ist sinnvoll, obwohl es unmöglich ist, sie zu verifizieren. Selbst innerhalb des Wiener Kreises wuchs die Skepsis gegenüber dem Grundsatz der Verifikation, der denn auch Mitte der dreißiger Jahre fast völlig aufgegeben wurde. Als später A. J. Ayer zu den Schwächen des Wiener Kreises befragt wurde, antwortete er: »Ich würde sagen, der größte Fehler war, daß fast alles falsch war.« Eine Zeitlang jedoch vertrat der Wiener Kreis die modernste philosophische Lehre in der westlichen Welt.

Die Theorie, daß sinnvolle Aussagen entweder analytische Sätze (wo »Wahr« oder »Falsch« an der Bedeutung der gebrauchten Worte oder Symbole ermessen werden kann – »alle Dreiecke haben drei Seiten«) oder beobachtbar sein mußten, wurde als »Logischer Positivismus« bekannt, und für viele Logische Positivisten war der *Tractatus* die Bibel. Sie nahmen das Prinzip der Verifikation aus dem *Tractatus* und akzeptierten wie schon Russell eine von Wittgensteins zentralen Thesen: Alle mathematischen Beweise, wie elaboriert auch immer, und alle logischen Aussagen – etwa wie »Wenn es regnet, dann regnet es oder es regnet nicht« oder »Alle Menschen sind sterblich; Schlick ist ein Mensch, also ist Schlick sterblich« – sind bloße Tautologien. In anderen Worten, sie enthalten keine Aussagen über die Welt an sich, sie sind gegenstandslos. Sie geben nur Auskunft über die inneren Bezüge von Aussagen oder Gleichungen. Sie können uns nichts über Schlicks Sterblichkeit oder darüber sagen, ob man einen Regenschirm mitnehmen sollte oder ob Schlick tatsächlich ein Mensch ist.

Wie zutreffend der Wiener Kreis den *Tractatus* interpretierte, ist eine andere Frage. Nach Wittgenstein gibt es zwei Gruppen von Sätzen, diejenigen, die gesagt werden können, und diejenigen, über die wir schweigen müssen. Die Naturwissenschaften gehören zur ersten, die Ethik in die zweite Kategorie. Was jedoch viele im Wiener Kreis falsch verstanden, war, daß Wittgenstein nicht glaubte, das Nichtsagbare sei als Unsinn abzutun. Im Gegenteil, es ging ja ihm gerade um das, worüber wir nicht reden können. Wittgenstein hatte diesen Punkt des *Tractatus* in einem Brief an einen prominenten Wiener Verleger dargelegt: »... Der Sinn des Buches ist ein ethischer. ... ich wollte nämlich schreiben, mein Werk bestehe aus zwei Teilen: aus dem, der hier vorliegt, und aus alledem, was ich n i c h t geschrieben habe. Und gerade dieser zweite Teil ist der wichtige.«

Einige Mitglieder des Kreises, darunter Otto Neurath, betrachteten Wittgenstein schließlich als einen Schwindler. Rudolf Carnap fiel beim Wiener Kreis besonders der Gegensatz zwischen seiner Interpretation von Wittgensteins Text und von Wittgensteins Person auf. Der Kreis bestand aus eingefleischten Naturwissenschaftlern, die Metaphysik, moralische Betrachtungen und Spiritualität geringschätzten und anfangs glaubten, daß diese auch im *Tractatus* abgelehnt würden. Und dann saßen sie wahrhaftig diesem Gedichte rezitierenden Halbmystiker gegenüber. Carnap äußerte sich darüber so:

»Seine Ansichten und Auffassungen von Menschen und Problemen, auch theoretischen Problemen, glichen mehr denen eines Künstlers als denen eines Wissenschaftlers; man möchte fast sagen, eines religiösen Propheten oder Sehers. ... Wenn dann endlich, manchmal nach anhaltendem, zähem Bemühen, seine Antwort kam, stand seine Erklärung vor uns wie ein neu erschaffenes Kunstwerk oder eine göttliche Offenbarung.«

Es war wohl unvermeidlich, daß die Mißverständnisse und Spannungen zwischen Wittgenstein und dem Wiener Kreis bald zutage traten und es in der Folge zu Auseinandersetzungen kam. Besonders zwischen dem ruhigen und gelassenen Carnap und Wittgenstein kam es zu grundsätzlichen Konflikten. Carnap, der der Auffassung war, eine ideale Sprache sei etwas Wünschenswertes, erwies sich als Befürworter der Kunstsprache Esperanto. Dieser harmlose Zeitvertrieb versetzte Wittgenstein in Rage. Eine Sprache, betonte er, müsse etwas organisch Gewachsenes sein.

Obwohl Carnap sich Wittgenstein immer unterordnete, wurden seine ständigen, höflich formulierten und nachdenklichen Fragen, wie Wittgenstein von den Annahmen X und Y zu der Schlußfolgerung Z kam, als Probleme eines Pedanten abgetan. »Wenn er es nicht riecht, kann ich ihm nicht helfen. Er hat einfach keine Nase dafür.« Nach der Veröffentlichung von Carnaps Meisterstück *Der Logische Aufbau der Welt* kam es zum endgültigen Bruch. Wittgenstein beschuldigte Carnap des Plagiats, ein Delikt, das er ständig witterte und das seiner Ansicht nach in diesem Fall gegeben war, weil Carnap in dem Buch bekannt hatte, Wittgenstein sehr viel zu verdanken. Wittgenstein erwiderte: »Es macht mir nichts aus, wenn ein kleiner Junge meine Äpfel stiehlt, aber es macht mir etwas aus, wenn er behauptet, daß ich sie ihm gegeben hätte.«

Doch diejenige Wiener Verwicklung mit wirklich tragischen Zügen, die zeigte, wie brutal Wittgenstein mit Menschen umspringen konnte, betraf Friedrich Waismann. Er hatte Wittgenstein so nahegestanden wie alle anderen Mitglieder des Wiener Kreises. Zwar war er kein besonders origineller Denker, doch Waismann besaß die wunderbare Fähigkeit, abstruse Gedanken in klare und verständliche Worte kleiden zu können. Fast zehn Jahre lang setzte er diese Gabe überwiegend in Zusammenarbeit mit Wittgenstein ein, um dessen orakelhaften Äußerungen gewissenhaft Form und Struktur zu geben.

Wittgenstein und Waismann sprachen ab 1929 sogar darüber, ein gemeinsames Werk zu verfassen. Wittgenstein, der nie Probleme damit hatte, die hervorragendsten Köpfe der Philosophie als Sekretäre einzuspannen, wollte Waismann diktieren. Schließlich zerschlugen sich diese Pläne jedoch, da Waismann von Wittgensteins ständigem Schwanken und der besitzergreifenden Art seiner Vorstellungen zur Verzweiflung getrieben wurde.

Ende 1937 verließen Waismann und seine Familie als Emigranten die Stadt. Karl Popper hatte Waismann dem britischen Academic Assistance Council (AAC) empfohlen, als er selbst dessen Hilfe nicht länger benötigte – obwohl die Schilderung hierüber in Poppers Autobiographie die Wahrheit schönt, worauf wir später noch zurückkommen werden. Jedenfalls kam Waismann mit Frau und Kind in Cambridge an, ausgestattet mit einem kleinen Stipendium und einem befristeten Lehrauftrag an der Universität. In einem fremden Land, in dem er nun in einer fremden Sprache arbeiten mußte, besorgt um das Schicksal seiner Freunde und Verwandten zu Hause, war Waismann dringend auf emotionale und berufliche Unterstützung angewiesen, von finanzieller Hilfe ganz zu schweigen. Eigentlich hätte es für ihn vorteilhaft sein können, daß Wittgenstein an der Universität, wo er einen neuen Anfang versuchte, der einflußreichste Philosoph war.

Bei Waismanns Ankunft in Cambridge befand sich Wittgenstein allerdings in Norwegen. Als er schließlich zurückkehrte, nahm er von seinem früheren Mitarbeiter aus Wien kaum Notiz. Richard Braithwaite und seine Frau Margaret Masterman sprangen ein und halfen den Waismanns in ihrer verzweifelten Lage. Sie versorgten die Flüchtlinge mit einem Dach über dem Kopf und zusätzlich mit etwas Geld, was diese dringend zum Leben brauchten.

Die großzügigste Interpretation von Wittgensteins Verhalten ist die, daß sich seine Vorstellungen zu jener Zeit schnell weiterentwickelten und er seine alten Wiener Freunde jetzt weder brauchte noch Zeit für sie hatte. Die Veröffentlichung des »Manifests« des Wiener Kreises 1929 hatte ihn sehr verärgert. Er hatte Waismann geschrieben und ihn wegen dieser in seinen Augen selbstzufriedenen Darstellung gescholten. Dies kann jedoch kaum als Rechtfertigung für Wittgensteins abweisendes Verhalten gelten. Seine intensive Ichbezogenheit, seine Ansicht, daß Menschen die Rolle, die ihnen das Leben gegeben hat, mit größtmöglicher Ehrlichkeit ausfüllen müssen – all dies sind einleuchtende, wenn auch nicht gerade glückliche Erklärungen dafür, daß Wittgenstein nicht in der Lage war, diese beruflichen Gegensätze beiseite zu lassen und dringend benötigte Hilfe zu leisten. Man fühlt sich auch an den Tadel erinnert, zu dem sich Wittgenstein bemüßigt fühlte, als F. R. Leavis einem Bootsmann ein Trinkgeld gab, obwohl der sie hatte warten lassen: »In meiner Vorstellung gehören der Mann und das Bootshaus zusammen.« Vielleicht brachte er Waismann immer mit Armut und dem Leben in der Fruchtgasse in Verbindung.

Auf akademischer Ebene war für Waismann des Leben unter Wittgensteins feindlichem Schatten unerträglich. Er konnte die Themen, mit denen er sich am ausführlichsten befaßt hatte, nicht lehren, weil das die Bereiche waren, die Wittgenstein in seinen Seminaren selbst abdeckte. Und da Wittgenstein in Cambridge die gefestigtere Stellung hatte, war ganz klar, wessen Interessen vorrangig waren. Wittgenstein ging aber noch weiter und warnte seine Studenten ausdrücklich vor Waismann. Möglicherweise betrachtete er ihn weiterhin als eine Art Bibliothekar.

Kaum zwei Jahre später zog Waismann nach Oxford und trat eine Stelle als Assistenzprofessor für Philosophie der Mathematik an. Hier verbrachte er den Rest seines Berufslebens. Er war im Exil nicht glücklich und beklagte sich oft darüber, daß es in Oxford keine Kaffeehäuser gab. Er lebte isoliert und distanziert und neigte zu Melancholie und Depressionen. Seine Frau und sein Sohn begingen Selbstmord. Er trug jedoch viel dazu bei, Wittgensteins neue Gedanken in Oxford zu verbreiten, das nach dem Krieg zum Zentrum der Wittgensteinforschung wurde. Die Beziehung zu Wittgenstein blieb allerdings beschädigt. Sir Michael Dummett, Philosoph in Oxford, sagt, daß es nach Wittgensteins Tod 1951 schien, als sei Waismann von einem Tyrannen befreit worden. Er begann, in seinen Vorlesungen, die sich bis dahin fast ausschließlich mit Wittgensteins Philosophie auseinandergesetzt hatten, neues Terrain zu erforschen. Waismann starb 1959.

Er war keineswegs das einzige Mitglied des Wiener Kreises, das sich im Exil befand. Einige der wichtigsten Mitglieder des Kreises waren Juden, und von den übrigen hegten die meisten Sympathien für die Linke. Wie bei so vielen Künstlern, Filmemachern, Bankiers, Naturwissenschaftlern und Medizinern war es auch bei den Philosophen: Wiens Verlust war ein Gewinn für Großbritannien und die USA. Carnap ging über Prag nach Princeton, Feigl nach Iowa und dann nach Minnesota, Gödel nach Princeton, Menger an die University of Notre Dame und Hempel von Berlin aus über Brüssel nach Chicago und dann nach New York. Otto Neurath war nach der Ermordung von Dollfuß und dem fehlgeschlagenen Putsch in Österreich 1934 nicht nach Wien zurückgekehrt. Er reiste damals durch Rußland, und es war klar, daß für ihn als den politisch Aktivsten der Gruppe eine Rückkehr nach Österreich lebensgefährlich war. Er zog mit seiner Frau nach Holland. Und als die Nationalsozialisten 1940 in die Niederlande einmarschierten, rettete er sich auf einem kleinen, überfüllten Schiff nach England, wo er bei Kriegsende friedlich starb. Waismann war der letzte des Wiener Kreises, der ins Ausland ging.

Nach Schlicks Ermordung wurde dessen Lehrstuhl aufgelöst. Der Berufungsausschuß erklärte, daß seiner Ansicht nach die eigentliche Aufgabe der Fakultät darin bestand, Geschichte der Philosophie zu unterrichten. Der Wiener Kreis lebte in zerstreuter und abgeschwächter Form weiter, aber in Großbritannien und den Vereinigten Staaten, nicht in Wien.

Noch heute erinnern zahlreiche philosophische Wortprägungen an den Wiener Kreis. Gödel veröffentlichte 1931 sein Theorem, das alle Versuche zunichte machte, für die Mathematik eine logische Basis zu konstruieren, indem er nachwies, daß die innere Kohärenz eines formalen arithmetischen Systems nicht aus dem System selbst heraus bewiesen werden kann. Sein fünfzehnseitiger Artikel machte evident, daß auch Teile der Mathematik unbeweisbar bleiben müssen – es also, gleich welche Axiome anerkannt werden, stets Aussagen und letztlich Wahrheiten geben wird, die nicht überprüft werden können. Dann ging auch »Neuraths Schiff« vom Stapel. Neurath war Antifundamentalist und glaubte, daß unser Wissen keine sichere Substruktur hat. Er versuchte dies mit dem Vergleich eines Bootes zu verdeutlichen: »Wie Schiffer sind wir, die ihr Schiff auf offener See umbauen müssen, ohne es jemals in einem Dock zerlegen und aus den besten Bestandteilen neu errichten zu können.«

Das Hempelsche Paradoxon rührte jedoch an die zentralen Themen des Wiener Kreises: Verifikation und Konfirmation. Was konnte als Konfirmation, als Zeugnis für die Wahrheit einer Theorie dienen? Das Hempelsche Paradoxon funktioniert so: Nehmen wir an, wir beobachten Vögel und möchten unsere Theorie erhärten, daß alle Raben schwarz sind. Wenn wir einen weißen, braunen oder grünen Raben sehen, ist unsere Theorie natürlich widerlegt, falsifiziert. Wenn wir aber schwarze Raben sichten, dann ist es ebenso vernünftig, dies als Beweis für die Richtigkeit unserer Hypothese anzusehen. Hempel ging davon aus, daß die Aussage »Alle Raben sind schwarz« logischerweise gleichzusetzen ist mit der Aussage »Alle nicht schwarzen Dinge sind keine Raben«. Mit anderen Worten: Wenn es richtig ist, daß alle Raben schwarz sind, und wir einen grünen Vogel erblicken, dann können wir mit Sicherheit sagen, daß dieser Vogel kein Rabe ist. Dann muß es aber nach Hempels Ansicht sich so verhalten, daß jedesmal, wenn wir etwas sehen, das weder schwarz noch ein Rabe ist – und also die Aussage bestätigt wird, daß alle nicht schwarzen Dinge keine Raben sind –, wir auch die logisch gleichwertige Aussage bestätigen, daß alle Raben schwarz sind. Mit anderen Worten, wir liefern einen Beweis für die Bestätigung dieser Theorie jedesmal, wenn wir eine gelbe Sonne, einen weißen Rolls-Royce, ein rotes Rotkehlchen, eine blaue Glockenblume, eine lila Kuh oder einen rosa Panther sehen.

Das scheint zum gesunden Menschenverstand in Widerspruch zu stehen, auch wenn es nicht ganz einfach ist herauszufinden, warum das so ist. Es zeigt aber auch, daß Karl Popper, als er sich daran machte, die durch den Wiener Kreis deklarierte Trennung zwischen verifizierbaren und nichtverifizierbaren Aussagen zu untergraben, mit seiner Kritik am Positivismus des Wiener Kreises nicht ganz so allein stand, wie er später die Welt glauben machen wollte.

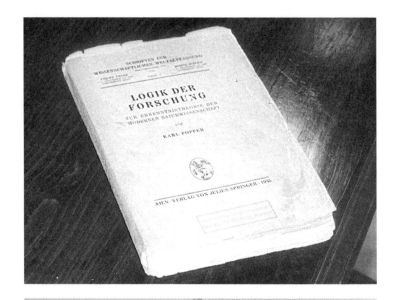

Tractatus
Logico-Philosophicus

By

LUDWIG WITTGENSTEIN

With an Introduction by

BERTRAND RUSSELL, F.R.S.

LONDON
KEGAN PAUL, TRENCH, TRUBNER & CO., LTD.
NEW YORK: HARCOURT, BRACE & COMPANY, INC.
1922

Logik der Forschung
Tractatus

POPPER UMKREIST DEN KREIS

*Alles das bestärkte meinen Eindruck, daß ich
für jedes einzelne seiner Hauptprobleme bessere und klarere Antworten hatte als der Wiener
Kreis.*

KARL POPPER

An welcher Stelle paßte nun Karl Popper in den Kreis? Wie Wittgenstein hat auch er an den wöchentlichen Diskussionen des Kreises nie
teilgenommen. Wittgenstein wollte das nicht, Popper hingegen wurde nicht gefragt. In *Ausgangspunkte* schreibt er, daß er eine Einladung als großes Privileg betrachtet hätte, doch sei er nie aufgefordert
worden zu kommen.

1920 gab es drei Minuten zu Fuß vom Fachbereich für Mathematik
an der Universität entfernt ein Lokal, das Café Akazlenhof, wo in den
schlechten Tagen nach dem Ersten Weltkrieg verarmte Studenten auf
gemeinnütziger Basis billige, aber nahrhafte Mahlzeiten bekommen
konnten. Im Sommer konnte man draußen im Schatten der Bäume
essen. Dort lernte Karl Popper, der damals außerordentlicher Student
an der Universität war, Otto Neurath kennen, den Eklektiker des Wiener Kreises. So bekam Popper erstmals Kontakt zu irgendeinem Mitglied der Gruppe; es war Neurath, der später Popper als die »offizielle
Opposition« der Gruppe bezeichnen sollte.

In diesem »Amt« gefiel sich Popper zeitlebens besonders. Es war
für ihn ganz allgemein Ausdruck einer Besonderheit seines Lebens
und die Rechtfertigung für seine Existenz als Philosoph. Er war nicht
einfach irgendein Opponent, er war der Opponent schlechthin, und
nicht einfach *der* Opponent, sondern der *triumphierende* Opponent,
der nicht einfach nur über den Wiener Kreis, sondern auch über Platon, Hegel, Marx (obwohl er Platon und Marx schätzte), Freud (den er
mit Astrologen und anderen Pseudowissenschaftlern in eine Schub-
lade steckte) und natürlich über Wittgenstein triumphierte.

Bei seiner Abgrenzung gegenüber dem Wiener Kreis war es für
Popper immer wichtig, dem entgegenzutreten, was er pompös als die
Popper-Legende bezeichnete. Diese besagte, er sei ein Mitglied des
Wiener Kreises gewesen, was, wie Popper immer wieder betonte,

nicht stimmte. Die Legende besagte ferner, daß er im Wiener Kreis gewisse Probleme, die dort entstanden waren, umgangen habe, indem er das Verifikationsprinzip in ein Falsifikationsprinzip umgewandelt habe. Auch das sei nicht richtig: »Die Probleme, die den Wiener Kreis plagten, waren mein Verdienst. Ich erfand diese Probleme, ich wies nach, daß ihr Kriterium nicht praktikabel sei, und ich unternahm keinen Versuch, den Wiener Kreis aus diesen Schwierigkeiten herauszuholen. Ich hatte aber ein ganz anderes Problem.« Seine Kritik, so Popper, habe im Wiener Kreis bald zu allgemeiner Verwirrung geführt. »Doch da ich gewöhnlich als ein Mitglied des Kreises bezeichnet werde, möchte ich betonen, daß ich zwar diese Verwirrung verursacht, mich jedoch zu keinem Zeitpunkt daran beteiligt habe.« Die Betonung liegt dabei die ganze Zeit auf »ich«.

Warum ist Popper nicht Mitglied des Kreises geworden? Zwischen ihm und einigen Mitgliedern, darunter Carnap, Kaufmann, Kraft und Feigl, die seinen Fähigkeiten sämtlich große Hochachtung zollten, hatte sich immerhin eine Freundschaft entwickelt. Carnap, Feigl und Popper machten 1932 sogar zusammen in Tirol Urlaub. Feigl schrieb Popper einen überaus brillanten Verstand zu, und Carnap meinte später, Popper sei ein unabhängiger Denker von außergewöhnlicher Stärke.

Popper hatte also den richtigen Intellekt und die richtigen Kontakte. Und er hatte das Interesse, die analytischen Verfahren der Naturwissenschaft auf die Philosophie zu übertragen. Sein erstes großes Werk *Logik der Forschung*, Ende 1934 veröffentlicht, fand die Zustimmung Einsteins und war allem, was die Mitglieder des Wiener Kreises schreiben mochten, ebenbürtig. Seine Nichtmitgliedschaft im Wiener Kreis konnte auch aus anderer Perspektive gesehen werden: Wie kam der Wiener Kreis dazu, diesen jungen Mann nicht aufzunehmen, als er das Werk begann, das ihm internationale Anerkennung bringen würde? Die Antwort lautet: Es war so, weil Moritz Schlick es so wollte.

Schlick war kein Bewunderer Poppers. Er kam zum ersten Mal mit Popper in Berührung, als der junge Mann beim Lehrstuhlinhaber im Rahmen seiner Dissertation eine mündliche Prüfung ablegte, die bei Schlick keinen Eindruck hinterließ. Entscheidender war jedoch Poppers fundamentale Gegnerschaft zu Schlicks Guru Wittgenstein, besonders seine vernichtende Kritik an Wittgenstein wegen dessen Ablehnung metaphysischer Aussagen und an Wittgensteins Behauptung, daß sinnhaltige Aussagen mögliche Zustände reflektieren müssen. In *Ausgangspunkte* beschreibt Popper die von Wittgenstein selbst längst relativierte Abbildtheorie der Sprache – nach der die Sprache in ihrer Struktur die Welt widerspiegelt – als »hoffnungslos falsch, geradezu eine Verhöhnung unserer Intelligenz«. In einer Fußnote kritisiert er, daß Wittgenstein die Kluft zwischen der Welt beschreibbarer Tatsachen und dessen, was tief ist und nicht gesagt werden kann, übertreibe: »Es ist diese etwas zu leichte Lösung des Problems der Tiefe – die These ›Das Tiefe ist das Unaussprechliche‹ – , die Wittgenstein, den Positivisten, mit Wittgenstein, dem Mystiker, verbindet.«

Schon seit seiner ersten Begegnung mit Wittgensteins Philosophie als Student in den frühen 1920er Jahren kultivierte Popper seine Abneigung. Einem breiteren Publikum wurde diese Geringschätzung erst anläßlich eines stürmischen Treffens im Dezember 1932 – elf Jahre nach der ersten Publikation des *Tractatus*, als Wittgenstein bereits längst seine darin geäußerten Ansichten überdachte – offenbar. Auf dieser Sitzung des sogenannten Gumperzkreises absolvierte Popper den entscheidenden Auftritt in bezug auf seine Ambitionen auf den Wiener Kreis.

Schlicks Diskussionszirkel war zwar von all den Gruppen, die es damals in Wien gab, die prominenteste und diejenige mit der größten Anerkennung, doch gab es noch andere Zirkel, die sich oft überschnitten. Zahlreiche Intellektuelle gehörten mehreren dieser losen Zusammenschlüsse an. Heinrich Gomperz, ebenfalls ein Wiener Philosoph, leitete eine Diskussionsgruppe, die sich vor allem mit der Ideengeschichte befaßte. Die Einzelheiten dieser für Popper so entscheidenden Begegnung im Dezember sind nur sehr lückenhaft zu rekonstruieren. Einer Schilderung zufolge soll Popper gebeten worden sein, vor dem Gomperzkreis einen Vortrag zu halten, und zugleich darüber informiert worden sein, daß nicht nur Schlick, sondern auch andere Koryphäen des Wiener Kreises wie Carnap und Victor Kraft anwesend sein würden. Für den jungen Lehrer stand alles auf dem Spiel. *Logik der Forschung* war noch nicht veröffentlicht und existierte nur als dickes Manuskript mit dem Titel *Die beiden Grundprobleme der Erkenntnistheorie*. Daraus entstand nach drastischen Kürzungen und Überarbeitungen *Logik der Forschung*. Herausgeber der Reihe, in der das Werk, wie Popper hoffte, erscheinen würde, war Moritz Schlick.

Andere hätten sich in dieser Situation für eine Taktik aufmerksamer Ehrerbietung und einstudierter Höflichkeit entschieden. Popper aber neigte immer dazu, wenn er unter Anspannung stand, andere Wege zu gehen – nichts konnte seine Angriffe bremsen. Gerade an jenem entscheidenden Abend verpaßte er seinen philosophischen Gegnern eine volle Breitseite. Hauptziel seines Spotts war Wittgenstein, den Popper beschuldigte, sich eher wie die katholische Kirche zu verhalten und die Diskussion sämtlicher Themen zu verbieten, für die er keine Antwort habe.

Empört, wenn nicht gar angewidert verließ Schlick das Treffen vorzeitig. Er beklagte sich später Carnap gegenüber, Popper habe Wittgenstein völlig überzogen dargestellt. Für Schlicks Integrität spricht jedoch, daß er trotz dieses Zwischenfalls empfahl, *Logik der Forschung* zu veröffentlichen. Eine Mitgliedschaft im Wiener Kreis war jedoch etwas anderes. Brillanz war eine Qualifikation, Höflichkeit war die zweite. Und vielleicht war gar eine vernünftige Einstellung zu Wittgenstein das dritte Kriterium. Popper hatte eindeutig nicht bestanden, er hatte beim Vorstellungsgespräch versagt. Es ist nicht bekannt, ob Schlick nach jenem Abend je wieder erwogen hat, Popper zu bitten, Mitglied des Wiener Kreises zu werden. Und Joseph Agassi zufolge hat Popper oft gesagt, daß er deshalb Probleme mit dem Wiener Kreis hatte, weil er sich weigerte, Wittgenstein für einen großen Philosophen zu halten.

Fortan pflegte Popper die Differenzen zwischen dem Wiener Kreis und ihm reichlich zu übertreiben. Der Kreis, so schrieb er in großartiger Selbstsicherheit, lasse sich in zwei Gruppen unterteilen: »in die, die viele oder die meisten meiner Ideen akzeptierten, und diejenigen, die der Ansicht waren, daß diese Ideen gefährlich seien und bekämpft werden müßten«.

Von persönlichen Interessen abgesehen, verfolgte Popper mit seinen Angriffen auf die allgemeine Position des Wiener Kreises ein bestimmtes Ziel. Er entstaubte eine 200 Jahre alte Argumentation und führte sie gegen die zentralen Grundsätze des Wiener Kreises ins Feld.

Im 18. Jahrhundert hatte der schottische Philosoph David Hume zum erstenmal von dem Rätsel der Induktion gesprochen. Hume stellte die Frage, ob es einen vernünftigen Grund für die Annahme gebe, daß die Sonne morgen wieder aufgehe, nur weil sie dies bis jetzt jeden Tag getan habe.

Nach Humes Ansicht verhielt sich dies nicht so. Der Rückgriff beispielsweise auf die Naturgesetze würde lediglich zu einem Zirkelschluß führen. Wir glauben lediglich deshalb an die Naturgesetze, weil sie sich in der Vergangenheit als verläßlich erwiesen haben. Warum sollten wir davon ausgehen, daß Verläßlichkeit in der Vergangenheit eine Richtschnur für die Zukunft sein kann? Bertrand Russell, der ein Gespür für fesselnde Vergleiche hat, formuliert das Rätsel so: »Der Mann, der das Huhn tagtäglich gefüttert hat, dreht ihm zu guter Letzt das Genick um und beweist damit, daß es für das Huhn nützlicher gewesen wäre, wenn es sich etwas subtilere Meinungen über die Gleichförmigkeit der Natur gebildet hätte.«

Popper wies nach, daß Humes Werk bedeutende Auswirkungen auf die Methoden der Naturwissenschaften hat, wo eine grundlegende Asymmetrie vorliegt. Die Richtigkeit einer Theorie (nämlich, daß die Sonne immer aufgehen wird) kann durch keine noch so große Zahl von Experimenten nachgewiesen werden, denn so oft die Sonne auch aufgehen mag, irgendwann in der Zukunft verspürt sie vielleicht den Drang, sich einmal einen wohlverdienten Tag freizunehmen. Ein einziges negatives Ergebnis erweist jedoch eine Theorie als falsch. So können wir auch die Gültigkeit der Aussage »Alle Raben sind schwarz« nicht logisch ableiten, selbst wenn wir mehrere Zehntausend schwarzer Raben sehen und nicht einen einzigen mit einer an deren Farbe, obwohl ein blauer Rabe gerade um die Ecke sein Nest haben könnte. (Eine abschreckende Version dieser Beispiele stammt von jenem IRA-Mitglied, das darauf hinwies, daß Sicherheitsmaßnahmen für einen Politiker wohl jeden Tag zu »funktionieren« scheinen, daß aber der Terrorist ja nur einmal Erfolg zu haben braucht.)

Die Theorie der Verifikation war demnach nutzlos. Und von ebenso grundlegender Bedeutung war, daß der Wiener Kreis Opfer seiner eigenen Argumentation geworden war. Der berühmte Grundsatz des Kreises, nach dem alle Aussagen, welche seine beiden Kriterien (also »sinnvoll = analytisch oder verifizierbar«) nicht erfüllten, als sinnlos galten, war am eigenen Kriterium gescheitert. Denn die Behauptung, daß die Bedeutung einer Aussage in der Methode besteht, mit der sie verifiziert wird, ist selbst weder wahr noch falsch aufgrund der Bedeutung ihrer Begriffe, noch kann sie überhaupt verifiziert werden. Der Grundsatz kann weder gesehen, ertastet, erfühlt noch geschmeckt werden, man kann mit ihm keine Experimente in einem Labor vornehmen, noch kann man ihn auf den Straßen erblicken – was nach dem eigenen Grundsatz des Positivismus heißt, daß er sinnlos ist.

Popper versah ein Kapitel von *Ausgangspunkte* mit der Überschrift »Der logische Positivismus ist tot: Wer ist der Täter?« Darin schützt er

Reue vor, indem er auf die von ihm selbst gestellte Frage so antwortet: »Ich fürchte, daß ich mich als Täter bekennen muß.« Er beklagt sich jedoch darüber, daß er von Denkern in der angloamerikanischen Welt als Positivist gehalten werde, weil *Logik der Forschung* 25 weitere Jahre lang nicht auf englisch erschienen sei, weil er aus Wien stamme und an vielen Problemen arbeite, mit denen sich auch der Wiener Kreis befaßt habe. Weder er noch Wittgenstein konnten dem Wiener Kreis entkommen, dem sie zu keiner Zeit angehört hatten.

Nicht nur Außenstehende und spätere Beobachter brachten Popper mit dem Wiener Kreis in Verbindung. Anstelle der »Verifikation« hatte Popper die »Falsifikation« vorgeschlagen. Eine wissenschaftliche Theorie konnte nicht bewiesen werden, doch konnte man zeigen, daß sie unrichtig war. Wenn eine Theorie oder Hypothese wirklich wissenschaftlich sein sollte, mußte sie sich selbst dem Prozeß der Widerlegung aussetzen. Dies wurde von einigen Mitgliedern des Wiener Kreises als bloße Ausdifferenzierung ihres Verifikationsprinzips angesehen, ein Herumspielen mit ihrer ansonsten gut arbeitenden Maschine. Carnap vertrat die Ansicht, Popper übertreibe die Unterschiede zwischen seinen Ansichten und denen des Wiener Kreises. Carl Hempel schrieb, daß Popper zum Wiener Kreis eine deutliche philosophische Distanz wahrte, »eine Distanz, die meiner Meinung nach übertrieben war, schließlich waren die Mitglieder der Gruppe keiner Parteidoktrin unterworfen«. Und als Viktor Kraft, ein anderes Mitglied des Kreises, eine kurze Geschichte der Gruppe verfaßte, behauptete er, neben anderen habe Karl Popper die Ideen des Kreises in England verbreitet.

Popper hat immer argumentiert, solche Behauptungen stellten eine gravierende Fehlinterpretation seiner Kritik dar. Der Wiener Kreis benutzte die Verifikation, um Sinn von Unsinn zu unterscheiden. Popper war jedoch nicht daran interessiert, derartige linguistische Unterscheidungen aufzustellen. Ihm ging es vielmehr darum, Wissenschaft von Nichtwissenschaft oder Pseudowissenschaft zu unterscheiden. Eine Aussage wie »Mahler ist ein wunderbarer Komponist« lehnte er nicht als Geschwätz oder als etwas rein Subjektives ab. Er glaubte lediglich, daß sie nicht in den Bereich der Wissenschaften fiel. »Mir war klar, daß alle diese Leute nach einem Abgrenzungskriterium suchten, nach einer Abgrenzung nicht so sehr zwischen Wissenschaft und Pseudowissenschaft als vielmehr zwischen Wissenschaft und Metaphysik. Und mir war auch klar, daß mein altes Abgrenzungskriterium besser war als das ihre.«

Es ist jedoch unbestritten, daß die Parameter der philosophischen Interessen, mit denen sich Popper sein Leben lang befaßt hat, schon in Wien angelegt wurden. Der Vorrang, den für ihn Wissenschaft und wissenschaftliche Methoden, Beweise, Logik und Wahrscheinlichkeit immer gehabt haben, war ein Echo der zentralen Forschungsansätze in seiner Heimatstadt. Gleichgültig, wie weit er auch die Antworten vorangetrieben hat, die meisten Fragen verdankte er Schlick, dem Wiener Kreis und Wien.

In bezug auf den Wiener Kreis war Popper derjenige, der zuletzt lacht. 1985/86 wurde er von der österreichischen Regierung eingeladen, Präsident eines neuen Instituts, des *Ludwig-Boltzmann-Instituts für Wissenschaftstheorie,* zu werden, das gegründet worden war, um ihn in sein Geburtsland zurückzubringen und den Ruhm Österreichs in der Nachkriegszeit zu mehren. So sollte er doch noch über den Kreis triumphieren. Doch am Ende fielen die Pläne der Regierung mit Popper kläglich zusammen. Ein Beamter des Bildungsministeriums erklärte Popper, daß zukünftige Forschungstätigkeiten der Zustimmung der Regierung bedürften. In einem wütenden Brief erklärte Popper seinen Verzicht. Wieder fühlte er sich durch die österreichische Regierung hinausgedrängt. Und so brachte das Angebot auf merkwürdige Weise eine Wiederholung seines früheren Lebens.

Was lernen wir aus den ausführlichen Erkundungen rund um die Ringstraße für die Ereignisse am 25. Oktober 1946? Natürlich ist nun erklärlich, wie diese zwei Österreicher sich schließlich in einem Collegezimmer in Cambridge begegnen konnten. Aber das ist längst nicht alles.

Wittgenstein kannte Popper persönlich nicht. Gleichwohl legt ihre Wiener »Geschichte« die Schlußfolgerung nahe, daß, ungeachtet der Philosophie selbst, der Aristokrat aus dem Palais – mit seinem Hintergrund aus englischer Maßkleidung, französischen Möbeln, großzügigen Landhäusern, unbegrenzten Mitteln, spontanen Reisen, Umgang mit den Größen der Kultur – wohl instinktiv auf den bürgerlichen Lehrer hinabblickte, dem er sich in H 3 gegenübersah. So wie er sich mit all der Überheblichkeit seines Reichtums und seiner Position zu Popper herabließ, so blickte er auch auf Waismann hinab – nicht jedoch auf den Kleinadligen Moritz Schlick.

Auch für Popper war Wittgenstein mehr als ein akademischer Gegner. Er stand vielmehr für das Wien, das auch für den Sohn eines angesehenen und engagierten Rechtsanwalts ewig unerreichbar blieb.

Wittgenstein verkörperte für Popper die herrschaftliche Stadt, in der Wohlstand und Status Demut einforderten und alle Türen öffneten, das abgesonderte Terrain, auf dem verarmte Inflationsverlierer keinen Platz hatten, deren Bewohner sich von den Nazis loskaufen konnten. Popper sah die Kehrseite der Umstände, die ihn behindert und aus dem Land getrieben hatten.

Nicht nur führt die Ringstraße in Richtung H 3, sie verläuft entlang beider Leben.

Karl Popper, der Hochschullehrer.

»Fragen, die mit ›was‹ beginnen, sind völlig falsch ...«

DER SCHWEISSBRENNER

Wenn unsere Kultur weiterbestehen soll, [müssen wir] mit der Gewohnheit brechen ..., großen Männern gegenüber unsere geistige Unabhängigkeit aufzugeben.

KARL POPPER

Zu dem, der Dich mag, gut zu sein, erfordert nicht nur viel Gutmütigkeit, sondern auch viel Takt.

LUDWIG WITTGENSTEIN

Bei allen sozialen und kulturellen Unterschieden mußte es durch eine charakterliche Ähnlichkeit in H 3 zwangsläufig zu einer wütenden Auseinandersetzung kommen. Sowohl Popper als auch Wittgenstein verhielten sich in Diskussionen und Debatten anderen gegenüber fürchterlich.

Beide waren von kleiner Statur, bis zur Erschöpfung intensiv und kompromißunfähig. Beide waren tyrannisch, aggressiv, intolerant und ichbezogen - obwohl Wittgenstein sich Norman Malcolm gegenüber einmal angenehmer darzustellen versuchte: »Weil ich schüchtern bin, mag ich keine Zusammenstöße, ganz besonders nicht mit Menschen, die ich gern mag.«

Bryan Magee beschrieb einmal Poppers Argumentationsstrategie. Er versuchte nicht, durch das Aufzeigen kleinerer Fehler Punkte zu machen, sondern untermauerte sorgfältig den Standpunkt seines Opponenten, bevor er dessen Kernargument vernichtete. Als er Popper zum ersten Mal traf, war Magee tief beeindruckt von »einer intellektuellen Aggressivität, wie sie mir vorher noch nicht begegnet war. Alles wurde über die Grenzen einer annehmbaren Unterhaltung hinausgetrieben ... Das bedeutete in der Praxis, daß er versuchte, Menschen zu unterjochen. Die Energie und die Intensität, mit denen er diese Versuche unternahm, waren mit undefinierbarem Zorn gepaart. Diese nicht nachlassende starke und gebündelte Konzentration auf einen einzigen Punkt rief in mir die Assoziation mit einem Schweißbrenner hervor.«

Einer der größten Beiträge Poppers zur Rationalität war zwar die Erkenntnis, daß eine Theorie nur dann wissenschaftlich war, wenn sie sich falsifizieren ließ, doch war er stets abgeneigt, dieses Prinzip auf seine eigenen Gedanken zur Anwendung kommen zu lassen. Es ist gesagt worden, daß man *Die offene Gesellschaft und ihre Feinde* in *Die offene Gesellschaft von einem ihrer Feinde* hätte umbenennen sollen. John Watkins gibt zu, daß Popper ein intellektueller Tyrann war: »Man erzählte sich, daß in Poppers Seminaren beispielsweise jemand die Überschrift seines Referats vortrug: ›Was ist X?‹ Popper unterbrach dann gewöhnlich und sagte: ›Fragen, die mit ›was‹ beginnen, sind völlig falsch.‹ Und so kam dann der Redner gerade mal zu seiner Überschrift und zu mehr nicht.« So ein Fall ereignete sich 1969 in seinem Seminar an der LSE, als einer von Watkins' Doktoranden eine kurze Darstellung seiner Arbeit über »primäre und sekundäre Eigenschaften« geben sollte. Kaum hatte der junge Mann mit seinem Exposé begonnen, als Popper unterbrach und ihn rüffelte, er habe das Problem überhaupt nicht verstanden, habe keine neuen Ideen und tue sich lediglich in subjektivistischer Psychologie und ähnlichem hervor. »Ich war nicht der einzige, der der Ansicht war, Popper habe sich grob und ungerecht verhalten«, erzählt Watkins.

Dies wird durch Erzählungen des Journalisten und Schriftstellers Bernard Levin, eines Bewunderers von Popper, erhärtet, der sich an seine Zeit an der LSE erinnert: »Eines Tages äußerte während eines Seminars ein Mitstudent eine Ansicht auf ziemlich unzusammenhängende Weise. Der Weise runzelte die Stirn und sagte unverblümt: ›Ich verstehe überhaupt nicht, wovon Sie reden.‹ Mein unglückseliger Kommilitone errötete und formulierte seine Bemerkung um. ›Ah‹, sagte der Lehrer, ›jetzt verstehe ich, was Sie sagen, und ich halte es für Unfug.‹« Es gibt zahlreiche Anekdoten über Studenten und andere Zuhörer, die es wagten, ihn in Fragen ungenau zu zitieren, und die er so lange fertigmachte, bis sie ihren Fehler eingestanden und sich entschuldigten. »Jetzt können wir Freunde sein«, strahlte Popper dann. Joseph Agassi erzählt: »Jede seiner Vorlesungen begann wunderbar und endete fürchterlich, weil irgend jemand etwas Falsches sagte, Popper ihn fertigmachte und die sehr angenehme Atmosphäre in eine äußerst spannungsgeladene umkippte.«

Popper hatte mit Wittgenstein gemein, daß sie dazu neigten, ihren Studenten zu vermitteln, daß sie zu nichts taugten. Lord Dahrendorf, aus Deutschland gekommener Soziologe und langjähriger Direktor der LSE, erinnert sich daran, daß englische Studenten Poppers Vorlesungen nicht mehr besuchten, weil sie es nicht gewohnt waren, so behandelt zu werden. Popper hatte aber im übrigen kein Problem damit, seine Kollegen ebenso zu behandeln. Der Mathematiker Ivor Grattan-Guiness, der seine Vorlesungen besuchte, berichtet:

»Ehrlich gesagt empfand ich sein Verhalten als scheußlich. Er ermutigte die Studenten nicht, weil er soviel wußte, und er ließ es sie spüren. Dadurch kam man sich noch dümmer vor, als man sich ohnehin schon vorkam. Und wie er seine eigenen Mitarbeiter vor Studenten wie mir heruntermachte! Da gab es einen netten Kerl namens John Wisdom [einen Cousin des Namensvetters aus Cambridge], der sich für Psychoanalyse interessierte. Popper pflegte ihn vor den Studenten zu beleidigen: ›Oh, da ist jemand hier, der mit Freudianismus herumspielt.‹ Daß eine so eminente Persönlichkeit so vor Studenten sprechen konnte!«

Auch seine Assistenten wurden nicht verschont, sondern wie Arne Petersen, der in den 1970er Jahren unter ihm arbeitete, sogar in aller Öffentlichkeit gescholten. Petersen erinnert sich an die im Fernsehen übertragene Vorlesung aus Anlaß der Eröffnung des Ludwig-Boltz-mann-Instituts im Jahre 1985:

»Wie andere ausländische Mitarbeiter des Instituts, die bei dem Seminar zugegen waren, wurde ich von Popper aufgefordert, im Anschluß an diese Eröffnungsvorlesung über Wahrheitstheorie Fragen zu stellen. Es war nun so, daß er meine improvisierte und eher ungeschickt formulierte Frage als die Variante einer der Positionen auffaßte, die er in seiner Vorlesung angegriffen hatte. Da stand ich also sprichwörtlich im Rampenlicht und war seiner vernichtenden Kritik ausgeliefert.«

Dahrendorf war von Poppers Ausdauer bei Disputen überrascht: »Er ging dann auf und ab und argumentierte in der ihm eigenen Weise immerfort. Er war ein großartiger und unermüdlicher Streiter.« Er ließ sich von seiner Linie nicht einmal durch Mitleid abbringen. In einem Schreiben an Lady Thatcher, in dem Popper ihr sein Mitgefühl wegen ihres erzwungenen Rücktritts als Premierministerin ausdrücken wollte, konnte er es sich nicht verkneifen, ihr mitzuteilen, daß er mit einigen Aspekten ihrer Bildungspolitik nicht einverstanden sei. (Das Schreiben blieb ein Entwurf.)

Aufgeben kam für Popper nicht in Frage. Bei der ersten von vielen Begegnungen mit ihm bekam die Philosophin Dorothy Emmet einen Eindruck davon. Popper traf sich in Manchester mit der *Aristotelian Society* und übernachtete bei ihr. Dies geschah kurz nach seiner Ankunft aus Neuseeland und dem Erscheinen von *Die offene Gesellschaft*. Ihrerseits war es eine durchaus gefährliche Einladung. In sei-

167

nem Buch hatte er nicht nur Platon beschuldigt, den Totalitarismus zu verbreiten, sondern auch die Behauptung aufgestellt, die Behandlung von *Der Staat* im Studium mache aus Studenten »kleine Faschisten«. Sie hatte eine Rezension geschrieben, in der sie Platon verteidigte und erwähnte, sie selbst habe Platon als Studentin gelesen und die Erfahrung gemacht, daß das Studium seiner Werke Offenheit und eine hinterfragende Haltung fördere.

Bei Popper hatte Platon diese Wirkung nicht gezeitigt. Als Dorothy Emmet sich ihm vorstellte, ging er zum Angriff über. Er unterbrach vorübergehend, um mit Kollegen zum Essen zu gehen, doch sobald er bei ihr zu Hause eintraf, fing er erneut an »und setzte seine Angriffe auf mich fort, bis ich, als es schon auf Mitternacht zuging und ich sehr müde war, den Vorschlag machte, daß wir uns zurückziehen sollten. Daraufhin wurde sein Benehmen völlig anders. Er sagte: ›Nachdem ich Ihnen all das gesagt habe, fühle ich mich besser.‹ Er wurde freundlich und fast liebevoll. Bei allen späteren Begegnungen verhielt er sich freundlich und liebevoll.« Das Problem sei, sagte sie ihm, daß er eine extreme Sichtweise der Dinge habe. »Ja, das weiß ich«, erwiderte er, »aber ich meine das nicht wirklich so.« Als sie erfuhr, daß er erst seit kurzem in England war, wagte sie es, ihm einen Rat zu geben: »›Sie werden, so glaube ich, feststellen, daß Ihr Ansatz in England nicht funktionieren wird. Uns liegt mehr die Untertreibung als die Übertreibung.‹ Er antwortete: ›Glauben Sie das wirklich? Dann sollte ich meine Methoden vielleicht überdenken.‹ Das hat er jedoch niemals wirklich getan.«

Angesichts seiner gnadenlosen Attacken mag es überraschen, daß Popper überhaupt Freunde hatte – es war aber so. Neben dem Kunsthistoriker Ernst Gombrich gab es eine ganze Reihe von Freunden, deren Namen sich lesen wie ein *Who's who* der Naturwissenschaften: John Eccles, Hermann Bondi, Max Perutz, Peter Mitchell und Peter Medawar. Vier von ihnen waren Nobelpreisträger. Die Liste *ehemaliger* Freunde hingegen ist schier endlos, und sie sind alle schuldig, einen Einwand gegen einen Aspekt von Poppers Werk formuliert zu haben, gleichgültig wie vorsichtig oder konstruktiv dieser gemeint war.

Einige wenige fielen in Ungnade, und es wurde ihnen verziehen, so dem amerikanischen Philosophen William Warren Bartley III., Verfasser einer umstrittenen Wittgenstein-Biographie. Der zu einem Kollegen gewordene ehemalige Student muß für Popper etwas wie ein Sohn gewesen sein, bis er im Juli 1965 einen Vortrag hielt, in dem er Popper vorwarf, dogmatisch zu sein. Er hatte befürchtet, daß

es Ärger geben würde, und Popper zuvor gewarnt, der Vortrag werde
ihm nicht gefallen, auch hatte er gegenüber einem Zuhörer vorherge-
sagt, daß Popper mit ihm fortan nicht mehr sprechen werde. Popper
hörte sich den Vortrag an und verstand das alles überhaupt nicht, wie
er Bartley sofort nachher schrieb. »Ich war befremdet, wie betäubt
und wußte kaum, ob ich träumte oder wach sei.« In demselben
Schreiben schlägt Popper jedoch vor, einen Strich unter die Angelegenheit zu ziehen und das Geschehene zu vergessen. Dennoch dauerte der Bruch zwischen ihnen zwölf Jahre lang, und diesmal war es
nicht Popper, der die Zugbrücke hochhielt. Das Zerwürfnis wurde
überwunden, als eine kalifornische Gesundbeterin Bartley erklärte,
daß er sich mit Popper versöhnen solle – und so geschah es. Die allgemeine Regel lautete aber, einmal verstoßen, für immer verstoßen;
selbst eine Entspannung war undenkbar. Für Außenstehende bleibt
die Heftigkeit der Dispute und die Intensität der Zurückweisungen
nicht nachvollziehbar.

Eines der bekanntesten Beispiele für beides war der Bruch Poppers
mit seinem aus Ungarn stammenden Schüler Imre Lakatos. Dessen
Verbrechen bestand in einem Beitrag in P. A. Schilpps *Bibliothek
lebender Philosophen*, der Popper zum Gegenstand hatte. Darin hinterfragte Lakatos Poppers Abgrenzung zwischen Wissenschaft und
Nichtwissenschaft sowie seine Lösungsansätze für das Induktions-
Falsifikations-Problem. Damit griff er Poppers *Raison d'être* an. Poppers Werk war sein Leben, folglich waren derartige Provokationen
unverzeihlich. In Poppers Umgebung gewöhnte man sich an dessen
verbitterte Tiraden gegen Lakatos, die aus ihm noch lange nach dessen Tod herausbrachen. In Fallowfield, Poppers Haus auf dem Land
in Buckinghamshire, wurden Lakatos und andere Wissenschaftsphi-
losophen, die Popper kritisiert hatten, wie etwa Paul Feyerabend und
John Watkins, als »Wespennestclub« bezeichnet.

Joseph Agassi, ebenfalls ein ehemaliger Student, aus dem ein
Kollege geworden war, beging einen ähnlichen Fehler, als er Popper
seine Einwände zu einem Artikel, den dieser geschrieben hatte, per-
sönlich vortrug. Die Freundschaft zerbrach sofort, und Agassi wurde
Mitglied des »Wespennestclubs«. Nach Jahren versuchte Agassi eine
Aussöhnung herbeizuführen. Doch noch in seinem 80. Lebensjahr
hatte Popper genug Kraft für eine giftige Reaktion – wieder auf eine
Kritik an seiner Arbeit:

»nach der skandalösen (weil mich persönlich angreifenden) Kritik, die Sie
über *Objektive Erkenntnis* geschrieben haben (was Sie, wie Ihrer Einleitung

zu entnehmen ist, unwillig und nur deshalb taten, weil Sie sich dazu wissenschaftlich verpflichtet fühlten), und nach einer langen Reihe anderer grundloser privater und öffentlicher Angriffe gegen mich (auf die ich zu keinem Zeitpunkt reagiert habe) bin ich überrascht, daß Sie den Mut aufgebracht haben, mir diese beiden Briefe zu schreiben ..., in denen Sie erklären, daß Sie sich sehr wohl bewußt seien, daß Sie mir alles verdanken, und verneinen, daß Sie mich je angegriffen hätten, nicht einmal in jener Kritik.

Ich bin in der Tat ein alter Mann und möchte unbedingt noch einige Dinge sagen, die meiner Ansicht nach wichtig sind (obwohl mir bewußt ist, daß Sie anderer Meinung sind). Da meine Zeit erkennbar begrenzt ist, möchte ich diese Korrespondenz nicht fortsetzen.«

Poppers Anhänger sagen, seine akademischen Angriffe richteten sich gegen von ihm so empfundene Wichtigtuerei, daß sie ein Zeichen für seine Unduldsamkeit gegenüber jenen gewesen seien, die versuchten, Eindruck zu machen. Sie seien nie gegen Personen gerichtet gewesen – obwohl denjenigen, die diese Angriffe abbekamen, die Trennung zwischen Wissenschaftlichem und Persönlichem als Haarspalterei erscheinen muß. Der Gerechtigkeit halber muß gesagt werden, daß auch von einigen Gegnern Poppers ungehöriges Verhalten ausging. Lakatos beispielsweise machte sich über Poppers Vorlesungen lustig und riet den Studenten, sie nicht zu besuchen.

Poppers Konfliktvermögen und seine plötzlichen heftigen Wutanfälle beschränkten sich nicht auf den Universitätsbereich. Auch auf Flughäfen und in Hotels konnte er Opfer finden, wenn die Dinge anders liefen als erwartet. Um so zerknirschter äußerte er anschließend seine Reue über den Ausbruch. Arne Petersen zeigt sich nachsichtig:

»Ich erkannte, daß derartige emotionale Reaktionen Poppers Zeichen seiner Ungeduld mit Sterblichen waren, sich selbst dabei eingeschlossen, mit unserer Untätigkeit und unserem Dogmatismus. Man sehe nur, wie er in seiner Autobiographie beschreibt, wie er als Junge enttäuscht über die Leistungen der zeitgenössischen Philosophen war, die älter waren als er, in die er so große Hoffnungen gesetzt hatte und die, wie sich zu seinem Entsetzen herausstellte, in Wirklichkeit nicht einmal das gelöst hatten, was seiner Ansicht nach nur elementare Probleme der Philosophie und Logik sein konnten. Man mag die brüske Art, wie er das tat, bedauern, ich bin jedoch der Ansicht, daß er in seiner Ungeduld gegenüber den Leistungen der Menschheit völlig recht hat. Popper hat zwar nie Emotionen in seine Philosophie hineingebracht, sie spielten aber in seinem eigenen Leben, in seinen Entscheidungen und seinem Umgang mit Menschen eine große Rolle. Und man sollte seine außergewöhnlich schnelle Auffassungsgabe und seine logische Denkweise nicht vergessen, durch die er berühmt und berüchtigt war. Er war der Sokrates unserer Zeit.«

Nun hatte Popper für die Lehrweise Sokrates' – das instruktive Wechselspiel von Frage und Antwort – nicht eben viel übrig. Er war zwar gerne von Studenten umgeben, zog es aber vor, zu Hause und allein zu arbeiten. Als er sein erstes Haus in England kaufte, soll er sich bewußt dazu entschlossen haben, so weit von seinem Arbeitsplatz entfernt zu leben, wie es die Vorschriften erlaubten, nämlich 30 Meilen. Seine Messungen führten ihn in das Dorf Penn. Dort entschied er sich für ein Haus am Ende einer holprigen Straße, um auch die entschlossensten Besucher zu entmutigen. (Nach dem Tod seiner Frau zog er in ein anderes Haus auf dem Land in Kenley, südlich von London, in die Nähe der Familie seiner persönlichen Assistentin Melitta Mew.)

In Penn sorgte Hennie rigoros dafür, daß nichts Karl bei seiner Arbeit ablenkte. Es gab natürlich keinen Fernseher und nach einiger Zeit auch keine Tageszeitung – obwohl das Kreuzworträtsel in der *Times* eines ihrer wenigen Vergnügungen gewesen war. Es wurde auch nicht gekocht. Poppers Assistenten, den wenigen Freunden und Mitarbeitern, welche die schwierige Reise unternahmen, wurde kaum etwas anderes vorgesetzt als Tee und Kekse. Es wird kolportiert, daß die Zubereitung eines Frühstückseis im Haushalt der Poppers zu großer Aufregung führte. Unter den Studenten zirkulierte der Witz, daß Karl und Hennie die einzigen Menschen in der Welt seien, die Zucker in Proteine umwandeln konnten.

Sein Konzentrationsvermögen war außergewöhnlich. In der Vorstellung von John Watkins las er ein Buch oder Manuskript und saugte den Sinn aus dem Inhalt heraus. Auch sein Arbeitspensum war gewaltig. Wochenenden gab es nicht. Er konnte 365 Tage im Jahr arbeiten, lesen und schreiben und an einem Thema dranbleiben, bis er alles herausgeholt hatte. Die Entstehungsgeschichte von *Die offene Gesellschaft* in Neuseeland war ein beschwerlicher Marathon. Hennie tippte eine Version nach der anderen. Aus einer Seite wurden 10, dann 100, dann 800. Beide wären an der Anstrengung beinahe zugrunde gegangen. »Ich habe das Buch 22 Mal geschrieben und immer versucht, deutlich zu sein und den Sachverhalt zu vereinfachen, und meine Frau hat das Manuskript fünfmal getippt und wieder getippt (auf einer schrottreifen alten Schreibmaschine).« Bryan Magee erinnert sich daran, wie Popper noch als alter Mann oft die Nacht durcharbeitete und ihn in den frühen Morgenstunden erschöpft, aber wegen seiner Fortschritte in bester Laune anrief. Das offenbart eine enorme Hingabe; Arne Petersen meinte, aus einer anfänglichen Leidenschaft sei ein Lebensstil geworden.

Neben diesem Workaholic und dem aggressiven, beherrschenden, nachtragenden, rachsüchtigen und einsamen Oberkommandierenden gab es jedoch noch einen anderen Popper, einen Popper, der von sich sagte, er sei der glücklichste lebende Philosoph.

Anders als Wittgenstein war dieser Popper normaler Umgangsformen fähig. Sobald es um Frauen ging, war er sehr einfühlsam, und Gattinnen wußten, daß sie sich bei Eheproblemen immer an ihn wenden konnten. Er konnte das Mitgefühl in Person sein, tolerant, sogar romantisch, jemand, der es sogar fertigbrachte, für eine Freundin ein Gedicht zu vertonen. Als er älter war, machte er sich immer die Mühe, wenn ihn jemand schriftlich um persönlichen Rat bat, zu antworten, und dieses oft ausführlich. Für Referenzen für seine Studenten wendete er Zeit und Arbeit auf, und dieses wiederholt, wenn er darum gebeten wurde. Mit seinen Forschungsassistenten verstand er sich gut. Er war bemüht, daß sie jedes Jahr von der Universität anständige Gehaltserhöhungen bekamen, und half ihnen, Arbeit zu finden, wenn sie fortgingen.

So arbeitsbesessen, wie Popper auch war, hatte er doch weitreichende Interessen und einen differenzierten Geschmack für Musik und Literatur. Am liebsten las er die englischen Klassiker – besonders Jane Austen und Anthony Trollope. Immer wieder las er sie und dann noch einmal gemeinsam mit all denen, die er an diese Werke heranführte, um an ihrer Freude bei der literarischen Entdeckung teilzuhaben.

Dieser Popper war gern in Gesellschaft und konnte über einen derben Witz laut lachen. Einer seiner Lieblingswitze war der von einem Labour-Minister namens Paling, was auf deutsch Pfahl bedeutet, der Churchill als einen »dreckigen Hund« bezeichnete. Churchill erhob sich und erwiderte: »Sehr geehrter Herr Abgeordneter, Sie wissen sicher, was Hunde an Pfählen machen.«

Dieser Popper verzichtete auf Kargheit, speziell wenn sich die Gelegenheit bot, Wiener Gerichte essen zu können. Er verzehrte leidenschaftlich gerne Kalbsleber, Bratkartoffeln, Topfenknödel, Apfelküchle, Kaiserschmarrn und Sachertorte. Wäre es nach ihm gegangen, hätte er sich ausschließlich von Schweizer Schokolade ernährt. Darin zeigt sich vielleicht seine entbehrungsreiche späte Jugend. Mit Hennie gab es wenig Gelegenheiten, sich diesen Genüssen hinzugeben. Sie interessierte sich nicht für Essen oder geselligen Umgang. Einige sehen ihm seine schwierige Persönlichkeit nach, weil sie sie als Ausdruck der Anhänglichkeit seiner Frau gegenüber sehen, deren ständiges Heimweh nach Wien sich zu Depressionen, Verbitterung und Nörgelei, Hypochondrie und selbstgewählter Isolation auswuchs. Es liegt nahe, einen Zusammenhang zwischen der Kargheit und der Einsamkeit, in der Popper aufgewachsen war, und der freiwilligen Isolierung seiner Frau, der er sehr zugetan war, zu sehen. In seiner Kindheit scheint die Wärme körperlicher Zuneigung gefehlt zu haben, und sie blieb dem Erwachsenen fremd: Einem Freund erzählte er, seine Mutter habe ihn nie geküßt - und daß er seiner Frau niemals die Lippen geküßt habe. Sie schliefen in getrennten Betten.

Nach Hennies Tod im Jahre 1985 lebte er deutlich auf - legte mehr Pausen ein, suchte mehr Unterhaltung, gab mehr Geld aus, lebte besser, vertiefte sich in seine Sammlung antiquarischer Bücher, die das Kernstück einer Bibliothek waren, die insgesamt eine halbe Million Pfund wert war. Als er in die Nähe von Mrs. Mew zog, die ursprünglich aus Bayern kam und ihn liebenswert fand, bekam er sozusagen durch gegenseitige Adoption eine neue Familie. Melitta Mew vermittelte ihm auch endlich die Gewißheit, daß er so unansehnlich nicht war. Er fuhr mit ihr, ihrem Mann Raymond und ihrem Sohn in Urlaub, wo er für den Großvater gehalten wurde, aß Wiener Schnitzel und Pistazieneis und kam so seiner Kindheit wieder nahe, die durch Krieg und Inflation ein jähes Ende gefunden hatte.

Eine Zusammenkunft von hard boiled Krimiautoren, dem Black Mask Club. Raymond Chandler steht ganz links, Dashiell Hammett steht ganz rechts, Norbert Davis (Wittgensteins bevorzugter Krimiautor) sitzt ganz rechts.

ARMER KLEINER REICHER JUNGE

... da wir Geschwister uns sehr oft durch Ver-
gleiche miteinander verständigten, sagte ich
ihm anläßlich eines langen Gesprächs: wenn
ich mir ihn mit seinem philosophisch geschul-
ten Verstand als Volksschullehrer vorstellte, so
schiene es mir, als wollte jemand ein Präzi-
sionsinstrument dazu benützen, um Kisten zu
öffnen. Darauf antwortete mir Ludwig mit ei-
nem Vergleich, der mich zum Schweigen
brachte. Er sagte nämlich: »Du erinnerst mich
an einen Menschen, der aus dem geschlossenen
Fenster schaut und sich die sonderbaren Bewe-
gungen eines Passanten nicht erklären kann; er
weiß nicht, welcher Sturm draußen wütet und
daß dieser Mensch sich vielleicht nur mit
Mühe auf den Beinen hält.« Da verstand ich, in
welcher Verfassung er sich befand.

HERMINE WITTGENSTEIN

Am Ende seiner Tirade sprach er schneller und
lauter, und als er die letzten Worte äußerte, er-
weckte er den Eindruck, als ob er einem ängst-
lich geduckten Tier den Todesstoß versetze.

THEODORE REDPATH

Während Popper trotz seiner Kompromißlosigkeit in Debatten und gegenüber anderen Meinungen noch als Mensch erkennbar bleibt, tritt bei Wittgensteins Umgang mit anderen eine unheimliche, außerhalb jeder Norm liegende Art zutage. »[Wittgensteins] außergewöhnlich direkte Herangehensweise und das Fehlen jeglicher allgemein menschlichen Begleiterscheinungen entnervten die Menschen«, urteilt die Schriftstellerin Iris Murdoch über ihn. »Man kommt doch mit den meisten Menschen in einem bestimmten Kontext zusammen, und es gibt für das Gespräch mit ihnen gewisse Konventionen usw. Eine bloße, ungeschützte Konfrontation der Persönlichkeiten findet nicht statt. Wittgenstein aber erzwang diese Konfrontation in seinen sämtlichen Beziehungen.«

175

Iris Murdoch hat nur wenig persönlichen Kontakt zu Wittgenstein gehabt, und war ihm einmal kurz begegnet. Doch sie ist sich klar darüber, wie tief sein Einfluß auf sie dennoch gewesen ist, was in ihren Romanen deutlich wird. Ihr Biograph Peter Conradi weist darauf hin, wie man Wittgenstein in *Under the Net (Unter dem Netz)* spürt. Ein Protagonist namens Nige zitiert ihn in *Bruno's Dream*. Das erste Wort von *Nuns and Soldiers* ist »Wittgenstein«. Der Erzähler Guy fährt fort: »Es war seine über allen Zweifel erhabene Stimme. Wir fühlten, daß es wahr sein mußte.« In *The Philosopher's Pupil* findet sich folgende Beschreibung des Philosophen: »Die einfache Klarheit schien immer erreichbar zu sein und wurde doch nie erreicht. Er sehnte sich nach ruhigen und friedlichen Gedanken ... Die glasklare Wahrheit und kein schwülstiger Fluß schmieriger Halbwahrheiten.«

Murdoch kam im Oktober 1947 als Forschungsstudentin der Philosophie an das Newnham College in Cambridge in der Hoffnung, dort etwas von Wittgenstein mitzubekommen, mußte aber feststellen, daß er am Ende des Sommers seine Professur aufgegeben hatte. Sie traf dann hauptsächlich mit seinen Schülern, oder Jüngern, zusammen, und es müssen die für sie erkennbaren Auswirkungen von Wittgensteins Einfluß auf seine Schüler gewesen sein, die Iris Murdoch, eine Autorin moralischer Komödien, zu der Annahme brachte, daß etwas Dämonisches in ihm war. Schließlich meinte sie, er sei ein »böser Mensch«, der kein moralisches Bewußtsein habe und nur »den Traum einer Religion« in sich trage.

Da Wittgenstein hauptberufliche Philosophen verachtete, sah er es gerne, wenn Studenten das Fach aufgaben. Die Begabung eines Studenten bedeutete ihm nichts: Er riet einem seiner brillantesten Schüler, Yorick Smythies, mit seinen Händen zu arbeiten, obwohl Smythies solche Koordinationsprobleme hatte, daß er kaum in der Lage war, seine Schuhe zuzubinden. Handarbeit sei gut für das Gehirn, sagte Wittgenstein ihm. Smythies' Eltern und die Eltern von Francis Skinner, einem weiteren Studenten Wittgensteins, der das Studium abbrach, um in einer Fabrik zu arbeiten, dürften ihn wohl eher als bösen Genius betrachtet haben, weil er ihre intellektuell begabten Söhne überredete, der Universität zu entsagen.

Worin lagen die Wurzeln dieser Beherrschung von Freunden und Studenten? Eine erhellende Erkenntnis kommt von Wittgensteins Nachfolger auf dem Lehrstuhl für Philosophie, Georg von Wright: »Keiner, der ihn kennenlernte, vermochte unbeeindruckt zu bleiben. Manche wurden von ihm abgestoßen. Die meisten fühlten sich angezogen oder waren fasziniert. Man kann sagen, daß Wittgenstein bloßen Bekannten aus dem Weg ging, aber Freundschaft brauchte und suchte. Als Freund hatte er nicht seinesgleichen, aber er forderte auch viel.«

An anderer Stelle schildert von Wright, wie fordernd Wittgensteins Freundschaft sein konnte, und beschreibt einen Prozeß, der dem einer Gehirnwäsche oder gar dem Beitritt zu einem Kult nicht unähnlich ist: »Jedes Gespräch mit Wittgenstein war, als ob man den Tag des Jüngsten Gerichts durchlebte. Es war furchtbar. Alles wurde ständig neu ausgegraben, hinterfragt und Wahrhaftigkeitstests unterzogen. Dies galt nicht nur für Philosophie, sondern das ganze Leben.«

Die überlebenden Zeitzeugen der Konfrontation in H 3 erinnern sich an das Unbehagen und an die Beklommenheit, die sie im Kontakt mit ihm empfanden, selbst so enge Freunde wie Peter Geach. Geach erinnert die langen und intellektuell fordernden Wanderungen in der Gegend um Cambridge eher als Arbeit denn als Vergnügen. Wittgenstein war »schonungslos intolerant gegenüber jeder Bemerkung, die er als dahingesagt oder prätentiös empfand.« Stephen Toulmin nahm an Wittgensteins Seminaren teil, die zweimal pro Woche stattfanden: »Er hielt uns für unannehmbar dumm. Er sagte uns ins Gesicht, daß man uns nichts beibringen könne.«

Auch Sir John Vinelott nahm an den Seminaren teil, und er fühlte sich so, als ob ein charismatischer Prophet anwesend wäre: »Der Eindruck, den er auf mich machte, war der eines Menschen, dessen Leben sich in der Leidenschaft verzehrte, forschend zu entdecken, intellektuelle Ausgrabungsarbeiten zu tun, und der in seiner Lebensweise zutiefst ehrlich und einfach war. Er war ein schwieriger Mensch, weil seine Ehrlichkeit und seine Direktheit für die meisten gewöhnlichen Menschen unbequem war.« Und dann gab es auch den rein physischen Eindruck, den er machte: »Sehr in sich versunken, eine enorm große Stirn, ein durchdringender Blick, aber vor allen Dingen, wenn er konzentriert aufstand und mit jemandem sprach ... hatte er so viele Sorgenfalten auf seiner Stirn, daß sie wie ein Schachbrett aussah. Nie zuvor in meinem Leben hatte ich ein solches Gesicht gesehen.«

Wenn man die Beziehungen Wittgensteins zu anderen untersucht, dann stellt man fest, daß diese vor allem von seinem Wunsch geprägt sind, die beherrschende, wenn nicht gar die einzige Stimme zu sein. Leavis kommt zu dem Schluß: »Wittgensteins Erörterungen waren ... *seine* Erörterungen.« Dies ist so treffend gesagt, daß ein einziger Beleg dafür genügen soll. Da wir bereits Dorothy Emmets Tortur mit Popper beschrieben haben, möchten wir nun ausgeglichen sein und ihre Erfahrungen mit Wittgenstein wiedergeben, dem sie einmal, während des Zweiten Weltkriegs, begegnete. Sie war aus Manchester gekommen, wo sie unterrichtete, um vor der Abteilung des Britischen Instituts für Philosophie in Newcastle einen Vortrag zu halten. Ihre Gastgeberin, eine Biochemikerin, war mit einem Krankenhausbediensteten ins Gespräch gekommen, der etwas abholen wollte, und als sie feststellte, daß dieser seltsame Österreicher sich für Philosophie interessierte, hatte sie ihn zu dem Vortrag eingeladen. Emmet erzählt: »Sie sagte zu mir: ›Ich hoffe, es macht Dir nichts aus, wenn Wittgenstein kommt.‹ Ich sagte: ›Was!‹ Ich hielt meinen Vortrag, und als es dann zur Diskussion kam, wischte er meinen Vortrag vom Tisch, und das Gespräch drehte sich ausschließlich um ihn. Ich war fasziniert, Wittgenstein in Aktion zu sehen, und es machte mir deshalb nichts aus, daß mein Vortrag keine Beachtung fand.«

War es wirklich pure Arroganz, die Wittgenstein vermittelte, wenn man ihn erstmals traf? Leavis glaubt das nicht: »Denn der gemeinte Charakterzug war ein Merkmal jener wesentlichen Eigenschaft, die man bei längerem Zusammensein mit ihm kaum übersehen konnte: der Eigenschaft des Genialen. Er war so intensiv konzentriert, daß man den Eindruck der Objektivität erhielt.« Diese Äußerung enthält jedoch auch Kritik: »Hatte die Auseinandersetzung erst einmal begonnen, war seine Stellung derart beherrschend, daß andere Stimmen kaum eine Chance hatten, es sei denn, sie waren gewillt, sich bestimmt, beharrlich und energisch Gehör zu verschaffen (und das war sehr unwahrscheinlich).« – Nun, Leavis war natürlich Popper nicht begegnet.

Wittgensteins Diskussionsstil wurde 1930 von einem kessen Studenten namens Julian Bell satirisch in einem Gedicht dargestellt, das in *The Venture* erschien, einer Avantgardezeitschrift in Cambridge:

»Epistel über die ethischen und ästhetischen Ansichten des Herrn Ludwig Wittgenstein (Dr. der Philosophie), an Richard Braithwaite Esq., M.A., (Fellow am King's College)«:

> In every company he shouts us down
> And stops our sentence stuttering his own;
> Unceasing argues, harsh, irate, and loud,
> Sure that he's right and of his rightness proud ...[1]

---

[1] In jeder Gesellschaft brüllt er uns nieder
Und bricht unsere Sätze mit seinen gestotterten ab;
Ununterbrochen streitet er, grob, zornig und laut,
Stets gewiß, er habe recht, und darauf auch noch stolz ...

Bell, der im Sommer 1937 im Spanischen Bürgerkrieg bei einem Einsatz als Krankenwagenfahrer umkam, war der Sohn der Künstlerin Vanessa Bell, Neffe von Virginia Woolf und Enkelsohn von Sir Leslie Stephen. Mit anderen Worten, er konnte es kaum verhindern, ein Absolvent des King's College, Mitglied der Bloomsbury-Gruppe und ein *Apostle* zu werden. Bei den Treffen der *Apostles* erlebte Bell Wittgenstein in Aktion. Als er über eine Dissertation im Fach Englisch nachdachte, wollte er eine Studie über Wittgenstein vorschlagen, wurde jedoch von Moore entmutigt. Politisch betätigte er sich an der Universität in linken Kreisen und war für kurze Zeit Geliebter von Anthony Blunt, dem künftigen Spion für die Sowjetunion. Offenbar konnte Blunt Wittgenstein überhaupt nicht ausstehen und mag Julian Bell ermuntert haben, das Gedicht zu schreiben.

The Venture war eine Bühne späterer Berühmtheiten in jugendlichem Alter. Die Zeitschrift wurde von Michael Redgrave und Anthony Blunt herausgegeben und enthielt die Arbeiten zahlreicher zukünftiger Dichter, Schriftsteller und berühmter Kritiker, darunter Louis MacNeice, Clemence Dane, Malcolm Lowry, John Lehmann, William Empson. Diese Ausgabe, die fünfte, war binnen drei Wochen ausverkauft – ob der Grund dafür das Gedicht war, kann nicht festgestellt werden; gleichwohl erinnert sich Fania Pascal: »Als das Gedicht erschien, waren auch die liebenswürdigsten Gemüter amüsiert; es war ein Ventil für angesammelte Spannungen, Unmut, vielleicht Angst«. Die »Epistel« ist immerhin 304 Zeilen lang, und es lohnt sich, darauf ausführlicher einzugehen, weil sie einen Eindruck von Wittgenstein kurz nach dessen Rückkehr nach Cambridge vermittelt, der von jemandem formuliert wird, der sicher nicht zu den Bewunderern Wittgensteins gehörte, aber schreibt:

> Well knowing that, a puny Jonah, I
> The great behemoth of the seas defy;
> Whose learning, logic, casuistry's so vast
> He overflows the metaphysic waste.[1]

Doch der Verfasser ist sich bewußt, welche Wirkung Wittgenstein auf die etablierten Traditionen in Cambridge hat:

---

[1] Obwohl ich's, ein kleiner Unglücksrabe, weiß,
Werde ich das große Meerungeheuer herausfordern,
Dessen Bildung, Logik und Kasuistik so groß ist,
daß er den metaphysischen Abfall überwältigt.

> The rational commonsense, the easy rule,
> That marked for centuries, the Cambridge school.
> But who on any issue saw
> Ludwig refrain from laying down the law?[1]

Zudem reibt sich Bell an der Allwissenheit Wittgensteins und äußert dies an mehreren Stellen, etwa hier:

> With privileged omniscience soaring high
> He sees the Universe before him lie;
> Each whirling lost electron's motion planned
> He reads as easy as a watch's hand ...
> Ludwig's omniscient; well, I would be civil,
> But is he God Almighty or the Devil?[2]

In dem Gedicht geht es jedoch eigentlich um einen anderen Aspekt von Wittgensteins Persönlichkeit. Cambridge war eine Art Hort des toleranten Dialogs, wo man über Streitigkeiten mit einer luftig daherkommenden, vielleicht bissigen Ironie hinwegging und Niederschreien, der Anspruch der Allwissenheit oder unbeherrschte Angriffe auf etablierte Ansichten verpönt, gleichwohl sicher nicht unbekannt waren. Die Geringschätzung derlei Verhaltens wirkte sich möglicherweise auf die Vergabe beziehungsweise Nichtvergabe von *Fellowships* oder Lehrstühlen aus. Hier zeigt sich jedoch eine tiefere Kluft. Wittgenstein ist ein Mystiker, ein Asket, der sich den Vergnügungen des Lebens nicht hingab, er ist jemand, dessen Interesse auf die verborgene Quelle des Wissens um die Welt ausgerichtet ist: »... knowing by his direct experience / What is beyond all knowledge and all sense.«[3] Der Verfasser des Gedichts wendet sich an Braithwaite und erläutert, warum man Wittgenstein nicht folgen sollte:

---

[1] Der rationale Menschenverstand, die gemächliche Gewißheit,
die seit Jahrhunderten die Cambridge-Schule ausmachten.
Doch wer hat jemals mitbekommen,
Daß Ludwig nicht die Regeln umstieß?

[2] Von seiner einmalig triumphierenden Allwissenheit aus
Sieht er das Universum zu seinen Füßen liegend;
Die Bewegung jedes verloren umherirrenden Elektrons
Erkennt er wie die Zeiger einer Uhr ...
Ludwig ist allwissend; gut, ich bin gewöhnlich,
Aber ist er der Allmächtige oder der Teufel?

[3] ... der aus eigener Anschauung weiß,
Was hinter allem Wissen und allem Sinn liegt.

Ah, Richard, why must we, who know it vain,
Seek value through this tortured maze of pain;
When we so easily in matter find
Every delight of body and of mind.
I pity Ludwig while I disagree,
The cause of his opinions all can see,
In that ascetic life, intent to shun
The common pleasures known to everyone.[1]

Bei Wittgenstein äußert sich eine Lebensferne außerhalb alltäglicher sozialer Erfahrungen. Hätte er sein Leben mit religiöser Kontemplation oder mit wohltätiger Arbeit verbracht, hätte man ihn vielleicht für einen Heiligen gehalten. Aber kein Heiliger verhielt sich gegenüber seinen Mitmenschen derart brutal.

John Maynard Keynes und seine neue Frau Lydia Lopokowa verbrachten im August 1925 gerade ihre zweiwöchigen Flitterwochen in Sussex, als Wittgenstein zu einem Kurzbesuch auftauchte. Keynes' Biograph Robert Skidelsky berichtet darüber: »Lydia bemerkte zu Wittgenstein, sicher gut gelaunt: ›Was für ein schöner Baum.‹ Wittgenstein funkelte sie zornig an: ›Was meinen Sie damit?‹ Lydia brach in Tränen aus.« Das Ganze wurde noch dadurch verschlimmert, daß Keynes Wittgensteins Fahrt bezahlt hatte. Aber Lydia stand nicht allein. Joan Bevan, die Frau seines letzten Arztes, begegnete ihm das erstemal, nachdem er gerade aus den Vereinigten Staaten zurückgekehrt war. Sie bemerkte: »Wie glücklich müssen Sie sein, daß Sie in Amerika gewesen sind«, nur um angeblafft zu werden: »Was meinen Sie mit glücklich?«

Hier handelte es sich nicht um fehlende Manieren oder um Ungeschicklichkeit. Wittgensteins Welt war nicht die der höflichen Konversation und geselligen Plauderei. Für ihn zählte nur die Klarheit der Bedeutung. Als seine Russischlehrerin Fania Pascal von einem Fehler erzählte, den sie begangen hatte, bestand Wittgensteins Ein-

---

[1] Ach, Richard, warum müssen wir, die es wohl wissen,
Erkenntnis suchen durch diese gequälten Schmerzenswirren;
Wenn wir doch in den Dingen
Jegliche Freude für Körper und Geist finden.
Während ich Ludwig widerspreche, tut er mir leid,
Denn jeder kann die Ursache seiner Ansichten erkennen
In diesem asketischen Leben, das jegliche
Gewöhnlichen Vergnügungen, die jeder kennt, unterdrücken soll.

schätzung in dem Kommentar: »Ja, es fehlt Ihnen einfach an Klugheit.« Es war, so sagt sie, irritierend, wenn er wollte, daß man etwas
anderes tat als das, was man gerade tat: »Er beschwor dann die Vision eines besseren Du und untergrub so das Selbstvertrauen des anderen.« Dieses Gefühl verfolgte das Opfer beharrlich – was würde
Wittgenstein sagen, wenn man dieses tat und jenes sagte? Diejenigen, die er so verärgerte oder verunsicherte, waren sich aber auch
ständig bewußt, daß seine Seitenhiebe das Ergebnis der Andersartig-
keit und Einheitlichkeit seiner Anschauungen waren, der Tugend seines Lasters. So verletzte er Fania Pascal derart, daß sie noch Jahre
später darunter litt, als er ihr grob davon abriet, in einer Bildungsein-
richtung für Arbeiter eine Veranstaltung über aktuelle Ereignisse abzuhalten, weil dieses verwerflich und schädlich sei. »Da sein Charakter so aus einem Guß war, wirkt es irgenwie nörgelnd, wenn man
Teilkritik übt, aber in seiner Fähigkeit, die schwachen Stellen eines
anderen Menschen zu erkennen und hart zuzuschlagen, habe ich nie
etwas anderes sehen können als einen Mangel. Die Einsicht, daß er
ein überaus lauterer und unschuldiger Menschen war, kann an meinem Gefühl nichts ändern.«

Wie bei Popper, dessen eine Schwester Selbstmord beging und dessen
Onkel nicht mit seinem Vater redete, waren auch Wittgensteins fami-
liäre Hintergründe problematisch. Sein Vater Karl war so gut wie nie
zufriedenzustellen; er konnte sich seinen Kindern gegenüber, besonders gegenüber seinen Söhnen, tyrannisch verhalten, und auch seine
Töchter entgingen seiner Kritik und seinen willkürlichen Entscheidungen nicht. In ihrem Beisein bezeichnete er seine Tochter Helene
als »die Häßliche«. Die Kinder fürchteten ihn, waren aber auch von
ihm fasziniert.
  Drei von Wittgensteins Brüdern begingen Selbstmord – Hans und
Rudolf als junge Männer unter dem unbeugsamen Druck ihres Vaters, die Musikerlaufbahn aufzugeben und in die Industrie einzutre-
ten. Der dritte Bruder Karl erschoß sich am Ende des Ersten Weltkriegs, als er nicht hinnehmen konnte, daß seine Soldaten – nachdem
sie sich geweigert hatten, ihm in die Schlacht zu folgen – sich erga-
ben. Auf mütterlicher Seite gab es eine lange Militärtradition, die ein
solches Vorkommnis unerträglich erscheinen ließ. Man muß jedoch
berücksichtigen, daß sie in einer Zeit der Selbstzerstörung lebten.
»Überall tragen die Menschen schwerer an der Bürde des Lebens«,
heißt es in einem Artikel im *Contemporary Review* gegen Ende des

19. Jahrhunderts. Andere europäische Journalisten schrieben, daß Selbstmord noch nie so verbreitet gewesen sei. Er habe sich zu einer Art Epidemie entwickelt. Als Ursachen dafür vermutete man unter anderem den Zerfall der Gesellschaft, die Emanzipation des Individuums, Armut und den Einfluß gewisser Philosophen wie Schopenhauer und Kierkegaard.

Armut ist für Wittgenstein nie ein Problem gewesen, aber er war selbstmordgefährdet. Er fand keine Ruhe, war selbstquälerisch und war besessen von dem Gefühl seiner eigenen Sündhaftigkeit, was oft selbstzerstörerische Züge annahm. David Pinsent, einer der ersten Freunde Wittgensteins in Cambridge, vermerkte 1913 in seinem Tagebuch, Wittgenstein habe ihm erzählt, »daß es in seinem Leben kaum einen Tag gegeben habe, an dem er nicht die Möglichkeit eines Selbstmords erwogen habe«. 1919 schreibt Wittgenstein an Paul Engelmann: »Wie weit ich heruntergekommen bin, ersehen Sie daraus, daß ich schon einige Male daran gedacht habe, mir das Leben zu nehmen, aber nicht etwa aus Gründen der Verzweiflung über meine Schlechtigkeit, sondern aus ganz äußerlichen Gründen.«

Wie Popper wollte Wittgenstein allein sein. Er hatte die Gewohnheit, sich in kalte und verlassene Gegenden von Europa zurückzuziehen, an die Westküste Irlands, nach Island oder Norwegen, wo er sich 1913 ein Blockhaus baute. »Er schwört, daß er nur im Exil sein Bestes geben kann ... Die große Schwierigkeit bei seiner Art der Arbeit ist, daß sie, solange er nicht absolut alle Fundamente der Logik niedergelegt hat, für die Welt kaum von Wert sein wird ... Also wird er in etwa zehn Tagen nach Norwegen aufbrechen«, vertraute Pinsent seinem Tagebuch an.

In der Isolation vollbrachte Wittgenstein einige seiner besten Leistungen. Doch gleichgültig wo er war, konnte er den Strom seiner Gedanken nicht abstellen. Philosophie sei zu ihm gekommen und nicht er zur Philosophie, hieß es. Zu entspannen fiel ihm überaus schwer. Es gelang ihm, wenn er ins Kino ging und sich dort Musicals und Westernfilme anschaute, wobei er so nahe wie möglich an der Leinwand saß, und wenn er hartgesottene amerikanische Kriminalgeschichten las. Krimis waren bei weitem nicht die einzige Sparte Literatur, die Wittgenstein gefiel. Er las regelmäßig Sterne, Dickens, Tolstoi, Dostojewski und Keller. Er bewunderte Agatha Christie und P. G. Wodehouse, dessen Geschichte *Honeysuckle Cottage* seiner Meinung nach außerordentlich komisch war. In seinen Bücherregalen standen Augustins *Bekenntnisse* und einiges von William James. Er konnte über

Kierkegaard und Cardinal Newman diskutieren, war mit Molière, Eliot und Rilke vertraut und empfahl *The Chemical History of a Candle* von Faraday als hervorragendes Beispiel für Populärwissenschaft. Engelmann sagt dazu: »Es war ihm wirklich ein besonderes Vergnügen, Detektivgeschichten (nicht jede!) zu lesen, und es erschien ihm als Zeitvergeudung, mittelmäßige philosophische Betrachtungen zu lesen.«

Die intellektuelle Anspruchslosigkeit der Filme und Kriminalgeschichten muß genau das gewesen sein, woran Wittgenstein Geschmack fand. Die Vorstellung, daß dieser gestrenge und höchste Ansprüche stellende Intellektuelle sich in die Abenteuer von Max Latin vertiefen konnte, einem Privatdetektiv in Los Angeles, Typ knallharter Rächer, der gegen das Böse kämpft, hat etwas Anrührendes. Latin war die Schöpfung von Norbert Davis, einem erfolgreichen, aber eher zweitklassigen Schriftsteller aus der Hammett/Chandler-Schule harter und trockener Kriminalromane und einer von Wittgensteins Lieblingsautoren. Latin empfindet durchaus moralische Sensibilität, die er bei seinen Kontakten mit Klienten und der Polizei von der Telefonzelle eines stickigen, überfüllten Restaurants aus, die ihm als Büro dient, unter einer dicken Schicht von Zynismus zu verbergen sucht. (In Wirklichkeit ist er der Besitzer des Restaurants.) Latin fürchtet sich nötigenfalls nicht davor – und es ist oft nötig –, Gewalt einzusetzen.

»Mit einem eleganten Schritt trat er auf sie zu und schlug. Seine Faust schnellte nur 15 cm vor und landete mit einem heftigen Schlag genau unterhalb des Kiefergelenks unter ihrem Ohr. Teresa Mayan wirbelte herum mit dem Geräusch anmutig raschelnder Seide, fiel über den Diwan und rollte auf den Boden. Sie lag bewegungslos mit dem Gesicht nach unten. Latin ging sofort in die Hocke, wie ein Footballspieler, der zum Angriff bereit ist.«

Der Stil ist auf ein Minimum reduziert, wie die äußerst funktionale Architektur des Hauses in der Kundmanngasse, das seine Schwester Margarete bauen ließ und an dessen Bau sich Wittgenstein beteiligte. Vielleicht war es auch diese Spärlichkeit, die ihn an Norbert Davis und den Kriminalromanen reizte.

Will man verstehen, was Wittgenstein umtrieb, muß man sich seine Leidenschaft für Exaktheit in allen Dingen vor Augen führen: Etwas war entweder exakt oder nicht, und letzteres war sprichwörtlich nicht auszuhalten. Leavis beschreibt schmunzelnd, wie Wittgenstein – durchaus ohne aufgefordert zu werden – Leavis' Grammophonplatten durchsuchte und schließlich Schuberts große Symphonie in C-Dur auflegte.

»Nach den ersten Tönen hob er den Tonabnehmer hoch, regulierte die Geschwindigkeit und setzte die Nadel wieder auf die Schallplatte. Dies wiederholte er mehrmals, bis er zufrieden war. Charakteristisch war nicht nur die Selbstsicherheit, mit der er die Zappeligkeit übersah, mit der meine Frau und ich dem Geschehen beiwohnten, sondern die Delikatesse und Präzision, mit der er das Manöver vollzog. Er war wirklich hochgebildet, und zu dieser unübersehbaren Bildung gehörte auch seine Musikalität. Da er absolutes Gehör besaß, war er gleich nach den ersten Takten zu seinem Urteil gelangt und hatte entsprechend gehandelt.«

Es kam ihm nicht in den Sinn, seine Gastgeber erst zu fragen. Es galt, die richtige Tonhöhe zu finden.

Daß es hier nicht nur um die Ansprüche des absoluten Gehörs, sondern um den Ausdruck von etwas ging, das tiefere Wurzeln hatte, wird durch die Erinnerungen seiner Schwester Hermine über Ludwigs Anteil an der Erbauung des auftrumpfend modernistischen Hauses in der Kundmanngasse deutlich. Der Architekt des Projektes war Ludwigs Freund Paul Engelmann, ein Schüler von Adolf Loos. Inwieweit genau Wittgenstein auf die Architektur einwirkte, ist umstritten. Seine Einflußnahme auf die Einzelheiten steht jedoch außer Frage: Tür- und Fensterrahmen, Fensterriegel, rechtwinklige Heizkörper, die so symmetrisch waren, daß man sie als Sockel für Kunstwerke benutzen konnte, bis hin zur Höhe der Decken. Auch das Ergebnis steht außer Frage: ein Triumph der Gesamtkonstruktion mit strengen Linien und ausgewogen, stets leicht und anmutig, die Essenz der Harmonie. An diesen Punkt zu gelangen muß für die Techniker, Handwerker und Bauarbeiter ein Alptraum gewesen sein. »Ich glaube noch den Schlosser zu hören, der ihn anläßlich eines Schlüssellochs fragte: ›Sagen Sie, Herr Ingenieur, kommt es Ihnen denn da wirklich auf Millimeter an?‹, und noch ehe er ganz ausgesprochen hatte, fiel ein lautes energisches ›Ja‹, so daß der Mann beinahe erschrak.«

Glücklicherweise war Geld kein Problem. Um die Präzision zu erzielen, die das Geheimnis ihrer Schönheit ist, mußten die Heizkörper und ihre Stützfüße im Ausland gegossen werden. Die österreichischen Gießereien konnten angeblich derartige Qualität nicht liefern. Probleme bei den Abmessungen der Tür- und Fensterrahmen lösten bei dem ausführenden Ingenieur einen Weinkrampf aus. Und als beinahe schon mit dem Reinigen begonnen werden sollte, »ließ [Wittgenstein] den Plafond eines saalartigen Raumes um 3 cm heben ...; sein Gefühl war absolut richtig, und diesem Gefühl mußte gefolgt werden«.

Der Herr Ingenieur erfand auch den Anstrich für die Wände, die im Zusammenspiel mit ihrer gebrochenen weißen Farbe eine warme und glänzende Oberflächenstruktur erhalten sollten. Die Türen und die Fensterrahmen wurden in einem Grün angestrichen, das so dunkel war, daß es beinahe wie Schwarz aussah, die Böden waren aus schwarzgrünem Marmor. Im Zwischenraum der meisten Doppelfenster befanden sich Jalousien. In den oberen Haupträumen hingen jedoch von der Decke bis zum Boden herab lange, durchscheinende weiße Vorhänge, so daß man Fensterrahmen und Riegel sehen konnte. Die Möbel kamen aus Margaretes hervorragender Sammlung antiker französischer Stücke. In *Kultur und Werte* schreibt Wittgenstein rückblickend: »Mein Haus für Gretel ist das Produkt entschiedener Feinhörigkeit, guter Manieren, der Ausdruck eines großen Verständnisses (für eine Kultur etc.) ...«

Aus demselben Grund änderte Wittgenstein die Proportion seiner Fenster in Whewell's Court unter Zuhilfenahme von Streifen schwarzer Pappe. Als weiteres Beispiel seines Bedürfnisses nach Genauigkeit wäre seine Tätigkeit in der Apotheke im Guy's Hospital während des Zweiten Weltkriegs zu nennen, wo er Arzneimittel zusammenstellte. Er mußte für die dermatologische Abteilung Lassar-Zinnpaste bereiten. Die Schwestern auf der Station ließen wissen, noch niemand habe diese Paste in solcher Qualität hergestellt.

Auch bei zufälligen Aufgaben legte Wittgenstein eine große Genauigkeit an den Tag. John Stonborough beobachtete, als er bei einer Busfahrt hinter seinem Onkel saß, wie dieser einem alten Mann half, einen Rucksack aufzusetzen, und staunte darüber, wie Wittgenstein darauf bestand, daß jeder Riemen genau an der richtigen Stelle saß.

Seine Schwester, die für ihren »kleinen Luki« wie eine Mutter gewesen war, sah ihn als jemanden mit einem »großen philosophischen Verstand, der so in die Tiefe der Dinge dringt, daß er in gleicher Weise das Wesen eines Musikstückes, einer Skulptur, eines Buches, eines Menschen, ja – so sonderbar das klingt – gegebenenfalls eines Damenkleides erfassen kann ...«. Als Mrs. Bevan zu einem Empfang für König George VI. und Königin Elizabeth im Trinity College eingeladen war, verzog Wittgenstein das Gesicht, als er ihren Mantel sah, holte eine Schere und schnitt zwei Knöpfe ab. Danach, sagt sie, habe der Mantel wesentlich eleganter ausgesehen. Hermine bemerkte, daß er in einer Umgebung, die ihm nicht zusagte, fast krankhaft leide.

Diese Idiosynkrasien hätten von Freunden und Kollegen, Studenten und Gastdozenten, Maurern und Handwerkern lediglich als störend oder ärgerlich empfunden werden können, als ein Preis, den sie für

die Begegnung mit einem derart tiefgründigen Denker zahlen mußten. Sie hätten sie alle abtun können als kindischen Ausdruck von
Egoismus und mangelnden sozialen Umgangsformen. Wittgenstein
hatte Sinn für Humor und einen Hang zu Spielereien, was durchaus
etwas Kindliches an sich haben konnte.[1]

Zu dem, was Iris Murdoch als Zielgerichtetheit und Fehlen allgemein menschlicher Begleiterscheinungen, als leidenschaftliche Exaktheit und kindliche Verspieltheit beschreibt, kommt noch etwas
hinzu. Bei den zahlreichen Erinnerungen an Wittgenstein wird immer wieder seine Fähigkeit erwähnt, Freund und Feind in Angst zu
versetzen. Von Wright glaubte, »daß die meisten von denen, die ihn
liebten und mit ihm befreundet waren, zugleich Angst hatten vor
ihm«. Sogar Joan Bevan, die ihn bei sich zu Hause pflegte, als er an
Prostatakrebs zugrunde ging, hatte immer Angst vor ihm. Dahinter
verbarg sich keine gewöhnliche Angst vor beispielsweise einer heftigen Auseinandersetzung. Es war die Angst vor Gewalt.

Norman Malcolm erinnert sich an einen Vorfall wegen eines Vortrags, den G. E. Moore 1939 vor dem Moral Science Club hielt. In diesem Vortrag versuchte Moore nachzuweisen, daß ein Mensch wissen
kann, daß er ein Gefühl wie Schmerz empfindet, was Wittgenstein
heftigst abstritt, nicht weil er es für unmöglich, sondern weil er es für
bedeutungslos hielt. Wittgenstein war bei dem Treffen des MSC nicht
zugegen. Als er aber von dem Vortrag hörte, »ging er durch wie ein
Pferd«, wie Malcolm beschreibt. Er suchte Moore in dessen Haus auf.
In der Gegenwart von Malcolm, von v. Wright und anderen trug
Moore den Vortrag erneut vor:

»... Wittgenstein griff ihn sofort an. Er war aufgeregter, als ich ihn je in einer
Diskussion erlebt hatte. Er war voller Feuer, sprach rasch und zündend. [...]
Wittgensteins glänzende Fähigkeit und Energie war eindrucksvoll und gera-
dezu erschreckend.«

Auch Malcolm entkam dieser Eindringlichkeit nicht, als Wittgenstein
ihn 1949 in Cornell besuchte. O. K. Bouwsma war dort und begegnete Wittgenstein zum erstenmal. Er hielt ihn für einen »attraktiven
Mann von angenehmem und freundlichem Wesen«. Zwei Tage später

---

[1] Die Pointe eines seiner Lieblingswitze ist leider nicht übersetzbar: Ein
Jungvogel verläßt das Nest, um seine Flügel auszuprobieren. Als er wie-
derkommt, stellt er fest, daß eine Orange seinen Platz im Nest eingenommen hat. »Was machst du da?« fragt der Jungvogel. Die Orange antwortet.
»Ma-me-laid.«

sah er jedoch in einer Diskussion eine andere Seite: »Er ist von einer Intensität und Ungeduld, die ausreichen, um einem Furcht einzujagen, und als Norman einmal ins Stottern geriet und weitersprach ... wurde er fast gewalttätig.«

Manchmal ging diese starke Reaktion über eine Demonstration intellektueller Heftigkeit hinaus und beinhaltete das heftige Fuchteln mit einem Stock – oder einem Schürhaken. Als er sich 1937 wieder einmal nach Norwegen zurückgezogen hatte, wunderte sich Wittgenstein über die Abkühlung seiner bis dahin herzlichen Beziehungen zu Anna Rebni, einer Nachbarin. Diese, wie Ray Monk sagt, »zähe alte norwegische Bäuerin« zeigte sich ihm gegenüber kühl und distanziert. Wittgenstein fragte sie schließlich nach dem Grund und schreibt, daß er auf ihre Antwort niemals gekommen wäre. Er habe sie mit seinem Stock bedroht. Doch wie er im folgenden erläutert, hatte er die »Gewohnheit, wenn ich jemand sehr gern habe und auf gutem Fuß mit ihm stehe, im Spaß, gleichsam wie wenn man jemand auf den Rücken klopft, mit der Faust oder dem Stock zu drohen. Es ist eine Art Liebkosung.«

Wie Wittgensteins Volksschüler hätten bezeugen können, sparte er nicht mit Kopfstübern oder Ohrenziehen, manchmal bis sie bluteten. In seinen »Bekenntnissen« aus den 1930er Jahren erwähnt er, daß er einem Schüler auf den Kopf geschlagen habe. Doch kommen wir wieder auf H 3 zurück. Ein Augenzeuge für Wittgensteins Herumspielen mit Schürhaken war Noel Annan, der später Provost (Vorsteher) des King's College und Mitglied des britischen Oberhauses wurde. Annan war zwar Historiker, doch nahm er vermutlich in jenem Zeitraum an einer Veranstaltung des MSC teil, da er den Gastredner J. L. Austin, Sprachphilosoph aus Oxford, während des Krieges im Hauptquartier von General Eisenhower kennengelernt hatte:

»Irgendwann sagte Richard Braithwaite etwas, und ich beobachtete, daß Wittgenstein in den Kamin langte, einen Schürhaken ergriff und ihn fest umklammerte. Er sagte: ›Braithwaite, Sie haben nicht recht.‹ Und alle waren wie elektrisiert. Er bedrohte Braithwaite nicht, aber ich erinnere mich an den Vorfall wegen des anderen Ereignisses, für das Wittgenstein berühmt war ... In jenen Tagen, wo es noch Kohlefeuer gab, war immer ein Schürhaken zur Hand. Es war also etwas völlig Natürliches, nach etwas zu greifen, womit man seinen Zorn ausdrücken konnte.«

Vielleicht war dies für Wittgenstein etwas Natürliches. Friedrich von Hayek sah Wittgenstein bei einer Veranstaltung des MSC, zu der ihn Braithwaite Anfang der 1940er Jahre mitgenommen hatte, mit dem

Schürhaken in H 3 in Aktion. »Plötzlich sprang Wittgenstein auf, mit dem Schürhaken in der Hand, auf das höchste erzürnt, und dann demonstrierte er mit dem Ding, wie einfach und augenfällig ›Materie‹ wirklich war. Es war ziemlich erschreckend, diesen schreienden Mann mitten im Raum einen Schürhaken schwingen zu sehen, und man verspürte den Drang, sich in einer Ecke in Sicherheit zu bringen. Ehrlich gesagt hatte ich damals den Eindruck, daß er verrückt geworden war.«

Ein weiteres Zeugnis seines Gewaltvermögens kommt aus Wittgensteins eigener Feder: »Wenn ich über etwas wütend bin, so schlage ich manchmal mit meinem Stock auf die Erde oder an einen Baum etc., aber ich glaube doch nicht, daß die Erde schuld ist oder das Schlagen etwas helfen kann. ›Ich lasse meinen Zorn aus.‹ Und dieser Art sind alle Riten. ... Wichtig ist die Ähnlichkeit des Aktes mit einem Akt der Züchtigung, aber mehr als diese Ähnlichkeit ist nicht zu konstatieren.«

Für Wittgenstein liegt hier nur die Ähnlichkeit mit einem Akt der Bestrafung vor. Doch wie wirkt dieses auf den, gegen den sich sein Zorn richtet? In *Ausgangspunkte* tendiert Popper dazu, das Schwingen des Schürhakens mit einem Lachen abzutun. Die Augenzeugen wollen verständlicherweise den großen Philosophen ungern einer Gewalthandlung bezichtigen. Doch es ist eine Tatsache, daß Popper, als er jenes Beispiel für moralische Regeln gab, das Wort »bedrohen« benutzt hat. »Man soll einen Gastredner nicht mit einem Schürhaken bedrohen.« Der Teilsatz »nicht ... bedrohen *(not to threaten)*« ist das eine Detail, das alle Zeugen, die den Ausspruch hörten, bestätigen. Und sowohl die Entscheidung für dieses Beispiel als auch sein achtloser Gebrauch des Wortes, auch wenn es als Scherz gemeint war, sind entscheidende Hinweise darauf, was Popper in jenem Augenblick empfand und wie persönlich dieser Zusammenstoß war. Der Schürhaken war real genug. Die Bedrohung für Popper offenbar auch.

Ein Heizkörper als Kunstwerk; entworfen von Ludwig für Margaretes Haus in der Kundmanngasse. Keine österreichische Firma konnte ihn gießen. Der Möbeltischler. Mit diesem Hängeschrank als Gesellenstück beendete Popper erfolgreich seine Lehrzeit.

FIEBERKURVEN DES ERFOLGS

Er hat den Stolz Luzifers.

BERTRAND RUSSELL ÜBER LUDWIG WITTGENSTEIN

Erfolg im Leben ist zum großen Teil Glücks-
sache und steht kaum in Entsprechung zum
Verdienst. Es hat in allen Lebensbereichen vie-
le sehr verdienstvolle Menschen gegeben, die
keinen Erfolg hatten.

KARL POPPER

An wen mag Popper gedacht haben, als er in den 1970er Jahren diese Zeilen niederschrieb?

Wenn es einen entscheidenden Unterschied im Leben Wittgensteins und Poppers gab, dann war es der Verlauf ihrer Karrieren, was
wiederum einen Schlüssel zu ihrem Streit in H 3 und zu der Frage
liefert, ob Popper diesen falsch wiedergegeben hat. Während Wittgenstein trotz der persönlichen Schrullen, die ihn zu einem so
schwierigen Kollegen machten, stets Mittel zu seiner Unterstützung
in Cambridge fand, blieb Popper viele Jahre ein Außenseiter der akademischen Welt. Sein Pech war, daß er während der schöpferischsten
Phase seines Lebens im Schatten Wittgensteins stand.

Das Verhältnis Wittgensteins zum Universitäts-Establishment
könnte man mit Fug und Recht als Haßliebe bezeichnen: Cambridge
stand in seinem Bann, er konnte die alte Universität kaum ausstehen,
und trotzdem kehrte er, mit Unterbrechungen, bis zu seinem Tod
1951 immer wieder zurück.

Praktisch von der Stunde an, da er 1911 unangemeldet im Trinity
College bei Bertrand Russell vor der Tür stand, erkannte man seine
außergewöhnliche Begabung, und er wurde zum Liebling der Cambridger Gesellschaft und ihrer Intellektuellen. 1912 lud man ihn –
ungeachtet der Proteste Russells – ein, Mitglied des Clubs der *Apostles* zu werden, von dem die frühe Sozialistin Beatrice Webb sagte, er
sei für jene bestimmt, »die sich davon ausgezeichnete Beziehungen
zum inneren Kreis der Elite versprechen«. Russell ahnte sogleich
Wittgensteins Mißfallen. Damals dominierte bei den »Aposteln« die

homoerotische Bloomsbury-Gruppe: John Maynard Keynes, Lytton Strachey, Rupert Brooke. Russell wurde vorgeworfen, das gutaussehende österreichische Genie ganz für sich allein haben zu wollen. Doch Wittgenstein fühlte sich, wie Russell vorausgesagt hatte, abgestoßen von dem preziösen und selbstgefälligen Ton, den die »Apostel« bei ihren Zusammenkünften pflegten, und trat wieder aus. Wie begehrt er aber war, beweist der Umstand, daß die verschmähten »Apostel« Wittgenstein ungewöhnlicherweise ein zweites Mal zu einem der ihren wählten, als Wittgenstein 1929 aus Wien nach Cambridge zurückkehrte. Das Festessen zu seinen Ehren gab Keynes – auch Anthony Blunt war unter den Gästen.

Inwieweit die Homosexualität beziehungsweise die sexuelle Ambiguität Wittgensteins das ungewöhnlich generöse Verhalten der »Apostel« ihm gegenüber beeinflußt hat, darüber kann man nur spekulieren. Auch über das Maß seiner homosexuellen Aktivitäten wird weiterhin heftig spekuliert und debattiert. Unzweifelhaft hegte er einer Reihe junger Männer gegenüber intensive Gefühle. Sie waren tendenziell – etwa wie David Pinsent und Francis Skinner – im akademischen Sinne brillant, unreif und körperbehindert. Ebenso unzweifelhaft ist, daß diese Gefühle und Fragen nach der Bedeutung von Liebe ihn quälten. Die Ziele seiner Obsessionen – wie beispielsweise der Arbeiter Roy Foureacre, den er im *Guy's Hospital* traf – schienen manchmal überhaupt nicht wahrzunehmen, daß Wittgenstein sich intensiv mit ihnen befaßte. William W. Bartley III. wurde von Anhängern Wittgensteins beschimpft, als er in seiner Biographie andeutete, Wittgenstein sei in den Wäldern um Wien den Knaben nachgestiegen. Da jedoch weder Wittgensteins noch Poppers sexuelle Präferenzen von Bedeutung für diese Untersuchung sind, braucht diese Angelegenheit nicht weiter verfolgt zu werden.

Ebenfalls 1929, nach der Rückkehr nach England, legte Wittgenstein den schmalen, nur 20000 Worte zählenden *Tractatus logico-philosophicus* als Dissertation im Fach Philosophie vor. Einer seiner Prüfer, G. E. Moore, soll auf das Formular, mit dem die Arbeit eingereicht wurde, geschrieben haben: »Meiner persönlichen Meinung nach ist Mr. Wittgensteins Arbeit das Werk eines Genies; auf jeden Fall entspricht sie zweifellos dem in Cambridge für den Grad eines Doktors der Philosophie erforderlichen Standard.« Als G. E. Moore zehn Jahre später in den Ruhestand trat, empfanden es auch Professoren, die Wittgensteins Ansatz ablehnten, als ein Ding der Unmöglichkeit, ihn nicht auf den vakanten Lehrstuhl zu berufen.

Dieser Ruhm wuchs ihm zu, obwohl er nie ein anderes philosophisches Werk von Belang außer dem *Tractatus* veröffentlichte. Zu Lebzeiten brachte Wittgenstein nur noch zwei andere Texte heraus, sein vielbenutztes *Wörterbuch für Volksschulen* und das Skriptum eines Vortrags, den er bei einer gemeinsamen Sitzung der philosophischen Zeitschrift *Mind* und der Aristotelian Society halten wollte. (Der Vortrag galt dann zur allgemeinen Überraschung einem ganz anderen Thema.) Die vielen Bände, die heute die Regale in Buchhandlungen und Bibliotheken zieren und Wittgensteins Namen tragen, wurden ausnahmslos erst nach seinem Tode aus seinen Aufzeichnungen zusammengestellt. Michael Dummett äußert sich in dem Buch *Frege: the Philosophy of Mathematics* abfällig über die moderne Gepflogenheit, die akademische *Performance* eines Wissenschaftlers an der Zahl der jährlich von ihm veröffentlichten Wörter zu messen: »Ein derartiges System hätte Wittgenstein eindeutig nicht überlebt.«

Doch trotz dieser Meriten und obwohl seine geistigen Gefährten niemals an seiner Brillanz, Originalität und Tiefe zweifelten, war Wittgenstein bis zu seinem Tod außerhalb der Philosophie weithin unbekannt. Die britische Krone verlieh ihm keine Auszeichnung und keinen Titel, er wurde nicht hinzugebeten, wenn internationale Würdenträger beisammen waren, er hielt keine Grundsatzreden, und es gab keine Feierlichkeiten oder Versammlungen zu seinen Ehren. Es ist auch unwahrscheinlich, daß er sich dergleichen hätte gefallen lassen.

Sollen wir dies mit Poppers Situation vergleichen? Sir Karl schrieb und publizierte mit Bienenfleiß, und die Nachrufe britischer Zeitungen auf ihn glichen Ergebenheitsadressen. Noch bemerkenswerter war jedoch, daß die Nachricht von Poppers Tod in anderen Teilen Europas mit noch größerer Aufmerksamkeit aufgenommen wurde – eine führende Schweizer Zeitung widmete seinem Leben und Werk nicht weniger als fünf Seiten. Popper wurde denn auch zu Lebzeiten im Ausland höher geehrt als in seiner britischen Heimat und erhielt in ganz Europa, in den USA und in Japan Preise und Auszeichnungen. Als er starb, schmückten seinen Namen ein Dutzend Ehrendoktorate.

Wittgenstein hat Philosophen und Künstler beeinflußt, Popper die praktische Welt der Wirtschaft, Politik und Naturwissenschaft. Medizinnobelpreisträger Peter Medawar sagte: »Meiner Meinung nach ist Popper der größte Wissenschaftstheoretiker, der je gelebt hat.« Der

aus Ungarn stammende Milliardär und Financier George Soros, einst
ein Schüler Poppers, war von seinem Lehrer so erfüllt, daß er seine
Open Society Foundation ihm zu Ehren so nannte. Helmut Schmidt
schrieb im Vorwort zu einer Popper-Festschrift: »Wie kein anderer
vor ihm hat er in seiner Kritik an Platon, Hegel und Marx, die aufgrund strenger und angeblich unumstößlicher Prämissen den Gang
der politischen Entwicklung zu bestimmen suchten, mit glänzendem
Scharfsinn die Mängel des utopischen Staats aufgezeigt.« Ein großer
Held war Popper auch für Schmidts Nachfolger Helmut Kohl. Richard
von Weizsäcker machte während eines Staatsbesuchs in Großbritannien einen Abstecher nach Kenley, um Popper zu besuchen. Der
tschechische Präsident, Dramatiker und frühere Dissident Václav Ha-
vel lud Popper in seinen Amtssitz, den Prager Hradschin, ein. Der Da-
lai Lama besuchte ihn, der Kaiser von Japan empfing ihn in seinem
Palast. Bruno Kreisky übermittelte ihm »herzlichste Glückwünsche«
zum 80. Geburtstag. Wie es heißt, soll man noch den Neunzigjähri-
gen als Nachfolger des international geächteten österreichischen
Bundespräsidenten Kurt Waldheim ins Gespräch gebracht haben.
Falls es stimmt, so hat er natürlich darüber nur gelacht.

Auch in Großbritannien wurde Popper in seinem späteren Leben
mit Huldigungen und Ehren überhäuft – unter anderem wurde er ge-
adelt und zum *Companion of Honour* ernannt. Man sagt, er sei der
Lieblingsphilosoph Margaret Thatchers gewesen; sie selbst bezeichnete ihn und von Hayek als ihre Gurus.

Und doch war es eine solch schwere, mühselige Reise für Popper
gewesen. Während er seinen Weg als Philosoph zu machen versuchte, Tagungen besuchte und Vorträge hielt, gingen er und seine
Frau weiter ihrem Lehrerberuf an Wiener Schulen nach. Als Popper
1937 Österreich den Rücken kehrte, unterstützt von Friedrich von
Hayek, der damals an der London School of Economics unterrichtete (und kurioserweise Wittgensteins Vetter zweiten Grades mütterlicherseits war), um in Neuseeland, das nicht eben als das pochende
Herz der internationalen Philosophie bekannt war, seine erste Voll-
zeitstelle als wissenschaftlicher Dozent anzutreten, war er bereits 35
Jahre alt.

Nachdem 1936 die bedrohlichen politischen Vorzeichen nicht länger zu übersehen waren, hatte Popper den britischen Academic Assistance Council gebeten, ihm beim Verlassen Österreichs behilflich zu
sein, und führte zur Begründung den Antisemitismus seiner Schüler
und Kollegen an.

Die nächste Phase zog sich lange hin. Der AAC schickte Popper ein umfangreiches Formular, auf dem er unter anderem seine Einkünfte anzugeben hatte (umgerechnet zwei Pfund Sterling pro Woche) und ankreuzen mußte, ob er zur Übersiedlung in ein tropisches Land des Britischen Empire bereit sei (»Ja, wenn das Klima erträglich ist«). Gegenüber A. E. Duncan Jones, einem ihm wohlgesinnten britischen Gelehrten, der im Vorstand des AAC saß, mußte er glaubhaft machen, daß er zwar noch nicht gezwungen war, den Lehrerberuf aufzugeben, daß aber er und andere Personen jüdischer Abstammung nunmehr wirklich gefährdet waren. In einem internen Schriftwechsel regte Duncan Jones sogar an, man solle Popper ermutigen, eine »politische Unvorsichtigkeit« zu begehen, um seine Entlassung zu forcieren und eine finanzielle Unterstützung durch den AAC zu erleichtern und zu beschleunigen.

Referenzen wurden verlangt, und angesichts der Kluft, die nach Poppers Darstellung zwischen ihm und dem Wiener Kreis bestand, ist es immerhin bemerkenswert, daß er, einmal zur Flucht aus Wien entschlossen, ausgerechnet Mitglieder des Kreises wie Carnap, Kaufmann und Kraft um solche Empfehlungen bat.

Bezeichnend ist wohl auch, daß er – gerade 34 Jahre alt und ein Buch (auf deutsch) auf der Veröffentlichungsliste – dem AAC eine Liste von Referenzen mit ausgesprochener Superstar-Qualität vorlegte. Eine glänzendere Auflistung kann man sich kaum vorstellen: Da finden sich in Poppers Handschrift Albert Einstein und Niels Bohr neben Bertrand Russell, G. E. Moore und Rudolf Carnap (die Popper zum Teil Mitte der 1930er Jahre auf Tagungen und bei Vorträgen beeindruckt hatte). Trotzdem bedurfte es noch einiger Überredungskünste, um Duncan Jones davon zu überzeugen, daß Popper einer Förderung würdig war. Verschiedene Leute, die er namens des AAC befragt habe – schrieb Duncan Jones –, hätten ihn darüber informiert, Popper zähle nicht zur ersten Garnitur der Wiener Philosophen. Doch schließlich war Popper damals auch erst Hauptschullehrer.

Eine andere Referenz hätte Popper wohl noch mehr geschmerzt. Der Biologe Joseph Needham aus Cambridge empfahl in einem Brief an den AAC den Wiener Lehrer und gab gleichzeitig zu verstehen, daß dieser die Mittel des AAC vermutlich nicht überstrapazieren werde:

»Alles in allem besteht kein Zweifel, daß Popper, wenn er die Chance zur Weiterentwicklung und Publikation seiner Arbeit erhält, mit Sicherheit anderswo eine Stellung finden wird, da er von demselben Schlag wie Dr. Wittgenstein ist, der früher hier eine Zeitlang Fellow des hiesigen Trinity College war. Der AAC kann daher versichert sein, daß seine Unterstützung nur für begrenzte Zeit benötigt werden wird.«

Irgendwann waren alle Steinchen an ihrem Platz, wenngleich der ganze Vorgang Popper gefährlich langsam vorgekommen sein muß. Nachdem die Unterstützung durch den AAC gesichert war, bot man ihm eine befristete Dozentur in Cambridge an. Das offizielle Angebot dieser »akademischen Gastfreundschaft« scheint erst einmal bei der Post verlorengegangen zu sein, und ein nervös gewordener Popper erbat sich von G. E. Moore eine zweite Einladung.

Bevor diese ihn erreichte, hatte Popper jedoch eine Zusage auf seine – vom 25. Oktober 1936 datierende – Bewerbung um eine Professur am Canterbury University College, Christchurch, in Neuseeland erhalten. Wieder schrieb er dem AAC, diesmal auf deutsch. Er sei sehr glücklich, auch wenn Neuseeland wohl sehr weit weg sei: »Es ist zwar noch nicht der Mond, aber nach dem Mond wohl der weiteste Platz auf der Welt!«

Immerhin nicht so weit, daß Wittgenstein aus dem geistigen Gesichtsfeld Poppers entschwunden wäre – das Register seines in Neuseeland geschriebenen Buches *Die offene Gesellschaft und ihre Feinde* enthält fünfzehn Verweise auf Wittgenstein. Alle sind feindselig, und im Anmerkungsteil gibt es ganze Seiten mit Kritik am *Tractatus*. In H 3 sollte Popper die erste und einzige Gelegenheit erhalten, diese Kritik Wittgenstein ins Gesicht zu sagen.

Für Poppers Reputation in der englischsprachigen Welt war es zweifellos nachteilig, daß sein erstes bahnbrechendes Werk, *Logik der Forschung*, auf deutsch schon 1934 erschienen, auf englisch erst ein Vierteljahrhundert später herauskam. Und was *Die offene Gesellschaft* betraf, so mußte Popper lange kämpfen, bevor er einen Verleger für das später so berühmte Buch fand. Auch bei Wittgensteins *Tractatus* gab es Geburtswehen, aber nicht, weil an seiner Qualität, sondern vor allem, weil an seiner Verkäuflichkeit gezweifelt wurde. Popper dagegen mußte darum ringen, potentielle Verleger von der bahnbrechenden Neuheit seines Unternehmens zu überzeugen. Ohne die Bemühungen seines engen Freundes und Unterstützers Ernst Gombrich, der sich in London unermüdlich für ihn einsetzte, während Popper selbst in Neuseeland schier verzweifelte, wäre das Buch vielleicht niemals erschienen.

1945 wurde Karl Popper – auf Vermittlung Friedrich von Hayeks – eine Dozentur an der London School of Economics (LSE) angeboten. Hier hatte er dann ab 1949 dreiundzwanzig Jahre lang den Lehrstuhl für Logik und Wissenschaftliche Methodenlehre inne. Als Popper in London ankam, war er vielgerühmt und gar etwas in Mode: *Die offene Gesellschaft* war eben erschienen, und er wurde mit Einladungen zu Vorträgen eingedeckt. Rückblickend scheint dies der Höhepunkt eines beruflichen Lebens gewesen zu sein, das noch über vier Jahrzehnte währen sollte, denn bald zog er sich mehr und mehr von Konferenzen und anderen Zusammenkünften zurück und zog es vor, in der Isolation seines Hauses zu arbeiten. So wurde Popper »der große Mann, der er einmal war«. Die Arbeit ging weiter und griff in neue Bereiche aus, aber die heroische Periode, in der er elementare Fragen in Angriff genommen hatte, lag hinter ihm.

Poppers Verhältnis zum philosophischen Establishment in seiner Wahlheimat war immer kühl; schon früh mag er am britischen Publikum verzweifelt sein, das seine Originalität nicht anerkennen konnte oder wollte. Bei einem Englandbesuch im Jahre 1936 war Popper als Gast Alfred Ayers bei einer Zusammenkunft der Aristotelian Society anwesend, als Russell Vortragender war. Popper schaltete sich ein, doch die Anwesenden faßten seine Bemerkungen als Scherz auf und quittierten sie mit Gelächter und Beifall. Vierzig Jahre später schrieb er: »Ich frage mich, ob auch nur einer unter ihnen ahnte, daß ich diese Ansichten nicht nur ernsthaft vertrat, sondern daß sie zu gegebener Zeit weithin als Allgemeingut gelten würden.« Auf dieser Reise unternahm er auch seinen ersten Beutezug nach Cambridge und zum Moral Science Club, wo sein Vortrag sich mit Induktion befaßte. Eine Begegnung mit Wittgenstein kam nicht zustande, denn sein Landsmann lag zu Bett und kurierte eine »verdammte Erkältung« aus, wie er später in einem Brief an G. E. Moore schrieb. Für Popper, schon damals innerlich von Wittgenstein in Beschlag genommen, war dessen Abwesenheit eine Gnade: Zehn Jahre später würde *er* das schwerere Kaliber sein.

Die London School of Economics war und ist völlig zu Recht als eine der führenden Bildungs- und Forschungseinrichtungen Großbritanniens anerkannt. Auf einen dortigen Lehrstuhl berufen zu werden ist Ausdruck höchster wissenschaftlicher Reputation. Aber niemals kam jener wirklich glorienscheinverleihende Ruf nach Oxford oder nach Cambridge, auf den Popper glaubte Anspruch zu haben, und so sah er sich zur Rolle des ewigen Außenseiters verurteilt, dem man die uneingeschränkte Anerkennung seiner Begabung versagte. John Watkins allerdings bezweifelt, daß es Popper je wirklich nach einem Lehrstuhl in *Oxbridge* gelüstet habe. Ihm wurden zwar Ehrenpromotionen von Oxford und von Cambridge verliehen, aber das ist schwerlich dasselbe. Stephen Toulmin lehnte Poppers Angebot ab, an der LSE zu unterrichten, weil damals eben nur Oxford oder Cambridge in Betracht kamen. Popper verstand das ohne Zweifel sehr gut.

Aber letztlich war es Poppers Grundüberzeugung, die ihn vom philosophischen Establishment Großbritanniens trennte. Die Untersuchung von Problemen war lohnend, die Untersuchung von Rätseln trivial. Bryan Magee, der wie kaum ein anderer das Verständnis für die Bedeutung Poppers gefördert hat, sieht hierin den Grund dafür, daß Popper marginalisiert blieb: »Weil er dies glaubte und praktizierte – immer abseits der Hauptströmungen des zeitgenössischen Denkens –, war er niemals in Mode. Und weil er einen großen Teil seiner Zeit darauf verwendete, die Ideen von Leuten, mit denen er nicht einig war, in der Luft zu zerreißen, war er auch niemals beliebt.« Popper selbst bemerkte einmal gegenüber seiner Assistentin Melitta Mew, es gebe in Oxford, der Domäne des linguistischen Ansatzes, zwar 150 Philosophen, aber keine Philosophie. Und John Watkins meinte über den Unterschied zwischen Poppers Methode und der an englischen Universitäten herrschenden: »Er hatte es gern mit großen, klaren, handfesten Problemen zu tun. Zu diesen Problemen hatte er gerne handfeste Thesen, die er vielleicht zuerst nur probeweise vertrat, um sie später zu modifizieren. Ganz anders ein durchschnittlicher, wohlbestallter Philosophiedozent an der Universität Birmingham: Er nimmt ein kleines Begrifflein und erklärt, daß es da diese kleinwinzige Uneindeutigkeit gibt ...« Hier rieb Watkins Daumen und Zeigefinger gegeneinander, um die Kleinlichkeit dieses Vorgehens zu veranschaulichen.

Natürlich hatte Popper auch eine Schar ergebener Bewunderer, deren Mittelpunkt die LSE war. Für John Watkins war Popper ein bedeutender Mann, »mit Ecken und Kanten ... aber auf einem Niveau, das die meisten Menschen nicht erreichen«. Nach Lord Dahrendorf war Popper »etwas ganz Besonderes«. Ernest Gellner schreibt Popper das Verdienst zu, den Schlüssel zu unserem höchsten Besitz gefunden zu haben: Wissen und Freiheit. Aber die Popperianer bildeten schwerlich eine Schule. Das lag zum Teil daran, daß Popper jeweils nur ein konkretes Problem in Angriff nahm. Dagegen lieferte Wittgenstein eine Methode, einen allgemeingültigen Ansatz. Popper leistete zu einer eindrucksvollen Spannbreite von Themen seinen Beitrag; dennoch ist es selten erhellend, an die von ihm nicht behandelten Gegenstände mit der Frage heranzugehen: »Was würde Popper hier sagen?« Die entsprechende Wittgensteinsche Fragestellung aber – behaupten die Wittgensteinianer – wirft immer eine gehaltvolle Antwort ab.

Es gab noch einen anderen Grund für die relativ matte Rezeption Poppers in England und sein viel ausgeprägteres Profil in anderen Ländern. Das war sein intellektueller *Common sense*, sein gesunder Menschenverstand in geistigen Dingen – eine bewundernswerte Eigenschaft, aber keine faszinierende. Ralf Dahrendorf, der seine akademische Karriere sowohl in Großbritannien als auch außerhalb gemacht hatte, hat die Reaktionen beider Seiten auf Popper erlebt:

»In England war Popper sehr glücklich, weil er sich sicher fühlte. Es war ein Land, in dem jemand, der für die großen Leidenschaften des 20. Jahrhunderts – namentlich Kommunismus und Faschismus – unempfänglich war, das Gefühl haben konnte, davon gar nicht herausgefordert zu sein. Aber gerade weil England ein solches Land war, war Popper zu normal, um interessant zu sein. Auf dem Kontinent war es genau umgekehrt. Hier war jedes einzelne Land von den großen Leidenschaften bedroht. Und da stand Popper, ein Turm der Vernunft inmitten der Wirren. Und das heischte im Laufe der Zeit enormen Respekt. Mehr noch, man sah darin die große Antwort auf die zerstörerischen und katastrophalen Folgen leidenschaftlicher Politik von 1917 an bis zu Stalins Tod, einschließlich der ganzen Nazizeit.«

Hat Popper es jemals bedauert, die Stelle in Neuseeland angetreten zu haben, fernab vom nationalsozialistischen Österreich und fernab vom Krieg, anstatt sich auf die unsichere Offerte des AAC einzulassen, der ihm »akademische Gastfreundschaft im Namen der Fakultät für Moralphilosophie der Universität Cambridge« angeboten hatte? Die Universität Canterbury profitierte jedenfalls davon. In den offiziellen Universitätsannalen heißt es: »Poppers Wirkung auf das akademische Leben war stärker als die irgendeines anderen Menschen vor ihm oder nach ihm.« Die Chronisten Neuseelands schreiben, Popper habe wie »intellektueller Champagner nach den Dürrejahren der Depression« gewirkt.

Wäre er jedoch 1937 nach England gegangen, so hätte er nicht einige seiner produktivsten Jahre abseits des Hauptstroms der Philosophie verbracht. Er hätte die Chance gehabt, sich in der akademischen Welt zu etablieren – und an der Seite Wittgensteins zu arbeiten und zu debattieren. Sein Wiener Landsmann Friedrich Waismann, dem Popper die Cambridger Gelegenheit zugeschanzt haben will, ging von Cambridge nach Oxford. Wie hätte Popper das genossen! Wenn er nach Cambridge gegangen wäre – äußerte Popper einmal gegenüber Michael Nedo –, wären Wittgenstein und seine Schule in der Versenkung verschwunden.

Als das Angebot aus Neuseeland über das *Universities Bureau* des Britischen Empire in Wien eintraf, schrieb Popper an G. E. Moore, dieser Brief sei »ziemlich unerwartet« gekommen. »Ich bin sehr froh, diese Stelle zu erhalten. Natürlich hätte ich lieber die Gelegenheit benutzt, in Cambridge zu lesen, aber es freut mich, dem Academic Assistance Council nicht länger zur Last zu fallen – und ich hoffe, einmal Gelegenheit zu haben, nach England zurückzukommen.«

Die Entscheidung für das, was Popper bezeichnenderweise eine »normale Stelle« nannte – die Anstellung als hauptberuflicher Philosoph –, ist denn auch nur vor dem Hintergrund persönlicher, finanzieller und politischer Unsicherheit zu verstehen. Popper, der einen Krieg kommen sah, traf seine Entscheidung nur gut ein Jahr vor dem Einmarsch Hitlers in Österreich. Es gilt auch zu bedenken, daß das Jahr, in dem Popper seine Doktorarbeit abschloß – 1928 – und die Befähigung zum Lehramt erwarb, das letzte Jahr des österreichischen Nachkriegsaufschwungs war. 1929 brach der amerikanische Aktienmarkt zusammen, und Kapital floß aus Europa ab. 1930 waren in Deutschland über fünf Millionen Menschen ohne Arbeit. 1932 waren es sechs Millionen. Angesichts der wirtschaftlichen Situation, der politischen Spannungen, des Aufstiegs der Rechtsparteien und eines bösartigen Antisemitismus begann der angehende Lehrer jüdischer Abstammung seine berufliche Laufbahn und seine Ehe unter denkbar ungünstigen Vorzeichen. Für den Knaben, der in die Gewißheiten jüdischer Errungenschaften hineingeboren worden war, hatte sich die Welt gründlich verändert.

DAS PROBLEM MIT DEN RÄTSELN

*Der Herr des delphischen Orakels spricht nicht
und verhehlt nicht. Er gibt ein Zeichen.*

HERAKLIT

*Der spätere Wittgenstein pflegte von »Rätseln«
zu sprechen, deren Ursache der philosophische
Mißbrauch der Sprache sei. Dazu kann ich nur
sagen: Wenn ich nicht ernsthafte philosophische Probleme hätte und nicht die Hoffnung
hegte, sie zu lösen, hätte ich keine Entschuldi-
gung, Philosoph zu sein: In meinen Augen gäbe es keine Rechtfertigung für die Philosophie.*

KARL POPPER

Zeit für eine Zwischenbilanz: Viele Faktoren wirkten zusammen, um
die Begegnung zwischen Wittgenstein und Popper in H 3 zu einer so
spannungsgeladenen Angelegenheit zu machen. Aber auch ohne diesen Hintergrund wäre der Streit noch immer denkwürdig gewesen;
ging es doch um nichts weniger als die Grundfrage der Philosophie:
ihren eigenen Zweck. Damit hing auch sozusagen das »Sorgerecht«
für die analytische Revolution zusammen, das bisher bei Bertrand
Russell gelegen hatte. Bedeutung und Richtung dieser philosophischen Auflehnung bildeten das Streitobjekt, über das Popper und
Wittgenstein, zumindest bildlich gesprochen, die Schürhaken kreuzten.

Es ging um das Gewicht, die Bedeutsamkeit der Sprache. Russell
hatte als erster den rigorosen Gebrauch logischer Techniken zur Analyse philosophischer Begriffe und Probleme eingeführt. Bis zu Russell
und seit den Zeiten Descartes' im 17. Jahrhundert war der Haupt-
zweig der Philosophie die Erkenntnistheorie gewesen – die Untersuchung dessen, was wir wissen können. Descartes' Methode war
gewesen, an allem zu zweifeln, bis er auf das Fundament unbezwei-
felbarer Gewißheit stieß. Als er nicht tiefer graben konnte, prägte
Descartes den meistzitierten Satz der Philosophiegeschichte: *Cogito
ergo sum*, »ich denke, also bin ich«. Zu denen, die in dieser erkennt-
nistheoretischen Tradition philosophierten, gehörten die britischen

Empiristen Locke, Berkeley und Hume. Durch und nach Russell wurde die Erkenntnistheorie von der Philosophie der Sprache und von der Prämisse verdrängt, daß unsere Worte die optischen Linsen sind, durch welche wir auf unsere Gedanken und auf die Welt zugreifen. Ohne sie könnten wir die Welt nicht sehen.

Russells analytische Wende hatte ihren Ursprung in Zahlen; seine erste Liebe war die Mathematik gewesen. In seiner Autobiographie erinnert er sich an seine unglückliche Jugend und an einen Wanderweg an der Südküste Englands, den er gerne entlangspazierte. »Ich ging ihn oft entlang, um den Sonnenuntergang zu betrachten und Selbstmordgedanken nachzuhängen. Ich beging jedoch nicht Selbstmord, hauptsächlich aus dem Grunde, daß ich mir mehr Wissen in der Mathematik aneignen wollte.«

1903 veröffentlichte er *The Principles of Mathematics* und 1910–1913 zusammen mit Alfred North Whitehead die monumentalen *Principia Mathematica* in drei Bänden. Hier wird versucht, die Mathematik auf eine sichere logische Grundlage zu stellen – ein Unterfangen, das Hunderte von Seiten voller Zahlen, Symbole und Gleichungen erforderte. Das Werk war so schlecht vermarktbar, daß die Verfasser einen Druckkostenzuschuß leisten mußten. Russell pflegte später zu erzählen, er wisse nur von sechs Menschen, die die *Principia Mathematica* von vorne bis hinten durchgelesen hätten: dreien, die im Holocaust umgekommen seien, und dreien aus Texas. Eine subtile und etwas zynische Form der Schleichwerbung für seine populäreren Schriften.

Zwar sah Russell in seinem Unternehmen letzten Endes eher eine Sisyphus- als eine Herkulesarbeit – er nannte sie »kompletten Blödsinn« –; ihre eigentliche Bedeutung für die Philosophie zeigte sich aber, als er die in den *Principia Mathematica* angewandten Techniken auf die Untersuchung der Sprache und dann auf die zeitlosen Probleme der Metaphysik übertrug. Russells berühmteste Theorie betrifft die Kahlheit (oder Nicht-Kahlheit) des französischen Königs; doch ist der Streit um diesen nichtexistenten unbehaarten Schädel nur vor dem Hintergrund der philosophischen Fixierungen jener Jahre zu verstehen.

Ein großes Rätsel für die Philosophen war das Verhältnis zwischen Sprache und Welt. Wie kommt es, daß eine Folge von Buchstaben, zum Beispiel P*F*E*I*F*E, in die richtige Reihenfolge gebracht, einen Sinn ergibt? Das Credo zu Beginn des 20. Jahrhunderts in dem als »Logischer Atomismus« bekannten Zweig der Philosophie lautete, daß alle Namen für Gegenstände stünden; auf diese Weise erhalte das Wort seine Bedeutung. Das Wort »Pfeife« steht für den Gegenstand Pfeife; das Wort bedeutet den Gegenstand.

Aber diese Auffassung von der Verknüpfung von Sprache und Welt wirft viele verwirrende Fragen auf. Denn welchen Gegenstand bezeichnet die Schöpfung eines Märchenerzählers, zum Beispiel ein goldener Berg? Selbstverständlich können wir vollkommen gewöhnliche und verständliche Sätze bilden, in denen ein goldener Berg vorkommt. Sogar mit einer Aussage wie »Es gibt keinen goldenen Berg« können wir etwas anfangen. Trotzdem ist das verwunderlich; denn einerseits scheinen wir uns auf einen Gegenstand, einen goldenen Berg, zu beziehen, von dem wir aber andererseits leugnen, daß er sich auf etwas bezieht. Wenn ich frage: »Was ist es, das nicht existiert?«, scheint die Antwort »Der goldene Berg« diesem Etwas eine Art von Wirklichkeit zu verleihen.

Es gab ein weiteres Rätsel, das diesem ähnlich war. Wenn die Bedeutung des Namens »Johann Wolfgang von Goethe« der Gegenstand oder die Sache ist, die durch diesen Namen bezeichnet wird (mit anderen Worten der Mensch Johann Wolfgang von Goethe), dann gilt sie vermutlich auch für eine Beschreibung Goethes wie etwa »der Autor des *Faust*«. Die Beschreibung »der Autor des *Faust*« bezeichnet ebenfalls den Menschen Johann Wolfgang von Goethe, muß also dasselbe wie dieser Name bedeuten. Aber mit dieser Theorie der Beschreibungen geraten wir in Schwierigkeiten. Denn wenn ein literarisch Ungebildeter fragt: »War Goethe der Verfasser des *Faust*?«, will er wohl nicht wissen: »War Goethe Goethe?« Man könnte auch sagen: Er äußert kein Interesse am Satz von der Identität.

Doch nun endlich zurück zu unserem kahlen Franzosen. Obgleich Frankreich eine Republik ist, haben wir keine Mühe, den Satz »Der König von Frankreich ist kahl« zu verstehen. Er ist in sich völlig klar. Man könnte ihn zum Beispiel auf einer Party äußern, und ein Gast, der nicht mit den Details der französischen Verfassung vertraut ist, könnte den Satz glauben. Insofern hat er nichts mit unsinnigen Sätzen wie »König ist ein kahles Frankreich« oder »Frankreich kahl ist König der« gemein.

Aber wie kommt es, daß wir den Satz »Der König von Frankreich ist kahl« verstehen können, wenn es doch keinen König von Frankreich gibt? Wenn »König von Frankreich« sich auf eine Person bezöge, müßte diese Person entweder kahl oder nicht kahl sein, so wie der Schürhaken in H 3 entweder rotglühend gewesen sein muß oder nicht. Aber in der wirklichen Welt dort draußen gibt es keine einzige unbehaarte Person, die König von Frankreich ist, und es gibt auch keine einzige behaarte Person, die König von Frankreich ist. Russell bemerkte hierzu spitz: »Hegelianer mit ihrem Faible für Synthesen werden wahrscheinlich zu dem Schluß kommen, daß er eine Perücke trägt.«

Der österreichische Logiker Alexius Meinong, der um die Wende zum 20. Jahrhundert schrieb, hatte eine Antwort auf diese Probleme parat. Da wir uns auf einen goldenen Berg beziehen können, gab es nach Meinong in gewisser Weise in der Tat da draußen einen goldenen Berg – natürlich nicht in physischer, aber doch in logischer Hinsicht. Dasselbe galt für das Einhorn, den Osterhasen, für Märchenfeen, Gespenster, Heinzelmännchen und das Ungeheuer von Loch Ness. Insofern ist es möglich, sinnvoll zu behaupten »Es gibt keinen Weihnachtsmann« oder »Das Ungeheuer von Loch Ness ist nichts anderes als eine Riesenforelle«. In der Welt der Logik gibt es ein Ungeheuer von Loch Ness. Seine Existenz in der Welt der Logik erlaubt uns, seine Existenz in der Welt der Wirklichkeit zu bestreiten.

Nun war Russell ein sehr methodischer, ja penibler Mensch. (1946 bewohnte er die Zimmer C. D. Broads im Trinity College. Broad sagte später: »Ich freue mich, feststellen zu können, daß Russell, so destruktiv er als Denker gewirkt haben mag, bei meiner Rückkehr den Anschein eines mustergültigen Hausbewohners erweckte.«) Das Bild der von Meinong heraufbeschworenen Welt kam Russell unerträglich unaufgeräumt und unordentlich vor. »Die Logik darf ebensowenig ein Einhorn zulassen wie die Zoologie«, sagte er sich. Und um diesen metaphysischen Augiasstall auszumisten, erfand er seine geniale Theorie der Kennzeichnungen.

Wir werden von unserer Sprache in die Irre geführt, glaubte Russell. Wir glauben, daß Kennzeichnungen wie »der goldene Berg«, »der Verfasser des *Faust*« oder »der König von Frankreich« sich wie Namen verhalten. In einer Menschenmenge, die auf das Vorbeiziehen des Königs wartet, könnten wir mit gleichem Recht ausrufen »Endlich kommt der König von Frankreich« wie auch »Endlich kommt Ludwig XVIII.«. Und deshalb glauben wir, daß diese Kennzeichnungen genauso wie Namen einen Gegenstand bezeichnen, eine Bedeutung haben müssen.

In Wirklichkeit fungieren sie überhaupt nicht als Namen. Zwar sieht die Aussage »Der König von Frankreich ist kahl« vordergründig betrachtet sehr einfach aus, aber in Wirklichkeit verbirgt sich hinter ihr ein komplizierter logischer Dreischritt. Der Satz ist Käse-Tomaten-Omelett, das sich als einfaches Ei ausgibt. Seine drei Zutaten sind folgende:

1. Es gibt einen König von Frankreich.
2. Es gibt nur einen König von Frankreich.
3. Wer immer König von Frankreich ist, ist kahl.

Wird die Logik unserer Aussage auf diese Weise expliziert, können wir erkennen, daß die Aussage »Der König von Frankreich ist kahl« zwar sinnvoll, aber falsch ist, da die erste Prämisse – daß es einen König von Frankreich gibt – unwahr ist. Auf dieselbe Weise kann man mit den Sätzen »Es gibt keinen goldenen Berg« und »Goethe ist der Autor des *Faust*« verfahren. »Goethe ist der Autor des *Faust*« läßt sich übersetzen in: »Angenommen, es gibt X, und X hat den *Faust* geschrieben; also gälte für alle Y, falls Y den *Faust* geschrieben hätte: Y ist identisch mit X, und also ist X identisch mit Goethe.«

Russell erfand für die Darstellung dieser Fälle eine logische Notation, die noch heute gebräuchlich ist. »Der König von Frankreich ist kahl« liest sich in dieser Begriffsschrift wie folgt:

$$[\exists x]\ [Fx\ \&\ (y)\ (Fy \rightarrow y = x)\ \&\ Gx]$$

Diese Dekonstruktion des Satzes wurde schließlich als ein Paradigma der analytischen Methode angesehen. Und künftig gab Russell auf die Frage nach seinem wichtigsten Beitrag zur Philosophie, ohne zu zögern, die Antwort: »Die Theorie der Kennzeichnungen.«

Erstmals erhob der kahle französische Monarch sein glänzendes Haupt in einem Artikel, den Russell 1905 veröffentlichte. Vier Jahrzehnte später, am 25. Oktober 1946, in den Räumlichkeiten von H 3, saß Bertrand Russell, der Vater dieser neuartigen Methodologie, flankiert von zwei philosophischen Sprößlingen, Popper und Wittgenstein. Wie die Kinder so vieler Familien lagen sie sich heftig in den Haaren. Wittgenstein sah in der sprachlichen Ergründung von Begriffen einen Wert an sich – die einzige Pille, die wir schlucken müssen, um unsere philosophischen Kopfschmerzen loszuwerden. Für Popper war sie nichts weiter als ein äußerst nützliches Hilfsmittel bei der Prüfung dessen, was zählte: wirkliche Probleme.

Seit seiner Rückkehr nach Cambridge im Jahre 1929 hatte Wittgenstein die meisten der im *Tractatus* enthaltenen Ideen fallengelassen und einen radikal neuen philosophischen Ansatz entwickelt. In der Geschichte der Philosophie können sich nur wenige Menschen rühmen, *eine* Denkschule begründet zu haben; Wittgenstein kann deren zwei für sich reklamieren. Russell gab den zwei philosophischen Ansätzen die Bezeichnung »Wittgenstein I« und »Wittgenstein II«.

Der Wittgenstein des *Tractatus* hatte in demselben intellektuellen Universum – dem Logischen Atomismus – gearbeitet, in dem auch Russells frühes und originellstes Werk angesiedelt war, einem Universum, in dem die Welt aus einfachen, unveränderlichen (und nicht definierbaren) Gegenständen aufgebaut ist. Die Klammer um den Text des *Tractatus* bilden die zwei sehr bekannten Sätze, die ihn einleiten beziehungsweise beschließen: »Die Welt ist alles, was der Fall ist« und »Wovon man nicht sprechen kann, darüber muß man schweigen«. Der *Tractatus* besteht aus geheimnisvoll numerierten Abschnitten – 1 bis 7 –, wobei Dezimalstellen das relative logische Gewicht der Unter-Sätze signalisieren. So ist Satz 1.0 gewichtiger als Satz 1.1, der wiederum gewichtiger ist als Satz 1.11 und 1.111. Zum Beispiel:

4	Der Gedanke ist der sinnvolle Satz.
4.001	Die Gesamtheit der Sätze ist die Sprache.
...	
4.01	Der Satz ist ein Bild der Wirklichkeit. ...
...	
4.1	Der Satz stellt das Bestehen und Nichtbestehen der Sachverhalte dar.
...	
4.1212	Was gezeigt werden *kann, kann* nicht gesagt werden.

Was die *Logisch-philosophische Abhandlung* auszeichnet, ist ihre Mischung aus Luzidität und orakelnder Kürze, die unerschütterliche, an Dogmatismus grenzende Selbstsicherheit (auf jeden Fall hielt Popper den *Tractatus* für dogmatisch) und der stolze Verzicht auf jegliche konventionelle Begründung der durchnumerierten Sätze. Die einzelnen Sätze sind von einer reinen, schlichten Schönheit – im Nachruf der *Times* auf Wittgenstein wird der *Tractatus* gar ein »logisches Poem« genannt.

Im Mittelpunkt des Unternehmens steht der Zusammenhang zwischen Sprache, Denken und Welt. Insbesondere entwickelt Wittgenstein eine Bildtheorie der Bedeutung: Tatsachen und Sätze wie »Der Kamin ist in der Mitte des Zimmers« präsentieren irgendwie ein Bild davon, wie die Welt ist. Diese Idee war Wittgenstein gekommen, nachdem er in der Zeitung von einem Gerichtsverfahren in Frankreich gelesen hatte, bei dem man mit Hilfe von Spielzeugautos und

Puppen einen wirklichen Verkehrsunfall nachgestellt hatte. Sätze stehen in einer ähnlichen Beziehung zur Welt, wie die Anordnung der Spielzeugautos und Puppen in einer Beziehung zu dem Unfall stehen.

In Wittgenstein II wird dagegen die Bildmetapher der Sprache durch die Werkzeugmetapher der Sprache ersetzt. Wenn wir die Bedeutung eines Ausdrucks wissen wollen, dürfen wir nicht fragen, wofür er steht; statt dessen müssen wir untersuchen, wie der Ausdruck tatsächlich gebraucht wird. Dabei werden wir unter anderem feststellen, daß unterschiedliche Wörter und Sätze unterschiedlich gebraucht werden – es ist wie ein Blick in den Führerstand einer Lokomotive.

»[D]a sind Handgriffe, die alle mehr oder weniger gleich aussehen. (Das ist begreiflich, denn sie sollen alle mit der Hand angefaßt werden.) Aber einer ist der Handgriff einer Kurbel, die kontinuierlich verstellt werden kann (sie reguliert die Öffnung eines Ventils); ein andrer ist der Handgriff eines Schalters, der nur zweierlei wirksame Stellungen hat, er ist entweder umgelegt oder aufgestellt; ein dritter ist der Griff eines Bremshebels, je stärker man zieht, desto stärker wird gebremst; ein vierter, der Handgriff einer Pumpe, er wirkt nur, solange er hin und her bewegt wird.«

Außerdem würde uns bei der Untersuchung, wie die Sprache wirklich funktioniert, noch etwas anderes auffallen – daß die meisten Ausdrücke nicht nur auf eine, sondern auf vielfache Weise verwendet werden und daß es nicht unbedingt einen einzelnen Aspekt gibt, der allen Anwendungen gemeinsam ist. Wittgenstein führt als Beispiel das Wort »Spiel« an. Es gibt alle Arten von Spielen: Patience, Schach, Federball, Fußball, »Räuber und Gendarm«. Es gibt Kampfspiele, Mannschaftsspiele, Einzelspiele, Glücksspiele, Geschicklichkeitsspiele, Ballspiele, Kartenspiele. Frage: Was eint alle diese Spiele? Antwort: Nichts. Es gibt kein »Wesen« des Spiels.

Wittgenstein operiert hier mit dem Begriff der »Familienähnlichkeit«. Die verschiedenen Spiele sind wie die einzelnen Mitglieder einer Familie, die entweder den für die Familie charakteristischen faltigen Hals oder die durchdringenden blauen Augen oder die ungewöhnlich großen Ohren oder die Neigung zum vorzeitigen Ergrauen aufweisen, während es kein einziges Merkmal gibt, das allen Familienmitgliedern gemeinsam wäre. Was »Spiele« zu Spielen macht, sind die einander überschneidenden und durchkreuzenden Gleichartigkeiten und Ähnlichkeiten. Gerade dieses netzartige Geflecht gibt Begriffen ihre Stabilität. Darin ähneln sie einem Seil, dessen Festigkeit nicht darauf beruht, daß ein einzelner Strang durchläuft, sondern daß viele, kürzere Stränge einander übergreifen.

Russell und Wittgenstein I glaubten, daß die Alltagssprache zur Verunklärung ihrer eigenen logischen Struktur beitrage. »Der König von Frankreich ist kahl« ist ein solcher Satz, dessen logische Struktur nicht gleich offen zutage liegt. Die Sprache war eine Hülle, vergleichbar dem Kleidungsstück, das den Körper verhüllt. Ein ausgebeulter Pullover verbirgt die menschliche Gestalt darunter. Wittgenstein II teilt diese Auffassung nicht mehr; er glaubt vielmehr, daß die Sprache völlig funktiontüchtig ist – sie verbirgt nichts.

Nach der Theorie des späteren Wittgenstein ist die Sprache nicht auf irgendeine Weise an die Welt der Gegenstände gekettet; vielmehr ist die Grammatik autonom; sie schaltet und waltet vollkommen frei. Wir selbst, nicht die Welt, sind die Herren. Wir können mit der Sprache tun, was wir wollen. Wir wählen die Regeln aus, und wir bestimmen, was es heißt, eine Regel zu befolgen. Es waren Gedanken, die in den Jahrzehnten nach Wittgensteins Tod die Rechtswissenschaft, die Gesellschaftswissenschaft und die Sprachwissenschaft auf der ganzen Welt prägen sollten.

Wenn die Sprache regelgeleitet ist, ist sie zwangsläufig etwas Öffentliches; sie ist eingebettet in unsere Lebenspraxis, in unsere »Lebensformen«. Regeln müssen ausgelegt werden; es muß Einigkeit darüber bestehen, was nach den Regeln zulässig ist und was nicht. Damit ist die Idee einer Privatsprache – einer Sprache, die nur von einem einzigen Menschen verstanden werden kann – in sich widersprüchlich. Wenn dem aber so war, dann hatte Descartes, indem er unbestreitbares Wissen durch den Blick nach innen zu erlangen suchte, seine Suche nach dem heiligen Gral der Gewißheit von der falschen Seite her begonnen. Wenn der Satz *Cogito ergo sum* irgendeine Bedeutung haben sollte, mußte zuvor Einigkeit darüber hergestellt sein, was unter Denken zu verstehen und wie der Begriff des »Denkens« zu verwenden war – anders konnte Sprache nicht funktionieren. Das *Cogito* konnte daher unmöglich der Ausgangspunkt für das sein, was wir wissen können. Mit dieser Erkenntnis stellte Wittgenstein mehrere Jahrhunderte Philosophie auf den Kopf und befreite seine Nachfolger von der Fronarbeit, nach felsenfester Gewißheit suchen zu müssen.

Was ist nun demnach für Wittgenstein das Ziel der Philosophie? Ganz einfach: sich aus der verwirrenden Selbstverstrickung zu befreien, »der Fliege den Ausweg aus dem Fliegenglas zu zeigen«. Wenn wir uns mit Philosophie befassen, rätseln wir über Dinge, die uns normalerweise nicht berühren: das Wesen der Zeit – wenn es in Cambridge fünf Uhr ist, ist es dann auch fünf Uhr auf der Sonne? Kann ein Ding gleichzeitig ganz rot und ganz grün sein? Kann ich wissen, daß ich Schmerzen habe; kann ich denselben Schmerz haben wie du? Was heißt es, mit sich selbst zu sprechen? (Das war die Frage, die bei Wittgensteins Nachmittagsseminar am 25. Oktober angeschnitten wurde.)

Auf der Suche nach Antworten auf diese Fragen begehen die Philosophen nach Überzeugung von Wittgenstein II törichte Fehler. Sie suchen nach einer Erklärung, einer allgemeingültigen Antwort, einer Theorie, die alle erdenklichen Fälle abdeckt, sie starren auf Gegenstände, wiederholen sich und glauben, irgendwie die Phänomene durchdringen und zu einem immateriellen Wesenskern vorstoßen zu können.

Solcherlei Philosophieren mag sich ein wenig nach beginnender Geistesgestörtheit anhören. In Wirklichkeit dachte sich Wittgenstein II die Philosophie als eine Art von sprachlicher Therapie, vergleichbar dem Ansatz Sigmund Freuds, des Freundes seiner Schwester: »Der Philosoph behandelt eine Frage; wie eine Krankheit«, schreibt er. Wasfi Hijab, 1946 Sekretär des MSC, bekennt denn auch, bis zur Begegnung mit Wittgenstein »geistig krank« gewesen zu sein und an diesen Verwirrungen gelitten zu haben; erst Wittgenstein habe ihn »geheilt«.

Was wir, Wittgenstein II zufolge, tun müssen, ist, die Verhexung durch unsere Sprache zu bekämpfen. Wir sollten uns ständig unserer Alltagssprache erinnern – der Sprache zu Hause. Unsere Verwirrung rührt daher, daß die Sprache auf eine unübliche Weise gebraucht wird, daß »die Sprache Ferien macht«. Kann etwas gleichzeitig ganz rot und ganz grün sein? Nein; aber das ist keine tiefe metaphysische Wahrheit, sondern einfach eine Regel unserer Grammatik. Vielleicht gibt es in einem weit entfernten Winkel unserer Erde, im unzugänglichsten Teil eines abgelegenen Urwalds einen noch nicht entdeckten Stamm, bei dem es gang und gäbe ist, bestimmte Sträucher, Beeren oder Kochtöpfe als »ganz rot und ganz grün« zu beschreiben.

Philosophische Fragen sind also keine Probleme, sondern Rätsel. Wenn wir sie aufdröseln, stoßen wir nicht auf die verborgene Logik, die Russell und Wittgenstein I zutage gefördert hatten, sondern erinnern uns lediglich an etwas bereits Existierendes, daran, wie die Sprache tatsächlich verwendet wird. Kann ich »wissen«, daß ich

Schmerzen habe? In der normalen Sprache ist das eine Frage, die nicht gestellt werden kann. Ausdrücke des Wissens (»Ich weiß, daß Wien die Hauptstadt von Österreich ist«) basieren auf der Möglichkeit des Zweifels; an meinem Schmerz aber besteht für mich kein Zweifel. Wie spät ist es jetzt auf der Sonne? Das können wir nicht sagen – nicht, weil wir die Antwort nicht wissen, sondern, weil dem Begriff »Uhrzeit auf der Sonne« in unserer Sprache kein Platz zugewiesen ist; es gibt in ihr keine Regeln für die Anwendung dieses Begriffs.

Bedeutet dies alles, daß Philosophie nur für jene von Nutzen ist, die sich mit ihr ihren Lebensunterhalt verdienen wollen – jene, die Gefahr laufen, im Morast ihres trügerischen Tiefsinns zu versinken? Um Gilbert Ryle zu zitieren: »Was hat die Fliege versäumt, die sich nicht ins Fliegenglas verirrt hat?« Wittgenstein II antwortet, daß seine Methode den Philosophen in uns bekämpft. Wir können fast nicht umhin, uns in Fliegengläser zu verirren – das liegt an der Sprache selbst. Nur die wenigsten von uns sind Philosophen, die von einem Katheder herab lehren; aber jeder von uns ist Philosoph am Küchentisch oder in der Kneipe.

Der *Tractatus* wird noch heute viel gelesen, und manche seiner logischen Neuerungen, so die Aufstellung von »Wahrheitstafeln« zur Bestimmung der Bedingungen, unter denen ein Satz wahr oder falsch ist, sind noch heute gebräuchlich. Gleichwohl beruht der gegenwärtige Ruhm und Einfluß Wittgensteins im wesentlichen auf seinem Spätwerk.

Eine Sache gibt es aber doch, die Wittgenstein I und Wittgenstein II eint – die vorrangige Beschäftigung mit der Sprache. Wittgenstein I glaubte, daß unsere normale Alltagssprache schlampig sei und das Beachten der verborgenen Struktur der Sprache Rätsel lösen könne. Im Vorwort zum *Tractatus* schreibt Wittgenstein, sogenannte philosophische Probleme beruhten nur »auf dem Mißverständnis der Logik unserer Sprache«. Wittgenstein II glaubte, daß das Beachten der Oberfläche der Sprache Rätsel lösen könne und daß unsere Schwierigkeiten entstünden, wenn wir unter diese Oberfläche zu dringen versuchten. Mit dieser lebenslangen Fixierung auf die Sprache war das tiefere Ziel verbunden, Sinn von Unsinn zu unterscheiden. In Wittgenstein I wird dieses Projekt auf höchst rigorose Weise angepackt; in Wittgenstein II dient die Beleuchtung einer Aussage wie »X ist gleichzeitig ganz rot und ganz grün« demselben Zweck. Sie sieht wie ein Satz aus, der eine Bedeutung hat und verstanden werden kann, aber in Wirklichkeit weicht sie auf subtile Weise von gewöhnlichen elementaren Aussagen ab. Sie ist wie eine Pumpe im Führerstand einer Lokomotive, von der man annimmt, daß sie eine Funktion haben muß, bis man bemerkt, daß ihre Verbindung zu allen anderen Instrumenten an Bord unterbrochen ist. Eines der Ziele der Philosophie war für Wittgenstein, latenten Unsinn in offenbaren Unsinn zu überführen.

Als Popper am 25. Oktober 1946 in Cambridge ankam, war er darauf gefaßt, es mit Wittgenstein I, dem Wittgenstein des *Tractatus*, zu tun zu bekommen, eines Buches, daß er gründlich studiert hatte. (Er muß sogar sehr schnell darauf reagiert haben; denn er erwähnt in den *Ausgangspunkten*, er habe das Buch »einige Jahre« vor der Niederschrift seiner Dissertation gelesen, mit der er 1925 begann; der *Tractatus* war in seiner deutschen Fassung 1921 erschienen.) Aber der Wittgenstein, der ihm mit dem Schürhaken vor der Nase herumfuchtelte, war Wittgenstein II. Das konnte Popper nicht wissen. Er war bis Ende 1945 in Neuseeland gewesen, unterdessen waren die unveröffentlichten Schriften Wittgensteins samisdat-artig unter seinen Jüngern herumgereicht worden. In Cambridge hatten sie mit ihren scheinbar undurchdringlichen und zugleich tiefsinnigen Argumenten und aufreizenden Aphorismen – »wenn ein Löwe sprechen könnte, könnten wir ihn nicht verstehen« – einen beherrschenden Einfluß entfaltet. Aber bis nach London hatte sich das noch nicht herumgesprochen, geschweige denn bis zur anderen Seite des Mondes. Stephen Toulmin wirft Popper vor, er habe sich mit »fernen, vergessenen, uralten Sachen und längst geschlagenen Schlachten« befaßt.

Sei's drum: Der Aspekt von Wittgenstein I, mit dem Popper entschlossen war sich auseinanderzusetzen, war auch für Wittgenstein II zentral. Was Popper bekämpfte, war die starke Betonung der Sprache; zwar legte er sie Wittgenstein I zur Last, aber in Wirklichkeit erstreckte sie sich auch auf Wittgenstein II. Jene Fußnote in *Die offene Gesellschaft* mit der scharfen Attacke Poppers gegen die These Wittgensteins im *Tractatus*, die wahre Aufgabe der Philosophie bestehe nicht in der Formulierung von Sätzen, sondern in der Klärung von Sätzen, konnte sich ebensogut gegen Wittgenstein II richten.

Daß Popper sich der ganzen Tragweite der Revolution in Wittgensteins Denken nicht bewußt war, bestätigt Peter Munz, Poppers früherer Schüler in Neuseeland und Augenzeuge jenes Oktoberabends. Bekräftigt wird es auch durch einen Vortrag, den Popper selbst 1952, ein Jahr nach Wittgensteins Tod, hielt. Der Titel des Vortrags lautete *Das Wesen philosophischer Probleme und ihre Wurzeln in den Naturwissenschaften*; in der gedruckten Fassung setzt Popper folgende Fußnote hinzu:

»An seinem Dogma von der Nichtexistenz philosophischer Probleme in der hier beschriebenen Form hielt Wittgenstein auch noch fest, als ich ihn das letzte Mal sah (es war 1946, als er anläßlich meines Vortrags ›Gibt es philosophische Probleme?‹ eine stürmische Sitzung des Moral Science Club in Cambridge leitete). Da ich nie eines seiner unveröffentlichten Manuskripte gesehen hatte, die einige seiner Schüler privat in Umlauf brachten, hatte ich mich schon gefragt, ob er das, was ich hier sein ›Dogma‹ nenne, je modifiziert habe; aber in diesem grundlegenden und einflußreichsten Teil seiner Lehre fand ich seine Ansichten ganz unverändert.«

(Man beachte Poppers Formulierung »als ich ihn das letzte Mal sah«, was auf eine Reihe früherer Begegnungen, ja auf eine alte Bekanntschaft, vielleicht sogar den regelmäßigen Besuch eines gemeinsamen Stammtisches in den guten alten Wiener Zeiten schließen läßt – etwas, was den Leser beeindrucken soll. Doch wie wir wissen, sind die zwei einander nur das eine Mal in H 3 begegnet.)

Bis zu seinem Tode konnte Popper sich nicht verkneifen, geradezu zwanghaft gegen Wittgenstein zu sticheln. Für ihn waren »die Existenz dringender und ernsthafter philosophischer Probleme und die Notwendigkeit, sie kritisch zu erörtern, die einzige Rechtfertigung für das, was man akademische oder berufsmäßige Philosophie nennen könnte«. Ein erster Seitenhieb erfolgt in *Ausgangspunkte*, wenn Popper an seine Kindheit zurückdenkt. Er beginnt diesen Abschnitt mit der Bemerkung: »Ich bin seit langem der Überzeugung, daß es echte philosophische Probleme gibt, die mehr sind als bloße Rätsel, die durch den falschen Gebrauch der Sprache entstehen. Manche dieser Probleme sind so offenkundig, daß jedes Kind sie sieht.« Und es ging weiter mit Angriffen *ad hominem*: »Wittgenstein ... hat der Fliege nicht den Weg aus dem Fliegenglas gezeigt. Vielmehr ist die Fliege, die nicht aus dem Fliegenglas heraus kann, für mich ein verblüffend genaues Selbstporträt Wittgensteins (Wittgenstein war ein Fall für Wittgenstein – so wie Freud ein Fall für Freud war).« Eine Nase dreht er Wittgenstein auch an einer anderen Stelle der *Ausgangspunkte*, wo er über zwei Autoren spricht, deren Bücher in der Bibliothek seines Vaters standen, Fritz Mauthner und Otto Weininger, »die beide Wittgenstein beeinflußt haben dürften«. In der Anmerkung zu dieser

Stelle wird dann Weininger zitiert: »Alle Dummköpfe waren Sprach-
kritiker, von Bacon bis Fritz Mauthner.«

In einem Rundfunkinterview für die BBC im Mai 1970 zog Popper
heftig über das postum veröffentlichte Werk Wittgensteins her.
»Wenn Sie mich mit vorgehaltener Pistole zwingen zu sagen, was
mich an Wittgensteins ›Philosophischen Untersuchungen‹ stört,
müßte ich sagen: ›Ach – nichts ...‹ Ich bin mit dem ganzen Unternehmen nicht einverstanden. Ich meine, ich bin mit nichts von dem, was
er sagt, nicht einverstanden, weil es nichts gibt, womit man nicht
einverstanden sein könnte. Aber ich gestehe, daß es mich langweilt –
ganz entsetzlich langweilt.« Doch die Antwort verrät mehr als Lange-
weile. Joseph Agassi bemerkt hierzu: »Wittgenstein war ein einziges
rotes Tuch für Popper: Man konnte seiner Loyalität mit Popper keinen besseren Ausdruck verleihen, als indem man Wittgenstein madig
machte.« Popper verglich das Interesse an der Sprache mit der Angewohnheit, seine Brille zu putzen. Sprachphilosophen mochten das
Putzen der Brille für eine Sache halten, die ihren Lohn in sich selbst
trug. Seriöse Philosophen merken, daß der einzige Zweck des Brille-
putzens darin besteht, dem Brillenträger einen klareren Blick auf die
Welt zu ermöglichen.

Popper war der Überzeugung, bei seiner Kritik an Wittgenstein Russell an seiner Seite zu wissen, und er hatte recht mit dieser Erwar-
tung. Den bereits beschriebenen Zusammenbruch des Freundschafts-
verhältnisses zwischen Russell und Wittgenstein beschleunigte die
Feindseligkeit, mit der nun beide auf das Werk des anderen reagierten. Wittgenstein I würde vielleicht nicht allen Resultaten der frühen
logischen und technischen Untersuchungen Russells zugestimmt haben, aber er nahm lebhaften Anteil an ihnen. So wurde der *Tractatus*
nicht zuletzt zu dem Zweck entworfen, das zu korrigieren, was Wittgenstein als Russells Irrtümer ansah, und implizit ist Russell in fast
jedem Satz gegenwärtig. Im Vorwort zu seinem kurzen Text erwähnt
Wittgenstein dankbar, daß er »den Arbeiten meines Freundes Herrn
Bertrand Russell einen großen Teil der Anregungen zu meinen
Gedanken schulde«. Zu dem Zeitpunkt aber, als Wittgenstein die
Philosophischen Untersuchungen niederschrieb – das Buch, das am
engsten mit Wittgenstein II verbunden wird –, scheint es dem Autor
gelungen zu sein, Russell erfolgreich von der Bildfläche verschwinden zu lassen. Wittgenstein erwähnt seinen einstigen Mentor nur
zweimal – beide Male kritisch.

Russell seinerseits war überzeugt, daß die von Wittgenstein propagierten Ideen die Cambridger Philosophie in die Sackgasse des Langweiligen und Trivialen manövrierten. Der Wittgenstein des *Tractatus* hatte in demselben geistigen Universum – dem Logischen Atomismus – gearbeitet, in dem auch Russells frühes und originellstes Werk angesiedelt war. Den späteren Wittgenstein der *Philosophischen Untersuchungen* aber fand Russell »völlig unverständlich«. »Deren positive Lehren kommen mir trivial vor, die negativen unbegründet. ... Ich verstehe nicht, wie eine ganze Schule in diesen Seiten viel Kluges entdecken kann.«

Russell hatte der Analyse von Begriffen eine Lanze gebrochen und glaubte wie Popper, daß diese Methode in vielen Fällen geeignet sei, Streitfragen zu klären und den Nebel zu vertreiben. Aber wie Popper glaubte er auch, daß Präzision nicht das ein und alles war. Popper wies darauf hin, daß Naturwissenschaftler Großes zu leisten vermochten, obwohl sie mit einer gewissen sprachlichen Unschärfe operierten. Russell behauptete, daß Probleme selbst dann nicht verschwänden, wenn jedes einzelne Wort sorgfältig definiert würde. Zur Veranschaulichung erzählte er folgende Anekdote. Er fuhr einmal mit dem Rad nach Winchester und fragte unterwegs in einem Laden nach dem kürzesten Weg. Der Ladenbesitzer drehte sich zu jemandem im Hinterzimmer um:

»Der Herr da möchte den kürzesten Weg nach Winchester wissen.«
»Nach Winchester?« fragte eine unsichtbare Stimme zurück.
»Ja.«
»Den Weg?«
»Ja.«
»Den kürzesten?«
»Ja.«
»Weiß nicht.«

In seinem Buch *My Philosophical Development (Philosophie. Die Entwicklung meines Denkens)* verwirft Russell die spätere Ansicht Wittgensteins, die normale Sprache sei ganz in Ordnung und unsere philosophischen Nöte seien lediglich Rätsel, Spasmen der Sprache: »Heute erklärt man uns, daß wir nicht versuchen sollten, die *Welt* zu verstehen, sondern nur *Sätze*; es wird vorausgesetzt, daß alle Sätze als wahr gelten können – nur nicht die Sätze von Philosophen.« An einer anderen Stelle kreidet er Wittgenstein an, vor dem »gesunden Menschenverstand« zu katzbuckeln. Was als gesunder Menschenverstand durchgehe, sei in Wirklichkeit oft nur Vorurteil und die Tyrannei der Gewohnheit. Und wenn Wittgenstein recht habe, so Russell, sei Philosophie im günstigsten Falle »eine kleine Hilfe für Lexikographen und schlimmstenfalls die ideale Zerstreuung für den Teetisch«. Als Russell und Popper am Nachmittag des 25. Oktober 1946, vier Stunden vor der Versammlung, ihren Tee nahmen, hätten beide der Aussage zugestimmt, daß Philosophie weit mehr sei als ein Teetischvergnügen.

Zum Beispiel war da die sehr reale Welt des internationalen Geschehens. Um die ganze Erbittertheit des Streits in H 3 ermessen zu können, müssen wir seinen politischen Subtext berücksichtigen. Vergessen wir nicht das Jahr: 1946. Die Bedrohung durch den Faschismus war eben erst gewichen. Der Kalte Krieg hatte eben erst begonnen. War Politik etwas, womit sich Philosophen befassen sollten? Für Popper und Russell war die Antwort ein unzweideutiges Ja – auch wenn man Popper nicht wie Russell als Teilnehmer von Demonstrationen und Sit-ins gesehen hätte. Seine Waffe war die Feder, nicht das Schwert. Er hatte einst miterlebt, wie in Wien Demonstranten erschossen worden waren. Diese Erfahrung überzeugte ihn davon, daß Siege am besten mit der Feder errungen wurden.

Popper war vermutlich der wirksamste Kritiker des Marxismus, dessen wissenschaftliche Anmaßungen er ins Wanken brachte. Laut Popper ist gültige Wissenschaft offen für die Untersuchung durch andere Wissenschaftler und macht Voraussagen, die überprüft werden können. Je gewagter sie sind, desto besser. Pseudowissenschaft (wozu für Popper neben dem Marxismus auch die Freudsche Psychoanalyse gehörte) lehnt es entweder ab, sich einer Überprufung zu stellen, oder macht zwar Voraussagen, versteht es dann aber, widersprechendes Beweismaterial wegzuerklären. Die Revolution hat nicht, wie vom Marxismus vorausgesagt, in dem Land mit dem entwickeltsten Proletariat stattgefunden: »Schon, aber das liegt daran, daß ...« Der Kapitalismus hat nicht zu einer immer stärkeren Konzentration des Reichtums in immer weniger Händen geführt: »Schon, aber das liegt daran, daß ...« Im Neo-Marxismus wimmelt es von solchen »Schon–abers«. (Nicht jedoch bei Karl Marx selbst, den Popper hochschätzte, obgleich er in der Tat Voraussagen machte, die Popper für falsifiziert hielt.)

Als seinen Beitrag zur »Kriegsanstrengung« übernahm Popper einige dieser Ideen in *Die offene Gesellschaft und ihre Feinde*. Das Buch spürt den Wurzeln des Faschismus nach, wobei der tadelnde Finger vor allem auf Platon und Hegel zeigt. Aber Poppers Kritik des

Faschismus ist ebensogut auf andere Formen totalitären Denkens anwendbar. Deshalb ist das Buch unverändert aktuell und von Relevanz für die Kritik zeitgenössischer geschlossener Gesellschaften, seien sie religiös-fundamentalistisch, extrem nationalistisch oder ethnisch-chauvinistisch geprägt. Poppers Angriffsziel war zwar die Philosophie des Totalitarismus, aber viele Leser waren überzeugt, daß *Die offene Gesellschaft* eigentlich als eine durch den Kalten Krieg bedingte Polemik vor allem gegen den Marxismus gedacht war. Gegen diese Deutung hatte Popper nicht viel einzuwenden.

In diesem Buch überwindet Popper die Vorstellung, Fortschritt sei zwangsläufig und unerbittliche, aber vom Menschen auffindbare Gesetze beherrschten den Lauf der Geschichte. Geschichte, so insistierte er, hat keine Handlung, keinen »Plot«. »Geschichte kann nicht fortschreiten. Nur wir Menschen können es.« Nichts ist verbürgt; statt dessen bleibt der wirksamste Dünger des sozialen und wirtschaftlichen Vorankommens »Offenheit«. Offenheit ist Gift für den Totalitarismus. Im Jahr 2000 wurde der chinesische Gelehrte Liu Junning aus der chinesischen Akademie für Gesellschaftswissenschaften ausgeschlossen, nachdem er einen Vortrag über *Die offene Gesellschaft und ihre Feinde* gehalten hatte.

Der Gedanke, Fortschritt sei eine Angelegenheit von *Trial and Error*, war eine der wirklich großen Ideen des 20. Jahrhunderts und zeichnet sich wie viele wahrhaft große Ideen durch äußerste Einfachheit aus. Irrtum ist immer möglich, eine »Wahrheit« ist niemals gewiß. So wie der Unterschied zwischen Wissenschaft und Pseudowissenschaft in der Möglichkeit der Falsifizierung liegt, ist für eine offene Gesellschaft die Notwendigkeit des Überprüfens, Sondierens und Untersuchens unabdingbar, wenn politische Fortschritte erzielt werden sollen. Poppers Einsicht war die Erkenntnis, daß Demokratie nicht einfach als ein Luxusgut anzusehen ist, als etwas, das sich ein Land erst leisten kann, wenn es einen gewissen Entwicklungsstand erreicht hat. Vielmehr ist Demokratie selbst eine Vorbedingung des Fortschritts. Er war der Überzeugung, Demokratie habe eine rationale Lebenseinstellung zur Folge, die er wie folgt zusammenfaßte: »Ich mag unrecht haben und Du recht, und durch eine gemeinsame Anstrengung könnten wir der Wahrheit näher kommen.«

Als Popper daher die von Platon gestellte Frage »Wer soll im Staat herrschen?« behandelte, verurteilte er sie als eine gefährliche Frage. Legitimität darf nicht unsere Hauptsorge sein. Auch Hitler kam legitim an die Macht; das Ermächtigungsgesetz wurde im Reichstag mit einer Mehrheit verabschiedet. »In *Die offene Gesellschaft* schlug ich vor, die Frage Platons ›Wer soll im Staat herrschen?‹ durch eine ganz andere zu ersetzen: ›Wie können wir die Verfassung so gestalten, daß wir jede Regierung ohne Blutvergießen wieder loswerden können?‹ Diese Frage legt den Nachdruck nicht auf die Art der *Wahl* der Regierung, sondern auf die Möglichkeit ihrer *Abwahl*.«

Fragen wie die nach der Art unserer Regierung und der Struktur unserer Gesellschaft waren für Popper wirkliche Probleme, die für den forschenden Blick des Philosophen nicht weniger geeignetes Rohmaterial abgaben als die Induktion oder der Begriff des Unendlichen; auf eine naheliegende Weise war die politische und soziale Thematik sogar noch dringender als diese. Und hinter Poppers Abneigung gegen Wittgenstein stand die Verachtung für dessen scheinbare Gleichgültigkeit gegenüber den brennenden Fragen der wirklichen Welt, zumindest insoweit es Themen waren, zu deren Lösung der Philosoph einen gültigen und besonderen Beitrag leisten kann. Russell, der *Die offene Gesellschaft* sehr bewunderte, war ein noch politischerer Mensch als Popper. Auch er glaubte, daß der Philosoph aus seinem Elfenbeinturm herauskommen und sich in zeitgenössische Kontroversen einmischen solle. 1946 galt seine wachsende Sorge der Gefahr einer atomaren Apokalypse. Ein Jahr später hielt er in den Niederlanden und in Belgien eine Reihe von Vorträgen, in denen er für eine radikale Lösung plädierte: eine Weltregierung, »die das Monopol auf alle Kriegswaffen von einiger Stärke besitzt«.

Damals unterstützte seine dritte Frau Patricia (genannt Peter) eine Kampagne mit dem Ziel, die Lebensbedingungen in der britischen Besatzungszone Deutschlands zu verbessern. Wenige Wochen nach Russells Begegnung mit Popper, am 18. November, war sie Mitunterzeichnerin eines Leserbriefs an die *Times*, nachdem die britische Regierung angekündigt hatte, daß britische Staatsbürger vor Weihnachten zusätzliche Lebensmittelrationen erhalten sollten – ausgerechnet in einer Zeit der Lebensmittelknappheit in der britischen Zone Deutschlands, wie der Brief monierte: »Wir geben zu bedenken, daß wir, falls die Regierung in ihrer Lebensmittelpolitik nicht eine radikale Kehrtwendung vollzieht, nicht nur die unmittelbare Stabilität in Europa, sondern auch die Chancen auf einen echten Frieden gefährden.«

Der Krieg war zwar vorbei, aber die Zukunft Europas sah düster aus. Die Industrie lag in Trümmern, Güter des elementaren Bedarfs waren knapp, in einigen westlichen Demokratien florierten kommunistische Parteien, die Sowjets verstärkten ihren Zugriff auf Osteuropa und bauten die Atombombe. Diese Entwicklung konfrontierte den Westen mit der unmittelbaren Bedrohung seiner demokratischen Zukunft. Unterdessen mußten Popper und Russell frustriert zusehen, wie Wittgenstein eine ganze Generation neuer Philosophen davon überzeugte, daß Philosophie einzig und allein – so faßten sie es auf – ein Tändeln mit der Sprache sei. Für die Zukunft der Philosophie war es wichtig, diesen Irrglauben aufzudecken.

RÄTSELN UM PROBLEME

Man hört immer wieder die Bemerkung, daß die Philosophie eigentlich keinen Fortschritt mache, daß die gleichen philosophischen Probleme, die schon die Griechen beschäftigten, uns noch beschäftigen. Die das aber sagen, verstehen nicht den Grund, warum es so ist; sein muß. Der ist aber, daß unsere Sprache sich gleich geblieben ist & uns immer wieder zu denselben Fragen verführt.

LUDWIG WITTGENSTEIN

Für Popper, einen Philosophen in der großen Tradition, gab es wirkliche Probleme, mit denen die Philosophen sich auseinandersetzen sollten: die Struktur der Gesellschaft, das Wesen der Wissenschaft, das Leib–Seele-Problem, die Fragen der Unendlichkeit, der Wahrscheinlichkeit, der Kausalität. Bei dem Drama im Raumkomplex H 3 standen mehrere dieser Fragen auf der Bühne.

Als Wittgenstein Popper nach Beispielen für »Probleme« fragte, mußte fast zwangsläufig das Problem der »Induktion« zur Sprache kommen (bisher ist die Sonne jeden Tag aufgegangen – wird sie morgen aufgehen?). Poppers Angriff auf das Verifikationsprinzip mit Hilfe des Induktionsproblems war eine der Ursachen für sein gespanntes Verhältnis zum Wiener Kreis gewesen; es war auch das Thema seines bis dahin einzigen Besuchs in der Höhle des Löwen (Moral Science Club) und war seither seine Obsession geblieben. Er glaubte, das Rätsel gelöst zu haben, und es wird berichtet, daß ihn gegen Ende seines Lebens jeder Versuch, an seiner Lösung zu zweifeln, in helle Wut versetzen konnte, so als mache man den Versuch, einen Götzen wieder zusammenzukitten, den er zertrümmert hatte.

Nachdem Popper, wie geschildert, das Verifikationsprinzip des Wiener Kreises als fehlerhaft, da auf dem Induktionsschluß beruhend, verworfen hatte, gebrauchte er als Alternative seine Falsifizierbarkeitsthese, um nicht Sinn von Unsinn, aber Wissenschaftliches von Nichtwissenschaftlichem zu unterscheiden. Dieses Falsifizierungsprinzip ist jedoch seinerseits arg gebeutelt worden. Kritiker wie Poppers einstiger Schüler und späterer Intimfeind Imre Lakatos haben argumentiert, es gebe Theorien, die ihre Falsifizierung überste hen *sollten*, und daß einige große Theorien eine frühe Falsifizierung in der Tat überstanden haben. Es gebe Fälle, in denen man lieber den Versuch verwerfen oder wegerklären sollte, als die Hypothese, die er scheinbar widerlegt. Wenn also Naturwissenschaftler Galileis Theorie des freien Falls überprüfen, indem sie Stahlkugeln unterschiedlicher Masse in einen Bergwerksschacht werfen, nimmt man die scheinbare Widerlegung der Theorie nur als Beweis für das Vorhandensein eines störenden Faktors (in diesem Fall Eisenerz): Die Theorie wird als hinreichend robust angesehen, nicht durch das möglicherweise anormale Resultat eines Experiments widerlegt zu werden.

Auch dürfe man, wie Lakatos behauptete, Hypothesen nicht einfach nach Zahl und Kühnheit ihrer Voraussagen beurteilen. Denn von besonderem Interesse sind gerade die einzigartigen Voraussagen, die andere Theorien nicht liefern – wäre es anders, könnte ein einziger Versuch mehrere Theorien gleichzeitig erhärten. Wenn man sich auf einem festen Punkt der Erde befindet und einen Stein in die Höhe wirft, machen die Einsteinsche wie die Newtonsche Physik annähernd dieselben Voraussagen darüber, wo der Stein landen wird (dagegen liefern sie ganz unterschiedliche Voraussagen, falls man den Stein von einem Raumschiff aus wirft). Wenn dies aber zutrifft, wächst der Wissenschaft eine Art von subjektiver, soziologischer Komponente zu – eine Theorie ist dann nicht einfach an der Welt *in toto* zu messen, sondern an anderen Vermutungen, die zur selben Zeit herumgeistern.

Popper war überzeugt, seine Theorie könne solchem Störfeuer widerstehen. Aber der gewichtigste Einwand gegen sein Werk lautet, daß er trotz seines Anspruchs daran gescheitert sei, Humes Problem der Induktion zu lösen. So beharren seine Kritiker darauf, Poppers Theorie könne keine zufriedenstellende Antwort auf die Frage geben, warum es – um Lakatos' Beispiel zu zitieren – nicht ratsam ist, vom Eiffelturm zu springen. Denn einerseits ist die Theorie, daß man durch die Erdanziehung in die Tiefe gerissen wird und am Boden aufschlägt, durch unzählige Unfälle und Selbstmorde geprüft. Aber andererseits kann man hieraus, wie Popper selbst hervorhob, nicht logisch ableiten, daß dies auch beim nächsten Sprung zwingend geschehen wird. Man hat also nur dann Grund, nicht zu springen, wenn man der Überzeugung ist, die Vergangenheit sei wenigstens teilweise eine Leitschnur für die Zukunft.

Doch ob Popper diese Einwände nun zufriedenstellend beantwortet hat oder nicht – daß man sie durch Sprachanalyse auflösen könne, wie man Tabletten in Wasser auflöst, hat er nie geglaubt. Seine Induktionslehre hatte er zwar schon in der *Logik der wissenschaftlichen Forschung* skizziert, aber in der englischsprachigen Welt war sie 1946 kaum bekannt. Am Ende jenes Briefes an Russell, den er zwei Tage nach ihrer Begegnung im MSC schrieb, macht er sich erbötig, seinem Helden die Lösung des 200 Jahre alten Problems der Induktion zu erklären: Er werde seine Zeit nicht sehr in Anspruch nehmen müssen, schrieb Popper; zwanzig Minuten seien völlig ausreichend.

Ein anderes philosophisches Thema, das wir nur im Vorübergehen erwähnt haben, muß in H 3 ebenfalls zur Sprache gekommen sein: die Wahrscheinlichkeit. Die meisten der dort versammelten Universitätslehrer waren überzeugt, daß die Wahrscheinlichkeit Probleme aufwarf, die durch linguistische Entwirrung allein nicht zu lösen waren.

Nachdenken über die Wahrscheinlichkeit war für Popper eine Form der Entspannung; dann saß er da und bedeckte Seiten um Seiten mit hingekritzelten Gleichungen. Es gab hier eine Verbindung zu seinem Kriterium der Falsifizierbarkeit. Die Quantenmechanik, die sich mit der Wahrscheinlichkeit befaßt, war damals ein relativ junger Zweig der Physik. Sie besagt, daß man die Bewegung einzelner Elektronen nicht definitiv, sondern nur mit einer bestimmten Wahrscheinlichkeit voraussagen kann. Und natürlich wollte Popper solche quantenmechanischen Aussagen nicht als unzulässig verwerfen. Wie aber konnte er die Wahrscheinlichkeit in seine Theorie der Falsifizierbarkeit einbringen? Wenn ich sage: »Die Wahrscheinlichkeit, daß G. E. Moore dem Treffen des MSC beiwohnt, ist eins zu zehn«, wird meine Hypothese offenkundig weder durch das Erscheinen noch durch das Nichterscheinen Moores falsifiziert. Selbst wenn Moore aufkreuzt, bin ich nicht widerlegt. Denn ich habe nicht gesagt, daß er definitiv nicht erscheinen wird; ich habe nur gesagt, daß es sehr unwahrscheinlich ist.

Das Thema »Wahrscheinlichkeit« beschäftigte nicht nur Popper, sondern auch Broad, Braithwaite, Wisdom, Waismann, Schlick, Carnap und John Maynard Keynes. Im Unterschied zu vielen abstrusen Bereichen der Philosophie ist Wahrscheinlichkeit ein Konzept, das wir alle verstehen und mit dem wir im täglichen Leben zu tun haben. Für manche Menschen, zum Beispiel in der Versicherungsbranche, ist sie geradezu das tägliche Brot.

Wie sicher ist es, daß Red Rum das Grand National gewinnt? Wie groß ist die Wahrscheinlichkeit, beim Würfeln eine Sechs zu würfeln? Welche Chancen hat ein männlicher Raucher, 80 Jahre alt zu werden? Wie sicher ist ein atomarer Holocaust vor dem Jahr 2050? Das sind vertraute Fragen, und trotzdem ist kaum ein Thema so vertrackt wie die Wahrscheinlichkeit. Fundamental ist dabei die Frage, ob wir über Wahrscheinlichkeit sprechen, weil sie ein objektiver Bestandteil unserer Welt ist, oder nur darum, weil wir nicht wissen, was in der Zukunft geschehen wird. In anderen Worten: Ist die Zukunft wahrhaftig ungewiß, oder ist Ungewißheit lediglich das Produkt menschlicher Begrenztheit? John Maynard Keynes tendierte in seinem ersten Buch *A Treatise on Probability* zu letzterem Standpunkt. Er war überzeugt, daß man die Volkswirtschaft – und vieles andere – mit Hilfe von Wahrscheinlichkeiten anschaulich machen könne, und hielt es für sinnvoll, die Wahrscheinlichkeit vor dem Hintergrund bekannter Fakten einzuschätzen. Wenn wir im Wettbüro lediglich über die Information verfügen, daß der eine von zwei Wettläufern 25, der andere 55 Jahre alt ist, dürfte es vernünftig sein, auf den jüngeren Athleten zu setzen. Finden wir jedoch heraus, daß dieser Mann dem Bier und dem Tabak frönt und absolut keine Kondition hat, während der andere ein einstiger Olympiasieger ist, der einem vitamingesättigten Ernährungsplan folgt und täglich in einem Sportstudio Hanteln stemmt, wären wir wohl gut beraten, unsere Einschätzung der Chancen noch einmal zu überdenken. An den Athleten hat sich nichts geändert, wohl aber an unserem Wissen über sie.

Andere haben dagegen argumentiert, daß eine Aussage von der Art »Die Wahrscheinlichkeit, beim Werfen einer Münze dreimal hintereinander Kopf zu werfen, ist eins zu acht« einfach eine apriorische statistische oder mathematische Wahrheit von der Art »2+2=4« ist. Hieraus folgt unter anderem, daß derartige Aussagen nicht der möglichen Revision durch neues Faktenmaterial unterliegen. Wenn ein Würfel immer wieder die Sechs zeigt, würde das nur auf eine Manipulation hindeuten, änderte aber nichts an der Wahrheit des apriorischen Satzes »Die Wahrscheinlichkeit, daß ein Würfel die Sechs zeigt, ist eins zu sechs«.

Diese Betrachtungsweise hat den Nachteil, uns bei den Würfeln in der realen Welt nicht weiterzuhelfen. Das Insistieren auf einer allgemeinen mathematischen Wahrheit ist nutzlos, wenn es uns darum geht, beim Würfeln im Spielcasino unsere Brieftasche zu füllen. Einige Mitglieder des Wiener Kreises bevorzugten daher die »Häufigkeitsinterpretation« in der Wahrscheinlichkeitstheorie, nach der die Aussage »Die Wahrscheinlichkeit, daß dieser Würfel eine Sechs zeigt, ist eins zu zwei« lediglich bedeutet, daß bei einer unendlichen Zahl von

Würfen mit diesem Würfel in 50 Prozent der Fälle die Sechs erscheinen würde. Aber diese Häufigkeitsinterpretation ist kaum zufriedenstellend, weil wir ja wissen wollen, wie groß die Wahrscheinlichkeit einer Sechs beim *nächsten* Wurf ist, und nicht, was nach einer unendlichen Folge von Würfen der Fall sein wird.

Die Wahrscheinlichkeitstheorie war eine der Fragen, zu denen Popper immer wieder zurückkehrte. Bei seinem Englandaufenthalt 1935/36 hielt er Vorlesungen darüber. Und in der Bewerbung um ein Stipendium des Academic Assistance Council bezeichnet er sich als Kapazität auf diesem Gebiet. Sein Leben lang galt seine Sorge der Bekämpfung des inhärenten Subjektivismus in der Heisenbergschen Unschärferelation und der sogenannten Kopenhagener Interpretation der Quantenmechanik. Denn darin wird festgehalten, daß wir bestimmte Dinge über diese Welt notwendigerweise gar nicht wissen können; wir können niemals mit absoluter Genauigkeit die Position atomarer Teilchen feststellen. Wir können zwar entweder die Position oder den Impuls der Teilchen definieren, nicht aber beides zugleich. Wir müssen uns mit Wahrscheinlichkeiten zufriedengeben. Das störte nicht nur Popper, sondern auch Albert Einstein. Gott würfelt nicht, sagte Einstein. Er bestand darauf, daß die Welt restlos determiniert sei, daß sie den normalen Gesetzen von Ursache und Wirkung unterliege und daß man theoretisch imstande sein müsse, die Bahn eines Teilchens mit hundertprozentiger Gewißheit vorauszusagen. Bis an sein Lebensende suchte Einstein nach einer einheitlichen Theorie, die mit der Ungewißheit aufräumte.

Popper löste das Dilemma zwischen seinen eigenen objektivistischen Intuitionen und dem Heisenbergschen Prinzip auf andere Weise. Er argumentierte so: Zwar gibt es in der Welt Wahrscheinlichkeit; das bedeutet aber nicht, daß die Welt subjektiv wäre. Wenn wir von Wahrscheinlichkeit sprechen, dann nicht infolge unserer Unwissenheit. Vielmehr existiert in der Natur selbst so etwas wie eine »Propensität« (um Poppers Lieblingsausdruck zu gebrauchen). Sie ist ein objektiver Bestandteil der Welt, eine tatsächliche physikalische Verwirklichungstendenz, ähnlich einer elektrischen Kraft.

Was die Falsifikation betraf, so glaubte Popper, daß Aussagen über stabile Propensitäten von der Art »Es besteht die Chance von eins zu sechs, daß der Würfel die Sechs zeigt« überprüft werden können, indem man beobachtet, was langfristig geschieht. Isolierte Aussagen über Propensitäten von der Art »Es besteht eine Propensität von eins zu hundert, daß vor dem Jahr 2050 ein atomarer Holocaust eintreten wird« mögen sich hingegen der Überprüfung entziehen und schließen sich insoweit von der Wissenschaft aus. Man kann den Wurf einer Münze oder die Chance, Zwillinge zur Welt zu bringen, wiederholt überprüfen, nicht aber die Wahrscheinlichkeit eines atomaren Armageddon.

Noch ein Problem, mit einem ehrwürdigeren Stammbaum als selbst die Induktion oder die Wahrscheinlichkeit, tauchte in H 3 auf. Welchen Sinn können wir der Idee des Unendlichen geben?

Es war eine Frage, die auf die alten Griechen zurückging. Zenon von Elea hatte im 5. Jahrhundert v. Chr. einige geistvolle Paradoxa zum Thema Unendlichkeit ersonnen. Zenon glaubte, daß Bewegung und Zeit, jedenfalls im gewöhnlichen Verstande, eine Illusion seien. Er meinte, bewiesen zu haben, Bewegung sei entweder nicht möglich oder aber erfordere ein unendliches Quantum an Zeit.

In zwei von Zenons Paradoxa geht es um Wettläufe und Rennbahnen. Zenon argumentiert, daß ein Läufer niemals ein Stadion umrunden kann, weil er zunächst die Hälfte der Strecke zurücklegen muß, dann die Hälfte der Hälfte, darauf die Hälfte dieser Hälfte und so fort. Um den Rundlauf zu vollenden, muß er also zuerst die Hälfte der Strecke, dann ein weiteres Viertel, dann ein weiteres Achtel, dann ein Sechzehntel, dann ein Zweiunddreißigstel, dann ein Vierundsechzigstel zurücklegen und so weiter. Die Brüche rücken immer näher aneinander heran, ohne sich doch je zu berühren; die Folge der Brüche ist unendlich. Ja, nach derselben Logik kann unser armer Läufer überhaupt nicht vom Fleck kommen. Denn um zu einem beliebigen Punkt hinter der Startlinie zu gelangen, muß er zuerst einen Punkt auf der Hälfte der Strecke erreichen, den er aber nur erreicht, wenn er zuvor einen Punkt auf dem Viertel, dem Achtel, dem Sechzehntel der Strecke erreicht und so fort. Der Läufer ist dazu verurteilt, in den Startlöchern hocken zu bleiben.

Das berühmteste von Zenons Paradoxa ist der Wettlauf zwischen zwei Athleten, dem fast unverwundbaren griechischen Helden Achilles und einer Schildkröte, wobei die Schildkröte wegen ihrer Langsamkeit einen Vorsprung erhält. Nach Zenon kann der flinke Achilles das Reptil niemals einholen; denn wenn er den Punkt erreicht hat, an dem die Schildkröte losgekrochen ist, befindet sie sich schon an einem neuen Punkt, und wenn Achilles diese neue Position erreicht hat, ist die Schildkröte wieder ein paar Zentimeter weitergekommen, und so fort.

Viele von Zenons Paradoxa werden bis auf den heutigen Tag diskutiert. Aristoteles setzte sich mit ihnen auseinander und hat sie uns dadurch überliefert. Von ihm stammt die Unterscheidung zwischen »tatsächlicher« und »potentieller« Unendlichkeit. Seit über 2000 Jahren blieb dies ein klassischer begrifflicher Gegensatz, der Rahmen, in dem das Konzept der Unendlichkeit verstanden wurde. Nach Aristoteles können wir sinnvoll nur von »potentieller« Unendlichkeit sprechen. So ist zum Beispiel die Strecke einer Rennbahn unendlich teilbar in dem Sinne, daß man jeden ihrer Teile noch einmal teilen könnte, aber nicht in dem Sinne, daß sie jemals in unendlich viele Teile geteilt werden könnte: Sie weist also immer eine »potentiell«, nie aber eine »tatsächlich« unendliche Menge von Teilen auf.

Erst mit dem Auftreten des deutschen Mathematikers Georg Cantor, der in der zweiten Hälfte des 19. Jahrhunderts wirkte, fanden die Mathematiker einen Weg, die Unendlichkeit in den Griff zu bekommen, sie in begreifbaren Ausdrücken zu formulieren. Cantor argumentierte unter Rückgriff auf die aristotelische Unterscheidung, daß der Unendlichkeit auch eine aktuelle, nicht nur eine potentielle Existenz zukomme. Er nannte zwei unendliche Mengen gleich groß, wenn ihre Glieder einander paarig zugeordnet werden können. Dann ist zum Beispiel die unendliche Menge 1, 2, 3, 4, 5, ... gleich groß wie die Menge 1, 5, 10, 15, 20, ..., weil man die 1 der 1 zuordnen kann, die 2 der 5, die 3 der 10, die 4 der 15 und so fort. Durch solche Eins-zu-eins-Entsprechungen konnten einige Komplikationen und Geheimnisse der Unendlichkeit entschlüsselt werden. Insbesondere nahm Cantor für sich in Anspruch, die Möglichkeit einer streng mathematischen Behandlung der »tatsächlichen« Unendlichkeit nachgewiesen zu haben.

Indessen warf dieser Ansatz eigene Paradoxa auf. Eines von ihnen demonstrierte Bertrand Russell am Beispiel des Romans *The Life and Opinions of Tristram Shandy, Gentleman (Das Leben und die Ansichten Tristram Shandys)* von Laurence Sterne. In diesem Roman verbringt Shandy zwei Jahre damit, die ersten zwei Tage seines Lebens zu beschreiben, und ist bekümmert darüber, daß er bei diesem Tempo niemals mit seiner Autobiographie fertig werden wird. Russell argumentiert nun, daß es, falls Shandy das ewige Leben hat, nach der Cantorschen Mathematik sonderbarerweise keinen Tag in seinem Leben geben wird, der unbeschrieben bliebe. Wenn er an seinem zwanzigsten Geburtstag begänne, an den ersten zwei Tagen seines Lebens zu arbeiten, könnte er im Alter von zweiundzwanzig Jahren die

nächsten zwei Tage in Angriff nehmen, dann mit vierundzwanzig
wieder die nächsten zwei und so fort. Er würde zwar immer mehr ins
Hintertreffen geraten, doch bliebe es stets bei der Eins-zu-eins-Bezie-
hung:

Lebensjahr: 20-21 Lebenstag: 1–2
Lebensjahr: 22-23 Lebenstag: 3–4
Lebensjahr: 24-25 Lebenstag: 5–6

Ein unsterblicher Tristram Shandy könnte offenkundig jeden Tag seines Lebens zu Papier bringen.

Im Jahre 1946 war die Frage des »tatsächlichen« und des »potentiellen« Unendlichen sehr akut und kam, nach dem, was wir wissen,
auch in H 3 aufs Tapet.

Dr. R. K. Popper,
The London School of Economics & Political Science,
Houghton Street,
Aldwych,
London, W.C.2.

Dear Dr. Popper,

Thank you for your letter of October 27th which I meant
to have answered sooner. I agree with you in what you say
about the debate at the Moral Science Club. For my part I
was much shocked by the failure of good manners which seemed
to me to pervade the discussion on the side of Cambridge.
In Wittgenstein this was to be expected, but I was sorry that
some of the others followed suit. I was entirely on your side
throughout, but I did not take a larger part in the debate
because you were so fully competent to fight your own battle.

I should very much like to see you again at any time when
it is possible. After December 6th I shall be in London where
my wife and I have a flat; the address is:-

27th Dorset House, Upper Gloucester Place, N.W.1.

Yours very sincerely,

Bertrand Russell

Russell schreibt an Popper einen Monat nach dem Treffen. »Ich war ganz auf
Ihrer Seite ...«

Trinity College
Cambridge
28.10.46.

Dear Rhees,
This is only to let you
know that the doctor's
advice, to take vitamin
B, seems to have been
a good one. The fact is
that several times
after taking it ("Benerva",
Roche) I felt much less
exhausted, in spite of
hard work, & I haven't
had another of my queer
attacks since. (I'm taking
it regularly). Try it; it
will do you good & it
can't harm you. Of course
it's only 5 days since

I started. On Friday
I lectured (as usual)
from 5 to 7 & then atten-
ded a Moral Sc. Club
meeting from 8:30 to 11,
a long meeting, by the
way, in which an ass,
(Popper from London) talked
more usually rubbish. They
I've heard for a long
time. I talked a lot
(as usual) & felt no bad
effects. I couldn't con-
ceivably have done
this the week before.
This state mayn't last,
but now, at any rate, it
exists (or subsists?). May
the weather not be too
bloody hard on you!
Yours
Ludwig Wittgenstein

Wittgenstein schreibt an Rush Rhees. »... irgendein Esel aus London ...«

BRUCHBUDENVERMIETEN
UND LIEBLINGSAVERSIONEN

*Ich erinnere mich, wie Wittgenstein nach ei-
nem besonders törichten Referat im Moral
Science Club ausrief: »Mit solchen Sachen
muß Schluß sein! Schlechte Philosophen sind
wie Bruchbudenvermieter. Ich habe die Aufgabe, ihnen das Handwerk zu legen.«*

MAURICE DRURY

In *Ausgangspunkte* macht Popper klar, mit welcher Haltung er dem
Zusammentreffen in Cambridge entgegensah: »Ich gebe zu, daß ich
nach Cambridge gegangen war in der Hoffnung, Wittgenstein zur
Verteidigung seiner Ansicht zu provozieren, daß es keine echten philosophischen Probleme gibt, und um mich mit ihm über diese Frage
auseinanderzusetzen.« Der These, es gebe keine echten philosophischen Probleme, sondern nur sprachliche Rätsel, galt eine seiner
Lieblingsaversionen, da ihm »diese These von Herzen zuwider war«.

Wie sich der philosophische Zank in H3 genau abgespielt hat,
können wir nicht mit Sicherheit sagen. Anhaltspunkte liefern jedoch
das Protokoll der Sitzung, die Darstellung Poppers, die Berichte der
Augenzeugen und der ehrerbietige Brief, den Popper einen Tag nach
seiner Rückkehr nach London an Russell schrieb.

Popper hatte betont, daß es wirkliche philosophische Probleme gebe, nicht bloß Rätsel. »Wittgenstein sprang wieder auf, unterbrach
mich und sprach lange über Puzzles und über die Nichtexistenz philosophischer Probleme.« Popper will ihn seinerseits unterbrochen
und mit einer vorbereiteten Liste von Problemen konfrontiert haben.
Die Existenz der aktuellen oder potentiellen Unendlichkeit, Induktion, Kausalität – alles kam aufs Tapet. Das Problem der Unendlichkeit
fertigte Wittgenstein als eine rein mathematische Frage ab, die Frage
nämlich, ob Cantor eine für Mathematiker befriedigende Methode der
Handhabung der Unendlichkeit entwickelt habe oder nicht. »Wittgenstein tat diese Probleme ab mit der Bemerkung, es seien mehr logische als philosophische Probleme.«

An einem bestimmten Punkt der Auseinandersetzung schlug sich
Russell auf Poppers Seite und brachte den britischen Empiristen John

Locke ins Spiel. Russell mag dabei an die Überlegungen Lockes zur Frage der persönlichen Identität gedacht haben: Locke fragt, inwiefern und durch was ich heute dieselbe Person bin wie vor dreißig Jahren; die Antwort liegt für ihn in der Kontinuität von Bewußtsein und Erinnerung. Russell mag auch an Lockes Unterscheidung zwischen primären und sekundären Eigenschaften gedacht haben, zum Beispiel seine Unterscheidung von Form und Farbe. (Nach Locke liegen die primären Eigenschaften sozusagen in den Gegenständen selbst, während sekundäre Eigenschaften parasitär dem Beobachter anhaften. Ein Viereck ist ein Viereck, auch wenn es keinen Beobachter gibt, der es sieht; die Röte eines roten Vierecks hingegen hängt von der Existenz von Beobachtern ab, deren Wahrnehmungsapparat bewirkt, daß sie das Viereck als ein rotes sehen. Sekundäre Eigenschaften sind im Gegensatz zu primären nicht ohne Bezug auf ein Bewußtsein zu verstehen.)

Höchstwahrscheinlich dachte Russell jedoch an die Behauptung Lockes, daß es kein angeborenes Wissen gibt – daß all unser Wissen aus der Erfahrung stammt, daß unser Bewußtsein seine Ideen aus der Erfahrung bildet und daß wir direkten Zugang nur zu den Ideen unseres Bewußtseins (oder wie Russell sagte: zu unseren Sinnesdaten) haben. Wenn dem so wäre, bliebe das Problem bestehen, wie wir sichere Kenntnis von irgend etwas außerhalb unseres eigenen Bewußtseins, wie wir Kenntnis von Fremdseelischem und von anderen Dingen haben können.

Jedenfalls empfand Popper den Einwurf über Locke als hilfreich und schrieb das Russell hinterher auch. Dann entwickelt er in seinem Brief noch einmal den Kerngehalt seiner Ausführungen – daß er ihn noch einmal darlegen mußte, läßt darauf schließen, daß es Popper nicht gelungen war, seine Argumente auf Anhieb über jeden Zweifel erhaben zu machen (wie er selbst es immer von anderen forderte).

Welches war nun der Kernpunkt der Popperschen Kritik? Wenn Wittgenstein eine Frage von der Art »Kann etwas gleichzeitig ganz rot und ganz grün sein?« als unphilosophisch ausschließen will, muß er erklären, aus welchen Gründen er das tut. Zur Abgrenzung für ihn annehmbarer von unannehmbaren Sätzen bedarf es irgendeiner Theorie der Bedeutung. Und diese Theorie muß ein Problem und nicht ein Rätsel sein.

Die Behauptung, daß es nur Rätsel gibt, ist selbst eine philosophische Behauptung, wie Popper betont. Wittgenstein mag damit ja recht haben. Aber daß er recht hat, muß er beweisen, nicht konstatieren. Und sobald er den Beweis antreten will, wird er unweigerlich in einen Streit über ein wirkliches Problem hineingezogen – das Problem nämlich, gerade *seine* Grenzziehung zwischen Sinn und Unsinn exakt zu begründen. Selbst wenn es die Philosophie also in den meisten Fällen mit Rätseln und nicht mit Problemen zu tun hat, muß es doch wenigstens das eine Problem geben, ob alle übrigen scheinbaren Probleme wirklich bloß Rätsel sind.

Wittgenstein hatte diesen Einwand kommen sehen, reagierte aber mit Schweigen. So wie im *Tractatus* die Bildbeziehung zwischen Sprache und Welt selbst nicht abgebildet werden kann, bedeutet der Versuch, die Grenze zwischen Sinn und Unsinn zu bezeichnen, ein Überschreiten dieser Grenze. »Wovon man nicht sprechen kann, darüber muß man schweigen.«

Der Schürhaken fällt klirrend auf die Kaminplatten ...

KINNHAKEN UND SCHÜRHAKEN

*Ersparen wir uns doch den transzendentalen
Quatsch, wenn das Ganze so eindeutig wie ein
Kinnhaken ist.*

LUDWIG WITTGENSTEIN

Man nehme: einen Streit um die Grundlagen der Philosophie, bei dem beide Männer sich für deren Zukunft verantwortlich fühlen; die kulturellen, gesellschaftlichen und politischen Unterschiede zwischen den Protagonisten; die Besessenheit des einen von dem anderen, der seinerseits völlig mit sich selbst beschäftigt ist; die schonungslose Art der Kommunikation, die beide pflegen; ihr kompliziertes Verhältnis zum gemeinsamen Übervater Bertrand Russell – man verrühre alle diese Zutaten in dem Kessel, der H 3 heißt, und eine gewaltige Explosion scheint unvermeidlich gewesen zu sein. Der Schürhaken wird zum bloßen Zunder. So viel ist sicher. Auch müssen wir uns ständig vor Augen halten, daß beide Männer Ausnahmeerscheinungen waren – bloß war der eine nur allzu menschlich, der andere nicht mehr ganz menschlich.

Die Fragen bleiben: Ist Poppers Bericht über den Verlauf des Meetings falsch? Log er?

Wenn wir eine Erzählung für jenen Abend konstruieren, können wir uns einiger Tatsachen ziemlich sicher sein: zum Beispiel über Cambridge, durch dessen Straßen die verschiedenen Akteure ihrem Treffpunkt entgegenstrebten ...

Der Oktoberabend war ungewöhnlich kalt, gesättigt von jener klammen Feuchtigkeit, die den Menschen, die hier vom Gliederreißen geplagt wurden, den Spitznamen *University of the Fens* (Moor-Universität) für Cambridge eingab. Sogar den rotbackigen Sportlern der Universität kam es heute kälter vor als sonst; denn England hatte zwar den Krieg gewonnen, litt aber noch immer unter kriegsbedingtem Mangel.

Auf den Straßen, in den Auditorien und Höfen der Universität drängelten sich die jungen Leute, die erst kürzlich demobilisiert worden waren. Der dreiundzwanzigjährige Ex-Captain, der die Strände der Normandie erklommen hatte oder durch die schweißtreibenden

Dschungel Burmas gestapft war; der frühere Kampfflieger, der seine blasse Gesichtsfarbe aus dem Kriegsgefangenenlager mitgebracht hatte; der einstige Marineleutnant, der vier Jahre auf Zerstörern gefahren war, die Lebensmittel- und Erdöltransporten Geleitschutz gegeben hatten; der einstige Bergarbeiter mit seinen Erinnerungen an die Hitze und den Dreck des Kohlebergwerks: das waren jetzt die Studienanfänger, die nur den Ehrgeiz hatten, in den zulässigen zwei Jahren ein »Notdiplom« zu machen und dann wieder ein normales Leben aufzunehmen. Unter diesen Kriegsteilnehmern stachen die glattrasierten Jüngelchen hervor, die frisch von der Schule kamen und nicht wußten, ob sie froh oder traurig sein sollten, daß sie das große Spektakel verpaßt hatten. Wie leicht geriet man in ein Gespräch über »das Unglück an der Knightsbridge Corner«, nur um festzustellen, daß das Gesprächsthema nicht irgendein Unfall in der Nähe von Harrods war, sondern eine Schlacht im Wüstenkrieg.

Besondere Vergnügungen gab es für die Studenten kaum. Ihr tägliches Leben beherrschte der Mangel – schlimmer als an der Front, wie sie murrten; sogar Brot war jetzt rationiert (was die Regierung während des Krieges aus Furcht vor Krawallen nicht gewagt hatte), und Heizmaterial war knapp. Trinity College, das über weitläufige Ländereien verfügte, servierte regelmäßig Hasenpfeffer und Wild. In weniger gesegneten Colleges reichte es nur zum »Arme-Leute-Eintopf«, bestehend aus gekochten Knochen; die Dozenten taten sich derweil an Taubenpastete gütlich. Ewig hungrige Studienanfänger standen in aller Herrgottsfrühe auf, um für Brötchen und Kekse Schlange zu stehen, die aus London geliefert und auf dem Marktplatz verkauft wurden; mit unerwarteter Wehmut dachten die früheren Soldaten und Soldatinnen an Kasino oder Messe, Kantine oder Kombüse zurück. Die Nußkuchen des Reformhauses am Rose Crescent waren ständig ausverkauft. Von »feierlichen Festessen« im College erhoben sich die Feiernden mit knurrendem Magen und hielten nach einer weiteren Mahlzeit Ausschau. King's College veranstaltete im folgenden Jahr ein Fest, über das die Chronik zu berichten weiß: »Die Verbindung begrenzter Speisen mit unbegrenztem algerischen Wein zeitigte ein gewisses Durcheinander.«

Für diejenigen, die an abstrusen logischen Problemen (oder Rätseln) weniger interessiert waren, hielt der 25. Oktober 1946 andere Zerstreuungen parat. Politisch gesinnte Studienanfänger konnten den *Labour Club* der Universität besuchen und zuhören, wie Sozialminister James Griffith, ein Sohn der walisischen Täler und einstiger

Bergmann, mit klangvoller Stimme die Verdienste der neuen Labour-Regierung umriß; danach hatten sie noch Zeit für ein Glas Dünnbier und waren doch wieder rechtzeitig im College, bevor um elf Uhr die Tore geschlossen wurden. Sollte es später werden, war das Überklettern der Mauern auch kein Problem.

Im BBC-*Light*-Programm für die britischen Streitkräfte gab Victor Sylvesters Salonorchester das strikte Tempo für den »Tanzclub« vor. Das seriösere Programm *Home Service* stellte an diesem Abend die Verstaatlichung der Stromindustrie zur Diskussion; sie war Teil der von der Regierung beabsichtigten Einführung der Planwirtschaft, wodurch lebenswichtige Industrien und Dienstleistungen wie Eisenbahnen, Bergwerke und Luftfahrt in öffentlichen Besitz überführt werden sollten. Hörer des Dritten Programms, einer neuen, der hohen Kultur gewidmeten Errungenschaft der BBC, konnten sich an Auszügen von Chaucers *Canterbury Tales* ergötzen, anschließend gab es zeitgenössische französische Literatur aus Paris. Der Liebhaber klassischer Musik, der die Fahrt nach London auf sich zu nehmen bereit war, hätte in der Albert Hall Poppers entfernten Verwandten und zugleich früheren dankbaren Besucher des Palais Wittgenstein Bruno Walter bewundern können, wie er zur uneingeschränkten Begeisterung der Kritik Mozarts g-Moll-Symphonie dirigierte.

Die Zeitungen, noch genauso dünn wie im Krieg, rätselten darüber, auf welche mysteriöse Weise es Hermann Göring, den das Nürnberger Tribunal als führenden Nazikriegsverbrecher zum Tode verurteilt hatte, geschafft hatte, sich dem Strang durch eine Giftkapsel zu entziehen, obwohl seine Gefängniszelle in Nürnberg ständig durchsucht worden war. Auch in Deutschland machten sich die ersten Zeichen der Ost-West-Teilung bemerkbar. Die Amerikaner brannten darauf, die deutsche Wirtschaft wieder anzukurbeln, und in Berlin gab es Spannungen. In Flushing Meadow, im New Yorker Stadtteil Queens, debattierten die Mitglieder der Vereinten Nationen über Kernenergie. Die zwei englischen Cricket-Heroen Hutton und Washbrook ließen mit ihren unangefochtenen 237 Eröffnungspunkten gegen Süd-Australien die Herzen ihrer Landsleute höher schlagen: Auch ein erschöpftes England konnte es ihnen noch zeigen! Die Kleinanzeigen der *Times* verrieten, daß so mancher Leser die Not zu spüren bekam. »Zu verkaufen: ein langer Pelzmantel, zwei Offiziersuniformen, ein Rolls-Royce Baujahr 1933, eine goldene Armbanduhr.« Ein anderer Aufruf verriet das England der guten alten Zeit: »Pfarrer [entweder ein Mann mit großer Familie oder ein großer

Freund der Gesselligkeit] wünscht Aufnahme in großes Haus – bischöfliche Referenzen vorhanden.«

So weit, so gewiß. Trotzdem gehört für uns wie für die Mitglieder des Moral Science Club dieser Oktoberabend zwei Exilanten aus Wien, deren Lebenskreise sich noch zehn oder zwanzig Jahre vorher ohne weiteres in der Ringstraße hätten berühren können. Ihr Weg hatte sie schließlich ins Zentrum des englischen Universitäts-Establishments geführt, wo sie einander nun gegenüberstehen sollten.

Um das Bild zu einem Ganzen zu fügen, müssen wir uns klarmachen, daß Popper und Wittgenstein in ganz unterschiedlicher Geisteshaltung und mit ganz unterschiedlichen Zielen in die Sitzung kamen. Popper sah Kampf und einen Höhepunkt kommen. Wittgenstein sah eine unwillkommene Bürde kommen: die zweifache Pflicht, sowohl den MSC als auch die Philosophie vor der Infektion mit Problemen zu bewahren.

Es waren zehn Jahre seit Poppers erstem Auftreten vor dem MSC vergangen, als Wittgenstein wegen einer Erkältung gefehlt hatte. Jetzt stand der Besuch unter anderen Vorzeichen. 1936 war Popper ein Entwurzelter gewesen, der von den Einkünften seiner Frau als Lehrerin lebte und eine dauerhafte akademische Stellung suchte, für die in Wien seine jüdische Abstammung sich erschwerend, wenn nicht gar disqualifizierend ausgewirkt hätte. Er war knapp bei Kasse, »übertrieben reizbar« durch den ausbleibenden Erfolg und wohnte in schmutzigen Stadtvierteln. Jetzt, ein Jahrzehnt später, stand ihm die Zukunft offen: Er hatte eine sichere Position, eine selbstbewußte und unabhängige philosophische Stimme und endlich Anerkennung dort, wo sie zählte. Bei der Ankunft aus Neuseeland war er mit Respekt und Bewunderung für *Die offene Gesellschaft* begrüßt worden, die endlich im November 1945 in Großbritannien erschienen war. Es war durchaus knapp gewesen für den Dreiundvierzigjährigen. Er hatte befürchtet, daß keine englische Universität sich einen Dozenten holen würde, der älter war als fünfundvierzig.

In seiner Rezension von *Die Offene Gesellschaft* in der *Times* lobte der Altphilologe Sir Ernest Barker »eine Überfülle der Reichtümer – klassische Gelehrsamkeit, wissenschaftlicher Scharfsinn, logische Subtilität, philosophischer Schwung«. Der Historiker Hugh Trevor-Roper nannte das Buch »eine großartige Leistung, die gerade zur rechten Zeit kommt ... das bei weitem wichtigste Werk der zeitgenössischen Soziologie ... [Popper] hat der menschlichen Wahlfreiheit und dem menschlichen Willen ihre Bedeutung zurückgegeben.« Nicht alle Kritiker waren so hingerissen. Der ungenannte Rezensent im *Times Literary Supplement* (es war der *Times*-Redakteur Harold Stannard) machte das Blatt mit der Schlagzeile »Platon auf der Anklagebank« auf: »Dr. Poppers Buch ist ein Produkt seiner Zeit; und da die Zeiten ernst, kritisch und ambitioniert sind, ist es auch das Buch. Mit seinen Stärken und seinen Schwächen, seiner Aufrichtigkeit und seinem Dogmatismus, seiner tiefschürfenden Kritik und seiner intellektuellen Überheblichkeit ist es typisch oder doch symptomatisch für unser Zeitalter.« Später pries Gilbert Ryle in seiner Rezension für *Mind* »ein kraftvolles und wichtiges Buch. Es ist die Kritik eines Dogmensystems, das den einflußreichsten politischen Theorien zugrunde liegt und infolgedessen die tatsächliche Bewältigung der menschlichen Angelegenheiten nachhaltig tangiert.« Ernste Vorbehalte hatte Ryle gegen den Ton des Autors Wie Ryle fürchtete, riskierte Popper durch seine »ungestümen, zum Teil giftigen« Verdikte, den Leser vom eigentlichen Thema abzulenken; seine Bemerkungen scien von einer »Überschärfe, die ihrem Gewicht Abbruch tut. . Es ist taktisch unklug von einem Vorkämpfer der Gedankenfreiheit, in den unflätigen Jargon ihrer Feinde zu verfallen.«

Wittgenstein behauptete zwar, niemals *Mind* zu lesen, doch kannte er Ryles Rezension und fand sie abstoßend. Der Grund hierfür war mit ziemlicher Sicherheit ein Tip, den Ryle für seine Leser parat hatte: »Lassen Sie sich nicht die Anmerkungen entgehen! Sie enthalten interessante und wichtige Aperçus zur Esoterik Wittgensteins.« (Den Ausdruck »esoterisch« gebrauchte Popper in einer langen Anmerkung in *Die Offene Gesellschaft*, die mit Wittgenstein streng ins Gericht ging.)

»Ungestüm, giftig, überscharf«: waren das die richtigen Eigenschaftswörter für Poppers Ton in H 3? Gewiß war sein Angriffsziel an jenem Abend der in seinen Augen verderbliche Einfluß Wittgensteins auf die Philosophie. Vielleicht hatte er auch eine persönliche Rechnung zu begleichen; war er doch überzeugt, die Cambridge University Press (CUP) habe sein Buch nur abgelehnt, um Wittgenstein zu schützen. Die CUP nannte für ihre Ablehnung von *The Open Society* keine Gründe, doch erfuhr Friedrich von Hayek im Vertrauen, daß es deren zwei gab. Er teilte sie Gombrich mit, der sie seinerseits Popper nach Neuseeland meldete: Gegen das Buch sprach erstens seine Länge. Zweitens aber solle ein britischer Universitätsverlag nichts bringen, was von einer derartigen Respektlosigkeit gegenüber Platon sei.

Daraufhin meinte Popper: »Ich habe noch immer den Verdacht, daß ›Platon‹ nur ein Euphemismus für die drei W's ist: Whitehead, Wittgenstein, Wisdom.«

Auch auf einen anderen Cambridge-Kopf richtete sich Popper an jenem Abend aus: Russell. Sein Anspruch, als der geistige Erbe Russells anerkannt zu werden, und sein offenkundiges Bedürfnis, Russell zu beeindrucken, bilden einen wichtigen Nebenstrang der Auseinandersetzung in H 3.

Für Wittgenstein war dies ein MSC-Meeting wie jedes andere in den vergangenen 35 Jahren. Was die Aussicht auf einen heftigen Zusammenstoß mehrte, war die finstere Stimmung, in der Wittgenstein den Raum H 3 betrat; ein wilder Ekel vor Cambridge hatte ihn gepackt. Einen Monat vorher hatte er sich notiert: »Alles in dem Ort stößt mich ab. Das Steife, Künstliche, Selbstgefällige der Leute. Die Universitäts-Atmosphäre ist mir ekelhaft.« Schon damals dachte er andauernd daran, seine Professur aufzugeben.

Er war auch abgearbeitet und erschöpft. In diesem Trimester widmete Wittgenstein seinen Studenten viel Zeit: zwei zweistündige Kurse pro Woche, ein wöchentliches Privatissimum, einen ganzen Nachmittag für Norman Malcolm, einen weiteren für Elizabeth Anscombe und Wasfi Hijab. Als Vitamin-Apostel hatte er das Vitamin B entdeckt, das zur Bekämpfung von Ermüdungszuständen und Stimmungsschwankungen eingesetzt wurde. Doch egal ob mit oder ohne Vitamine, ließ ihn die Lehrtätigkeit stets in einem Zustand nervöser Erschöpfung zurück.

Beschäftigte er sich mit seinem Gegner? Wahrscheinlich überhaupt nicht. Bis zu diesem Tag schien Wittgenstein seinen Philosophen-Landsmann aus Wien völlig vergessen zu haben – und hatte von dessen Entschlossenheit zum Duell keine Ahnung. Als Peter Munz einige Wochen vor dem Meeting gegenüber Wittgenstein erwähnte, er habe bei Popper in Neuseeland studiert, erwiderte Wittgenstein: »Popper? Nie gehört.« Bei Wittgensteins Gleichgültigkeit gegenüber zeitgenössischer Philosophie und Poppers damaliger Unbekanntheit ist es durchaus möglich, daß das stimmte.

Jedenfalls offenbaren die Notizbücher Wittgensteins aus jener Zeit ganz andere philosophische Interessen, zum Beispiel für die komplizierte Grammatik der Farbworte, und tiefe persönliche Belastungen. Im persönlichen Bereich gab es den Medizinstudenten Ben Richards, auf den Wittgenstein zunehmend fixiert war. Als Wittgenstein ein

Jahr später seine Professur aufgab und nach Irland ging, war es Richards, der ihn dort besuchte. Wittgenstein ermutigte Richards, amerikanische Krimis zu lesen. Am Tag der Versammlung machte er sich in einer Geheimschrift (A stand für Z, B für Y, C für X usw.), die er als Kind gelernt hatte und genauso flüssig schreiben konnte wie normales Deutsch, eine rasch hingekritzelte Notiz:

»B. hat zu mir eine Vor-Liebe. Etwas, was nicht halten kann. Wie diese verwelken wird, weiß ich natürlich nicht. Wie etwas von ihr zu erhalten wäre, lebendig, nicht gepreßt in einem Buch als Andenken, weiß ich auch nicht ... Dämonen haben dieses Band gewoben und halten es in den Händen. Sie können's zerreißen, oder dauern lassen.«

Es ist unwahrscheinlich, daß Richards »etwas« mit Wittgenstein hatte. Wittgenstein neigte häufig dazu, sich Beziehungen bedeutsamer vorzustellen, als sie waren. Es gibt keinen anderweitigen Beweis dafür, daß Richards, der später heiratete, homosexuell gewesen wäre. Jedenfalls fuhr Wittgenstein am Tag nach der Sitzung des MSC, dem 26. Oktober, in demselben Stil fort, über den Wert der Liebe nachzusinnen:

»Die Liebe, die ist die Perle von großem Wert, die man im Herzen hält, für die man nichts eintauschen will, die man als das wertvollste [sic] schätzt. Sie zeigt einem überhaupt – wenn man sie hat – was großer Wert ist. Man lernt, was es heißt: den Wert erkennen. Man lernt, was es heißt: ein Edelmetall von allem anderen aussondern.«

In diesem Zustand war Wittgenstein, als er sich in das Gibbs-Building begab. An dieser Stelle, mit diesem Hintergrund im Blick, wollen wir nun den wahrscheinlichen Verlauf der Geschehnisse rekonstruieren, bevor wir die Beweise abwägen.

Endlich allein! Ludwig Wittgenstein aß die Tomaten-Sandwiches auf, die er sich zwischendurch bei Woolworth gekauft hatte. Er aß sie nicht, weil er Hunger hatte, sondern zur Erinnerung an Francis, dessen Lieblingsspeise sie gewesen waren. Dann verließ er sein Zimmer. Der schmale Treppenabsatz und die steile Holztreppe erinnerten ihn an das Mädchenzimmer des Hauses in der Alleegasse, nur daß dort die Klappstühle nicht so unordentlich – oder überhaupt nicht – verstaut gewesen wären. Die Diener hätten es einfach nicht zugelassen. Er sortierte die Stühle um, Liegestuhl zu Liegestuhl, Gartenstuhl zu Gartenstuhl, und achtete darauf, daß sie exakt übereinanderlagen. Ordentlich gereiht standen die Stapel da. Erinnerte er sich an Tomaten und Sandwich oder an Francis? Wie kam es, daß die Erinnerung an das eine die Erinnerung an das andere auslöste? Waren die Erinnerungen aufeinandergestapelt wie die Klappstühle? – Jetzt aber in den MSC.

Unerträglich ... nicht auszuhalten. Wie konnte er überhaupt klar denken, wenn ihm andauernd Ben in den Sinn kam? Ben ... Welche Hoffnung gab es, daß Ben genauso empfand? Trotzdem – seinen letzten Max Latin würde er mit Ben teilen. Ach ja, das Meeting – anderthalb Stunden würde er sich geben. Mit langen Schritten strebte er zur Trinity Street und wandte sich nach links.

Irgend etwas machte den jungen Studenten am Eingang zum Gonville and Caius College stutzig. Was war es um diesen Mann? Der offenbar militärische Schritt, das kurz geschnittene, ergrauende Haar, die elegante Kleidung, der vogelartige, forschende Blick? Ein hoher Offizier auf Besuch, oder dabei, seinen alten Lehrstuhl wieder einzunehmen? Wie auch immer, es blieb der flüchtige Eindruck einer ungewöhnlichen Intensität zurück. –

Das Kohlefeuer, die einzige Wärmequelle in H 3, war angefacht worden und verbreitete eine gräßliche Hitze. Braithwaite nahm den Schürhaken und schob etwas Asche beiseite, damit das Feuer besser zog. Lohn seiner Mühen war eine leichte Rauchwolke, die in der Luft verging, während er zusah. Die Verdunkelungsvorhänge waren schmuddelig und zerschlissen und vermehrten die Freudlosigkeit des schmucklosen Raumes. Er wandte sich seinem Gast zu, um eine Frage an ihn zu richten, aber auch die erstarb, als er jenen, Worte auf deutsch murmelnd, in seine Notizen vertieft sah.

Die Mitglieder des MSC, die den Raum füllten – weit mehr, als Stühle vorhanden waren –, hatten kein Auge für ihre Umgebung. Dr. Poppers eben erschienenes Buch war so etwas wie eine Attraktion. Eine Dozentin vom Girton College hatte ihren Studenten die Lektüre des Buches untersagt, da dessen Angriffe auf Platon einfach skandalös seien. Auch Kommunisten und Mitglieder des linken Labour-Flügels waren kriegerisch gestimmt, nicht wegen Platon, sondern wegen der Angriffe auf den Marxismus und geplante Gesellschaften: Wie der Vorsitzende des Clubs, Professor Wittgenstein, war der Gast ein Wiener und sollte dem Vernehmen nach den sprachorientierten Ansatz seines österreichischen Landsmannes kategorisch ablehnen. Braithwaite, der Popper kannte, hatte einen dramatischen Auftritt vorausgesagt, bei dem die Fetzen fliegen würden. Das hatte die Runde gemacht: Endlich kam jemand, der es mit Wittgenstein aufnehmen konnte, sich nicht unterbuttern lassen würde. War es nicht Popper gewesen, der als einziges Mitglied des Wiener Kreises nicht im Banne Wittgensteins gestanden hatte und den Zirkel dann mit einer einzigen, vernichtenden Erkenntnis gesprengt hatte? Und das mit Anfang dreißig! Und um der Wahrheit die Ehre zu geben: Auch die Vorstellung eines handfesten Zoffs hatte für manche, die sich in den Raum drängelten ihren Reiz – zu langweilig wurden ihnen mitunter die üblichen würdigen Versammlungen, die immer derselbe Mann mit seinen hartnäckigen Monologen beherrschte. Und so gesehen, waren schon die allerersten Worte, die der Gast äußerte, höchst verheißungsvoll.

Karl Popper konnte es gar nicht erwarten, das Wort zu ergreifen. Er schäumte über vor Energie, sein pochendes Herz verarbeitete eine Extraportion Adrenalin. Er zupfte sich am Ohrläppchen, teils um dem Plaudern im Raum zu entnehmen, worüber gesprochen wurde, teils um sich zu beruhigen. Er war der Mann der Stunde! Die Anerkennung im größten Land der Welt war ihm endlich gewiß: *Die offene Gesellschaft* hatte die politische Philosophie ebenso verändert, wie die *Logik der Forschung* ein für allemal die wissenschaftliche Methodenlehre geklärt hatte. Er wurde zu zahlreichen Vorträgen eingeladen. Die LSE war erst der Anfang. Aber heute abend würde er den dritten Sieg erringen. Er würde mit dem Unsinn aufräumen, daß das Spielen mit Worten Philosophie sei; erledigen würde er diesen Scharfmacher mit seiner unerträglichen Wichtigtuerei. Und Russell, jawohl: Bertrand Russell war auf seiner Seite, hatte ihn angespornt und seine Zweifel zerstreut, ob er wirklich das rechte Thema für den Kampf gewählt hatte – den Kampf, den sie beide wollten. Noch dazu in Newtons Zimmer! Was konnte passender sein, als daß der Mann, der die Falsifizierbarkeitsprobe eingeführt hatte, in dem Raum jenes Wissenschaftlers saß, dessen Gesetze göttlichen Status genossen, aber nun falsifiziert waren. Und daß er mit dem größten Denker seit Kant dort saß. Heute würde er siegen. Und Wittgenstein sich entschuldigen.

Und konnte man einen größeren Sieg verlangen? Wittgenstein bloßgestellt. Der Erhabene vom Sockel gestürzt. Der *Spiritus rector* des Wiener Kreises, immer sorgsam auf seine Exklusivität bedacht; das einsame Genie, durch die Hallen des Wittgensteinschen Palais streifend. In den Kaffeehäusern kursierte sogar der Witz, daß es Wittgenstein gar nicht gäbe – daß er eine Ausgeburt der Phantasie Schlicks und Waismanns sei, der goldene Berg dieser zwei armen Kerle. Heute würde die Welt entdecken, wie wirklich dieser Berg war

... Er musterte das Publikum. Ewing fixierte seine Stiefel; Wisdom las bestimmt irgendeine Sportzeitung. Braithwaite lächelte aufmunternd. Seine Frau setzte sich zurecht. Ein fremdländisch aussehender Student rutschte unruhig auf seinem Platz hin und her.

Als der Gast die Versammlung eröffnete, waren die normalen Höflichkeitsfloskeln nicht gefragt. Ein früherer Marineoffizier im Publikum mußte an das Motto des Admirals Fisher denken: »Losschlagen, nachsetzen, dranbleiben!«, als der Gast sofort mit einem Frontalangriff auf den Wortlaut der Einladung begann: Wer immer dort die Bezugnahme auf Rätsel hineingeschrieben habe, habe – vielleicht unbewußt (sagte der Gast mit dünnem Lächeln) – bereits Partei ergriffen.

Es war eine Herausforderung, die der Gast glaubte mit der gebotenen Scherzhaftigkeit vorgebracht zu haben. Für einen Menschen im Raum aber war es mehr Herausforderung als Heiterkeit; er nahm den Fehdehandschuh auf.

Unerträglich. Das war unerträglich. Wittgenstein mochte es nicht durchgehen lassen. Warum sich diese Kindereien eines Emporkömmlings über eine offizielle Einladung anhören, für die der Sekretär nicht einmal verantwortlich war? Die Formulierung stammte von ihm selbst. Wittgenstein kam dem Sekretär – seinem Studenten – zu Hilfe. Laut, hartnäckig und, wie Popper fand, zornig. Der Abend hatte so begonnen, wie er weitergehen sollte.

Dankbar für den sofortigen und flammend direkten Gegenangriff seines Retters, machte sich der Sekretär, Wasfi Hijab, wie besessen Notizen, verbissen bemüht, mit den verbalen Schnellfeuergarben mitzuhalten. Die Stimmen wurden lauter und fielen übereinander her wie zornige Brandungswellen an einem Strand:

»Popr.: Wittgenstein u. Schule blieben bei d. Präliminarien haften, die sie als Philosophie ausgäben, und kämen nie zu d. wichtigeren Problemen d. Philosophie ... gab Beispiele für Schwierigkeiten, zu deren Lösung man unter d. Oberfläche d. Sprache dringen muß.
Wittgen'n.: Das sind nur Probleme in reiner Math'ik od. Soziologie.
Publik.: von Poppers Beispielen nicht überzeugt. Atmosph. geladen. Ungewöhnl. kontrov. Diskuss. Einige sehr laut.«

(Hijab schoß der Gedanke durch den Kopf, daß das Ausarbeiten des Protokolls mehr Spaß als sonst machen würde. Er wollte es morgen tun.)

Doch mittlerweile war Wittgensteins Hand irgendwie reflexartig zur Feuerstelle gewandert und hatte den Schürhaken umklammert, der mit asche- und rußbedeckter Spitze noch so dahing, wie Braithwaite ihn zurückgelassen hatte. Der Gelehrte beobachtete besorgt, wie Wittgenstein den Schürhaken ergriff und krampfhaft mit ihm herumzufuchteln begann, um seinen Sätzen Nachdruck zu verleihen. Braithwaite hatte ihn das schon früher tun sehen. Diesmal aber wirkte Wittgenstein besonders erregt, ja er schien sich körperlich unbehaglich zu fühlen. War vielleicht die Gegenattacken eines Gastes nicht gewohnt. Für gewöhnlich hatte er sich bei den Versammlungen zu diesem Zeitpunkt zu den Höhenflügen aufgeschwungen, die die Leute hinter seinem Rücken beklagten. Braithwaite hatte plötzlich ein ungutes Gefühl; sollte er sich lieber den Schürhaken schnappen? Alles geriet irgendwie außer Kontrolle. Irgend jemand – war es Russell? – sagte: »Wittgenstein, legen Sie den Schürhaken hin!«

Wittgenstein war sich eines Schmerzes bewußt, einer konstanten Irritation, so als höre er eine Schallplatte mit just der falschen Geschwindigkeit spielen. Dieses verquaste Denken! Schlimm genug, daß dieser Esel, dieser Ringstraßen-Sokrates, eine Theorie darlegte, Dinge zu sagen versuchte, die man nicht sagen konnte, sich in dem Irrglauben wiegte, es gäbe verborgene Tiefen, die er grabend ergründen könne, wie einer, der sich in den Kopf setzt, einen tiefen Schacht zu graben, um Tagebau zu treiben: schlimm genug war das – aber daß er nicht einmal den Versuch machte, diesen Müll aus seinem Kopf zu schaffen, daß er nicht zuhören wollte, nicht verstehen, was er selber sagte ... Das mußte aufhören, diese Bosheit mußte beseitigt werden.

Irgendwo in seinem Hinterkopf merkte Popper, daß er zu weit ging. Morgen würde es ihm leid tun, daß er sich nicht in der Gewalt gehabt hatte, so wie einst nach dem Gomperz-Desaster in Wien – nur daß er es dem armen Schlick nie mehr hatte sagen können. Dafür war dieser Wittgenstein real genug. Aber ihn einen Mystiker zu nennen! Dogmatisch war er wie ein Jesuit. Und fanatisch wie ein Nazi. Ein Irrer, der die Philosophie auf Abwege führte – er sollte zugeben, daß er falschlag. Nur noch einen Stoß! Nur noch einen Stein herausgebrochen aus diesem Turm des Geschwätzes. Und jetzt hatte dieser Wahnsinnige noch den Schürhaken ergriffen und fuchtelte ihm damit vor der Nase herum, um nur ja nicht unterbrochen zu werden! Fuchtel, fuchtel, fuchtel, synchron mit jeder Silbe. Popper, was Sie sagen, ist FALSCH. Fuchtel, fuchtel. FALSCH!

Das Feuer, von keinem gehütet, war fast erloschen. Es war egal; wer jetzt in diesem Raum saß, war wie in einem Treibhaus gefangen,

umgarnt von Schlingpflanzen des Dschungels. Zorniges Stimmenge-
wirr, unablässige Zwischenrufe von Wittgensteins Schülern, eine
beispiellose Zuhörerschar. Wer stehen mußte – die »Mauerblümchen«
–, drängte heran, um ja nichts von dem Schlagabtausch zu verpas-
sen. Blinde Ratlosigkeit bemächtigte sich des Publikums. Ein literarisch bewanderter Student suchte Zuflucht bei Matthew Arnold:

> »... a darkling plain
> Swept with confused alarms of struggle and flight,
> Where ignorant armies clash by night.«[1]

Er fragte sich wieder, ob er nicht lieber Englisch studieren sollte.
Nein, warte! »*Flight*«, Flucht war das richtige Wort. Wittgenstein hatte den Schürhaken zu Boden geworfen und stand. Auch Russell war
aufgestanden. In einem plötzlichen Augenblick der Stille redete
Wittgenstein ihn an.

»Sie verstehen mich immer falsch, Russell.« Es klang sehr guttural,
fast wie »HRussell«.

Russells Stimme war noch höher als sonst. »Nein, Wittgenstein, *Sie*
sind es, der alles durcheinanderbringt. *Sie* bringen immer alles
durcheinander!«

Hinter Wittgenstein knallte die Tür zu.

Ungläubig starrte Popper auf Wittgensteins leeren Stuhl. Russell
sagte irgend etwas über Locke. Hatte er jetzt gewonnen? Wittgenstein verjagt? Ihn sprachlos gemacht? Erledigt, wie den Wiener
Kreis? Aber wo blieb das Geständnis, daß er unrecht hatte? Die Ent-
schuldigung? Jemand richtete das Wort an ihn. Braithwaite bat ihn
auf seine freundliche Art um ein Beispiel für eine moralische Regel.
Das Bild des Schürhakens fiel ihm ein: »Du sollst Gastdozenten nicht
mit dem Schürhaken bedrohen!« Es entstand eine Pause, dann kam
etwas Gelächter auf – eher wie damals vor dem Krieg, als das Publikum irrigerweise geglaubt hatte, er mache Spaß. Nun, er hatte es ihnen gezeigt.

Jetzt wurden wieder Fragen gestellt, aber diesmal mit typisch eng-
lischem Understatement. Er beantwortete sie fast geistesabwesend.
Hatte er gesiegt? Irgend jemand, wohl ein Wittgenstein-Anhänger,
stellte eine Fangfrage: Waren die heimlichen wissenschaftlichen Ver-

---

[1] Ein dunkelndes Feld,
     Überschwemmt von verworrenen Kampf- und Fluchtsignalen,
     Wo ahnungslose Heere nachts aufeinanderprallen.

suche Cavendishs als Wissenschaft zu bezeichnen? »Nein.« Er stopfte dem Frager das Maul und gab sich wieder dem Genuß seines Kampfes mit Wittgenstein hin. Russell würde ihm bestätigen, daß er gesiegt hatte. Oder?

Auf der menschenleeren Straße, im Schatten der schweigenden, mächtig aufragenden Kapelle, sog Wittgenstein in tiefen Zügen die kalte Herbstluft ein. Er begann, über ein Rätsel nachzudenken, das in seinem Seminar am Nachmittag zur Sprache gekommen war: In Comics bedeutet eine Sprechblase mit gerader Kontur »Sprechen«, eine Sprechblase mit wolkiger Kontur »Denken«. Was sagt uns das? In einem Zimmer über einem Geschäft an der King's Parade hatte ein Student gerade sein Radiogerät auf das Dritte Programm umgestellt. Durch das offene Fenster war Dylan Thomas zu hören – der fast singende, leicht walisische Akzent, die Vokale gerundet:

»August Bank Holiday. A tune on an ice-cream cornet. A slap of sea and a tickle of sand. A fanfare of sunshades opening. A wince and a whinny of bathers dancing into deceptive water. A tuck of dresses. A rolling of trousers. A compromise of paddlers. A sunburn of girls and a lark of boys. A silent hullaballoo of balloons.«[1]

---

[1] August Feiertag. Ein Lied auf einem Eiskrem-Hörnchen. Das Schlappen der See und das Kitzeln von Sand. Die Fanfare der aufgehenden Sonnenschirme. Das Kichern, das Zucken der Badenden beim Tanz in trügliches Wasser. Das Raffen von Kleidern. Aufkrempeln von Hosen. Der Kompromiß der Paddler. Der Sonnenbrand von Mädchen, die Streiche der Jungen. Das stumme Getöse von Luftballons.

Wittgenstein und Ben Richards. »B. hat zu mir eine Vor-Liebe.
Etwas, was nicht halten kann.«
Karl und Hennie. Er schrieb und schrieb, und sie tippte und tippte.

DEN TUMULT ENTWIRREN

*Wie die meisten Anwälte wissen, irren sich
Augenzeugen häufig. ... Wenn ein Ereignis eine verführerische Deutung nahelegt, läßt sich
der Augenzeuge das wirklich Gesehene meistens durch diese Deutung entstellen.*

KARL POPPER

*Dies war nun ein Fall, bei dem wir das Ergeb-
nis hatten und alles übrige selber herausfinden
mußten. Lassen Sie mich Ihnen jetzt Schritt
für Schritt erklären, wie ich vorging.*

SHERLOCK HOLMES IN SIR ARTHUR
CONAN DOYLES »STUDIE IN SCHARLACHROT«

Ohne Zweifel: hätte sein Scherz Wittgenstein in die Flucht geschlagen, wäre es ein heroischer Augenblick für Popper gewesen. Popper
scheint – was für ihn untypisch ist – den intellektuellen Zweikampf
mit Wittgenstein irgendwie persönlich genommen zu haben. Er zielt
und feuert. Er landet einen handfesten Treffer. Der verwundete Duel-
lant räumt das Feld. Räumt es und überläßt es Popper und seinem Se-
kundanten Russell.

Aber unterm Strich ist doch zweifelhaft, ob es Wittgenstein war,
der Popper um ein Beispiel für eine moralische Regel bat. Sowohl Peter Geach als auch Casimir Lewy (†), ein aus Polen stammender Fachmann für philosophische Logik, haben übereinstimmend Poppers
Version als Lüge bezeichnet. Damit ließen sie zwar akademische
Courtoisie vermissen, hatten aber vielleicht die Gerechtigkeit auf ihrer Seite. Sogar Leute wie Sir John Vinelott, die zunächst behaupteten, es sei Wittgenstein gewesen, der die Frage gestellt habe, räumten
später Zweifel ein.

Es ist anzunehmen, daß ein so dramatischer Zwischenfall – der
Versammlungsleiter stellt eine Frage und ist über den Seitenhieb in
der Antwort so entgeistert oder verärgert, daß er den Schürhaken zu
Boden wirft und hinausgeht – Eingang ins Protokoll gefunden hätte.
Ein genauerer Blick in *Ausgangspunkte* läßt ebenfalls an Poppers
Darstellung Zweifel aufkommen. Popper führt aus, er habe – eines

nach dem anderen – die »Probleme« seiner vorbereiteten Liste unterbreitet. Wittgenstein wischt sie zur Seite und ergeht sich über Rätsel und die Nichtexistenz von Problemen. Doch Popper berichtet von keiner Frage Wittgensteins – bis er plötzlich ein moralisches Prinzip einfordert; einfach so, aus dem Nichts heraus, ziemlich wenig zum Verlauf ihres Dialogs passend.

Gewiß hatte Wittgenstein, seiner Gewohnheit entsprechend, den Redner andauernd unterbrochen; ihn ärgerte, was Popper als philosophisches »Problem« ausgab: die Induktion, die Frage der empirischen Erkenntnis durch unsere Sinne, die Existenz oder Nichtexistenz potentieller oder sogar tatsächlicher Unendlichkeiten. Aber im Rahmen des Wittgenstein-Popper-Dialogs paßt die Sache mit dem Schürhaken doch mehr zu jenen heftigen Wortwechseln zwischen Popper und Wittgensteins Schülern, die weitergingen, nachdem der Meister das Schlachtfeld verlassen hatte. So versuchte etwa Peter Geach, Popper mit der Frage aufs Glatteis zu führen, ob Versuche, die Sir Henry Cavendish vorgenommen hatte, mit Recht als wissenschaftlich zu bezeichnen seien.

Cavendish, der heute vor allem als Entdecker des Wasserstoffs und anderer Gase berühmt ist, war als Forscher derart geheimniskrämerisch, daß er in seinem Haus eine zweite Treppe einbauen ließ, um nicht seinen Dienern begegnen zu müssen. Er soll in seinem Leben weniger Worte gesprochen haben als ein Trappistenmönch. Popper bestand nun darauf, daß eine Theorie nur dann gültig als wissenschaftlich zu bezeichnen war, wenn sie sowohl falsifizierbar als auch der Überprüfung zugänglich war. Auf Geachs Frage antwortete er daher mit einem knappen »Nein«.

Ferner gibt es den kurzen Wortwechsel Wittgensteins mit Russell, der auf den eigentlichen Auslöser für seinen vorzeitigen Abgang an diesem Abend schließen läßt. Wenn es irgend jemanden gab, der Wittgenstein persönlich treffen konnte, war es Russell. Wittgenstein war Wittgenstein, weshalb sein weiterer Verbleib in der Versammlung, zum Beispiel aus Gründen der Höflichkeit, überhaupt nicht in Frage kam. Außerdem hatte man ihn diese Woche um seinen üblichen Monolog geprellt. Und wenigstens das hatte er Popper zu verdanken.

Was seinen plötzlichen Abgang betraf, so konnte Popper natürlich nicht wissen, daß Wittgenstein sogar in ruhigerer Gemütsverfassung den MSC vorzeitig zu verlassen pflegte, auch wenn er den Vorsitz innehatte. Er trat auch immer fest, beinahe militärisch, auf und konnte laut Peter Munz keine Türe leise hinter sich schließen. Erst im Trimester zuvor hatte Wittgenstein einen Vortrag Alfred Ayers im MSC verlassen, ohne das Ende abzuwarten und ohne ein einziges Wort mit dem Gast gewechselt zu haben. Ayer bezeichnete Wittgensteins Abgang als »laut«. Am 25. Oktober muß es dem erregten Gast des MSC vorgekommen sein, als sei Wittgenstein hinausgestürmt.

Gleichwohl lautete der gegen Popper gerichtete Vorwurf nicht, er habe sich lediglich geirrt. Man warf ihm – einem führenden Philosophen, dem Überwinder von Platon und Marx, bewundert von Präsidenten, Kanzlern und Premierministern – vor, in seiner Autobiographie gelogen zu haben, in einem so endgültigen und logischen Bericht.

Eine Lüge? Peter Geach hat diese Anschuldigung erhoben, ist aber heute geneigt, dieser und anderen Verzerrungen im Zusammenhang mit der Schürhaken-Episode eine freundlich-nachsichtige Deutung zu geben. Er zitiert Shakespeares *Heinrich V.*, der sich einen Veteran der Schlacht von Agincourt vorstellt:

> »Die Alten sind vergeßlich; doch wenn alles
> Vergessen ist, wird er sich noch erinnern
> Mit manchem Zusatz, was er an dem Tag
> Für Stücke hat ...«

Aber auch diese scheinbar großmütige Exkulpation hat es in sich. In der Abwesenheit des Gegners zurückzuschlagen, von dem man sich bedroht gefühlt hat, aber später zu behaupten, es sei in seiner Gegenwart geschehen, klingt eher nach Falstaff als nach den wirklich braven Soldaten des fünften Heinrich. Doch ein Blick auf Heinrichs aufrüttelnde Rede vor der Schlacht beweist, daß das Zitat möglicherweise gegen Geach ausschlägt. Heinrich sagt ja voraus, daß der Teilnehmer der Schlacht bei Agincourt sich eben doch, wenn auch mit einigen Ausschmückungen (»mit manchem Zusatz«), erinnern wird, was er in einem so entscheidenden Treffen vollbracht hat. »Wenn alles / Vergessen ist, wird er sich noch erinnern«. Sollten es die Worte »Die Alten sind vergeßlich« gewesen sein, die Professor Geach auf seine späten Tage so nachsichtig stimmten, so ist er ungerecht gegen Popper. Als Popper – zuerst für Schilpps *Bibliothek lebender Philosophen* – seine Autobiographie abfaßte, war er Mitte sechzig. Aber seine Lehrtätigkeit an der London School of Economics lag noch nicht lange zurück, er plante, sich ganz dem Schreiben zu widmen, und zwei seiner wichtigsten Bücher lagen noch vor ihm. Er war energiegeladen wie eh und je.

Auffallend ist auch, daß es sonst keinen vergleichbaren narrativen Irrtum in Poppers Autobiographie gibt – nichts, was man den Erinnerungslücken eines alten Mannes zugute halten müßte. Die Schilderung des 25. Oktober 1946 in *Ausgangspunkte* ist nicht nur ungewöhnlich detailliert, es ist auch die einzige Anekdote dieser Art in dem Buch. Mit ihr schließt bereits nach weniger als der Hälfte des Buches die persönliche Seite der Autobiographie. Und Popper überlegte sich sehr genau den Wortlaut der Geschichte, wie seine verschiedenen handschriftlichen Entwürfe beweisen. So macht er sich zum Beispiel Gedanken darüber, ob er vielleicht nach Cambridge kam, »um Wittgenstein aufzureizen, ~~zu verführen, zu ködern, herauszufordern~~« [*sic*]. Schließlich entschied er sich für »provozieren«.

Popper war sich bewußt, daß seine Version der Episode mit dem Schürhaken umstritten war. Es gibt im Archiv eine nicht datierte Notiz, handschriftliche Aufzeichnungen auf deutsch, bei denen es sich offenbar um Korrekturen zu einer Neuauflage der *Unended Quest (Ausgangspunkte)* handelt. Hier setzt sich Popper gegen das von seinen Kritikern in Umlauf gesetzte Gerücht zur Wehr, Russell sei bei der fraglichen Sitzung gar nicht dabeigewesen. Es gibt auch einen Brief Poppers vom Mai 1968, in dem er zu Professor McLendons Version der Sitzung Stellung nimmt. Popper bekräftigt ausdrücklich seine eigene Darstellung des Vorfalls und hält fest, daß seine Erinnerung »bis auf das Datum [der Sitzung] ganz deutlich« sei.

Kurzum, Popper wußte, was er tat, als er die Feder ansetzte. Doch hat er die Ereignisse bewußt fehlinterpretiert, oder glaubte er seiner eigenen Geschichte? Die Antwort darauf liegt wohl in der Art seines Selbstverständnisses.

Im Gesamtzusammenhang der Autobiographie betrachtet, wirkt die Schürhaken-Episode als Herzstück von Poppers Selbstverständnis: der Außenseiter, der die herrschende Meinung in Frage stellt. In *Heinrich V.* prophezeit Heinrich über die Zeit nach der Schlacht: »Der wackre Mann lehrt seinem Sohn die Märe.« Popper plante sogar einmal, seine Autobiographie mit dieser Episode einzuleiten. Hacohen glaubt, daß für Popper der Vorfall »ein Kampf der Giganten war, den er gewonnen hatte«. Letztlich kam Popper zu dem Schluß, daß es nach Prahlerei aussehen würde, mit dieser Episode zu beginnen. Aber daß er überhaupt diese Überlegungen anstellte, beweist mehr als alles andere, daß es sich in seinen Augen um einen glorreichen Sieg gehandelt hatte.

Eine Neigung zur Selbsterhöhung ist an Popper nicht zu verkennen; er sieht sich selbst als den eigentlichen Gestalter der Ereignisse. Autobiographien machen ihren Verfasser zum Helden, indem sie ihn *per definitionem* in den Mittelpunkt rücken. Aber in *Ausgangspunkte* hat Popper nicht nur den Drachen Wittgenstein erlegt, an zwei weiteren Stellen tritt er als Held auf. Er ist der Mann, der den Logischen Positivismus zerschmettert hat. »Ich bekenne, daß ich mich schuldig fühle.« Und er ist der Mann, der Friedrich Waismann aus Wien holte und vor den Nationalsozialisten rettete – auch das eine Ausschmückung der Wahrheit.

»Diese Dozentur [in Neuseeland] war eine normale Anstellung, während die von Cambridge angebotene Gastfreundschaft einem Flüchtling zugedacht war. Meine Frau und ich wären lieber nach Cambridge gegangen, aber ich dachte, daß man das Angebot der Gastfreundschaft vielleicht auf jemand anderen übertragen könnte. Ich nahm also die Einladung nach Neuseeland an und bat den Academic Assistance Council und Dr. A. C. Ewing in Cambridge, an meiner Stelle Fritz Waismann, ein führendes Mitglied des Wiener Kreises, einzuladen. Meiner Bitte wurde entsprochen.«

Die Andeutung, daß er auf seine Chance in Cambridge zugunsten Waismanns verzichtet habe, wird durch die Briefe, die Popper seinerzeit schrieb, nicht bestätigt. Die befristete Dozentenstelle in Cambridge wurde jedenfalls *ad personam* vergeben – sie war eigens für Popper gedacht. Und wenn es auch zutrifft, daß Waismann später ein ähnliches Angebot erhielt – ein Stipendium des Academic Assistance Council und eine Dozentenstelle in Cambridge – und daß Popper Waismann dem AAC und der Universität Cambridge nachdrücklich empfahl, war es doch keineswegs ausgemacht, daß die Stelle, die Popper in Cambridge ausgeschlagen hatte, automatisch Waismann (oder irgendeinem anderen) angeboten werden würde. Waismann führte Popper nicht einmal unter seinen Referenzen an.

Vergessen wir auch nicht die beiläufige, aber potentiell irreführende Bemerkung Poppers in seinem Vortrag von 1952: »als ich Wittgenstein das letzte Mal sah«, während die beiden sich in Wirklichkeit nur einmal begegnet waren.

Hat Popper also gelogen? Letztlich können wir nur plausible Vermutungen anstellen, doch danach sieht es so aus, als habe seine Einbildungskraft in ihm eine feste – wiewohl falsche – Erinnerung hervorgerufen. Popper hielt seine Darstellung für wahrheitsgemäß.

»Das Gedächtnis ist der paradoxeste unserer Sinne«, schreibt Peter Fenwick, Neuropsychologe am Londoner *Institute of Psychiatry*: »Es ist so stark, daß selbst die flüchtigsten Eindrücke gespeichert, vollständig vergessen und dann Jahre später detailgetreu reproduziert werden können, und gleichzeitig so unzuverlässig, daß es uns vollkommen täuschen kann.« Bei der Einschätzung von behaupteten Erinnerungen tut sich ein ganzer Urwald an Problemen auf. Spätere Informationen können unabhängig von ihrem Wahrheitsgehalt ohne weiteres Erinnerungen verzerren und sogar die Überzeugung von Ereignissen hervorrufen, die niemals stattgefunden haben. Auch kann die Vorstellung eines Ereignisses in der Versuchsperson die Überzeugung, es habe tatsächlich stattgefunden, so sehr festigen, daß die vorgestellte Version die Oberhand gewinnt. »Wie und wann falsche Erinnerungen eingeprägt werden, wissen wir noch nicht genau. Einige Forscher meinen, daß sie in demselben Augenblick wie das Ereignis im Gehirn registriert werden; andere glauben, daß die Menschen sich ein Schema von den Geschehnissen bilden, in das sie nachträglich andere Ereignisse eintragen, die zwar unwahr sind, aber in das Schema und in die Erinnerung an das ursprüngliche Erlebnis hineinpassen.«

Vielleicht hatte sich Popper in Wien oder in Neuseeland bei seinen einsamen Grübeleien eine solche persönliche Konfrontation mit Wittgenstein ausgemalt. Persönlich und philosophisch stand enorm viel für ihn auf dem Spiel. Er bereitete sich sorgfältig vor, legte sich eine Angriffsstrategie zurecht, nahm mögliche Einwände vorweg. Aber es gab Dinge, die er nicht voraussehen konnte: die durch die Studenten Wittgensteins geschaffene feindselige Atmosphäre und – in dieser Atmosphäre – den Schürhaken. Die Wirkung, die der bedrohlich geschwungene Schürhaken möglicherweise auf die Zuhörer hatte, ist nicht maßgebend für seine Wirkung auf Popper. Die Zuhörer waren an Wittgenstein gewöhnt – auch wenn er an jenem Abend selbst für seine eigenen Verhältnisse ungewöhnlich erregt war.

Dann war Wittgenstein fort, unerwartet und anscheinend wegen irgend etwas, was ein anderer gesagt hatte. Die Schlacht war nicht vorüber, weder gewonnen noch verloren; sie hatte sich einfach in Luft aufgelöst.

Es liegt in der Natur eines solchen Anlasses, daß er in der aufgeregten Erinnerung immer wieder durchgearbeitet wird. Die entscheidenden Augenblicke werden herausgegriffen und unter die Lupe genommen. Einige Ereignisse des Abends werden ausgelassen, andere zu einem befriedigenderen Muster, einer anderen Abfolge umgeschmolzen. Neue Kausalverknüpfungen werden hergestellt. Das

Ergebnis dieser Bearbeitung setzt sich fest und wird zur Erinnerung an das Ereignis.

Die Frage, warum Popper in seiner Autobiographie ein falsches Datum für die Sitzung angibt – den 26. Oktober –, ist leichter zu beantworten. Als Popper 1968 gebeten wurde, McLendons Version zu überprüfen, wandte er sich wegen des Datums an die damalige Sekretärin des MSC. Sie stützte sich auf das Protokoll, das Hijab am Samstag, den 26. Oktober, geschrieben und datiert hatte. Hätte Popper die Tausende von Briefen, Vorträgen, Reden und Entwürfen durchwühlt, die sich bei ihm zu Hause in Penn stapelten, wäre er auf seine Notizen für den Vortrag im MSC – und damit auf das richtige Datum, den 25. Oktober, gestoßen.

Ein Streitpunkt bleibt noch zu klären: die mögliche Rolle Bertrand Russells. Hat Russell, der mit Wittgenstein über Kreuz war und dessen Herangehen an die Philosophie entschieden mißbilligte, Popper in den Kampf geschickt, um die Philosophie vor ihrem Abgleiten ins Geschwätz am Teetisch zu retten?

Diese interessante Behauptung hat Ivor Grattan-Guinness in einem Artikel aufgestellt. Der Beweis steht und fällt mit der Interpretation des Briefes, den Popper nach der Sitzung an Russell schrieb, und der dortigen Behauptungen:

»Ich war hocherfreut über den Nachmittag mit Ihnen und abends über die Gelegenheit zur Kooperation mit Ihnen im Kampf gegen Wittgenstein. ...

Mein eigener Vortrag enthielt nicht viel; wie Sie sich erinnern werden, hatte ich Sie gewarnt: deshalb hatte ich eigentlich über etwas anderes diskutieren wollen. ...

Daß Sie dann Locke ins Spiel brachten, war sehr hilfreich. In der Tat könnte die Situation jetzt wohl klarer nicht sein. [Nach der Erörterung logischer Dokumente heißt es weiter:] Das ist der Grund, weshalb ich dieses Thema wählen mußte (und auf Ihren Rat hin gewählt habe).«

Aber diese Bemerkungen sind bestenfalls zweideutig. Offenkundig hat Popper mit Russell über seinen Vortrag gesprochen. Aber wann? Kurz vor der Sitzung, beim Tee im Trinity College, oder noch früher?

Es hätte sich alles beim Tee abspielen können, besonders wenn Popper keinen ausgearbeiteten Vortrag mitbrachte, sondern nur ein paar Stichworte im Kopf hatte. Und vielleicht kam Popper wirklich in einem Zustand der Unschlüssigkeit nach Cambridge und wurde schließlich von Russell überredet, was sein Gegenstand zu sein habe.

Indessen ist dies nicht gerade der Eindruck, den Popper in seiner Autobiographie vermittelt, er wird auch nicht vom dokumentarischen Material gestützt. Nachdem Popper mit dem MSC den Tag seines Auftritts vereinbart hatte, schrieb er Russell einen (nicht erhaltenen) Brief. Russell antwortete am 16. Oktober und schlug Popper vor, sich mit ihm am Freitagnachmittag um 4 Uhr oder am Samstagmorgen zu treffen. Der förmliche Ton läßt nicht darauf schließen, daß bereits Konsultationen stattgefunden hätten oder das Vortragsthema erörtert werden sollte – wenn das die Absicht gewesen wäre, hätte Russell nicht den Samstagvormittag als Alternative vorgeschlagen.

Schließlich gibt es noch das Dankesschreiben Russells für Poppers Brief nach der Sitzung, wo er schreibt: »Ich habe mich nicht stärker an der Debatte beteiligt, weil Sie selbst so vortrefflich für Ihre Sache gefochten haben.« Diese Formulierung enthält nicht nur keinen Hinweis auf eine vorherige Zusammenarbeit; sie läßt auch durchblicken (»selbst für Ihre Sache gefochten«), daß Russell sich bislang keineswegs als Partner Poppers sah. »Ich war ganz auf Ihrer Seite« wäre eine ausgesprochen redundante Bemerkung, wenn Russell Popper als Streiter für seine eigene Sache vorgeschickt hätte.

Man muß jedoch zugeben, daß Poppers Formulierung »(und auf Ihren Rat hin gewählt habe)« rätselhaft bleibt. Sie erinnert überraschend genau an eine Stelle in den Anmerkungen zu *Ausgangspunkte*, wo Popper moniert: »Das Sitzungsprotokoll ist nicht ganz zuverlässig. Als Titel meines Vortrages wird dort (und ebenfalls in der gedruckten Liste der Sitzungen) ›Methods in Philosophy‹ [Methoden der Philosophie] angegeben, statt ›Are there Philosophical Problems?‹ [Gibt es philosophische Probleme]; aber das war der Titel, für den ich mich letztlich entschieden hatte.« »Letztlich« – aber wann genau? Wäre es denkbar, daß Poppers Sinneswandel beim Tee erfolgte, veranlaßt durch Russell, der boshaft die Flammen schürte? Und daß dieser Titel erst während des Vortrags selbst bekanntgegeben wurde – zu spät für die gedruckte Liste und vom Sekretär unbemerkt?

Wie auch immer, Poppers Notizen für die Sitzung zeigen, wie sorgfältig er seinen Vortrag vor dem Moral Science Club ausgearbeitet hatte. Ein vielleicht allererstes Notat beginnt mit der These: »Wir sind Erforscher von *Problemen*, die rationale Methoden benutzen. Es sind wirkliche Probleme ..., keine Probleme der Sprache oder sprachliche Vexierbilder [*puzzles*].«

Die nächste Stufe scheint eine Gliederung mit dem Titel *Methods in Philosophy* zu sein:

Hierauf folgt eine dichtbeschriebene Seite, in Spalten angeordnet und an den Rändern vollgeschrieben, und es findet sich unter anderem die Beobachtung: »Philosophie verliert sich in Präliminarien zu Präliminarien. Ehrlich gesagt: Wenn das Philosophie sein soll, interessiert es mich nicht.« Auf dem nächsten Blatt ist der Denkprozeß offenbar abgeschlossen, und der Vortrag selbst kommt in Sicht. Wir sind nun soweit, die höchsteigenen Worte Karl Poppers zu vernehmen:

»Ich bin eingeladen worden, eine Diskussion über irgendein philosophisches Vexierbild [*puzzle*] zu eröffnen«, sollte der Vortrag beginnen, bevor es mit einer Definition des Wortes *puzzle* weiterging: »Die Methode der Sprachanalyse von Scheinproblemen. Probleme verschwinden. Manchmal einhergehend mit einer These über das Wesen der Philosophie – eher Tätigkeit als Lehre – die Tätigkeit des Rätselbeseitigens. Eine Art von Behandlung, ähnlich der Psychoanalyse.« An dieser Stelle greift Popper die Einladung an:

»Dies alles wird in der Einladung vorausgesetzt, und das ist der Grund, warum ich sie nicht annehmen konnte. Mit anderen Worten ist in Ihrer Einladung eine ziemlich klare Auffassung vom Wesen der Philosophie und der philosophischen Methode enthalten. Nun ist dies eine Auffassung, die ich nicht teile. Die Tatsache, daß sie vorausgesetzt wurde, zwang mich also mehr oder weniger dazu, meinem Vortrag ein anderes Thema ...«

An dieser Stelle muß Wittgenstein seinen ersten Einwurf gemacht haben, und der Kampf begann.

Nichts von alledem läßt auf eine größere Einmischung Russells schließen. Alle Notizen sind auf Briefbögen der London School of Economics geschrieben. Daß Popper dies alles zwischen dem Tee mit Russell, dem Abendessen mit Braithwaite im King's College und der Sitzung um 20.30 Uhr zu Papier gebracht haben sollte, ist unwahrscheinlich. Die plausibelste Erklärung lautet demnach, daß Popper seinen Vortrag sehr wohl beim Tee mit Russell erörterte, Russell den Argumenten seinen Segen gab und Popper später in dem Bestreben, das Verhältnis zu seinem Abgott zu festigen und vielleicht auch, um ihm zu schmeicheln, die Bedeutung der Unterhaltung am Teetisch übertrieb.

Mit seiner Mischung aus Detailargumentation und Gefallsucht war der Brief zweifellos darauf berechnet, eine dauerhafte Beziehung zu dem Mann aufzubauen, den Popper nach eigener Aussage in einem Atemzug mit Hume und Kant nennen würde. Aber Popper sollte hier und auch später enttäuscht werden, weil sich Russell nicht auf ein gleichgewichtiges Verhältnis einließ.

Hiram McLendon behauptet, er habe seinen Tutor Russell am Samstagnachmittag getroffen; dabei habe Russell erzählt, er sei so entsetzt gewesen über den »barbarischen Empfang« Poppers im MSC, daß er ihm bereits geschrieben habe, um sich zu entschuldigen. Popper, erklärte Russell gegenüber McLendon, sei »ein Mann von größerer Bildung und Gelehrsamkeit als alle diese Senkrechtstarter zusammen«. In Wirklichkeit belegt das Archivmaterial, daß fast ein Monat verstrich, bevor Russell den bereits zitierten Brief schrieb. Und von einem gemeinsam errungenen Sieg war keine Rede; auf die von Popper ausgeführten philosophischen Punkte ging Russell ebenfalls nicht ein.

Diese Routinesitzung des Moral Science Club, eine von sieben auf dem Trimesterplan, wirft ein drittes Rätsel auf. Zu der Frage »Hat Popper gelogen?« und »Hat Russell Popper vorgeschickt?« gesellt sich: »War Popper mit Wittgensteins späteren Arbeiten vertrauter, als er zugegeben hat?« In H 3 erschien er bestens gerüstet. Obwohl Wittgenstein sein Leben lang von Sprache fasziniert war, so gehört das Bild der Philosophie als »Therapie« – als einer Freuds Psychoanalyse vergleichbaren Tätigkeit – zum späten Wittgenstein, ebenso der Gebrauch von Rätseln – mitsamt all den Metaphern, etwa: philosophische Probleme seien wie sprachliche Krämpfe. Popper behauptete jedoch später, von Wittgenstein II nichts gewußt zu haben und Wittgenstein I attackiert haben zu wollen. In der Tat ein seltsames Eingeständnis – daß er ein bereits ausrangiertes Ziel attackiert habe –, das sich eher nach einem weiteren Versuch in falscher Bescheidenheit anhört. Er hatte über Wittgensteins veränderte Positionen »nachgedacht«. Es ist unwahrscheinlich, daß er sich nicht danach erkundigte.

Während Popper am Samstag an Russell schrieb und sich noch immer über das Duell erregte (»Das war nicht der Wittgenstein, den zu treffen ich erwartet hatte«), war der Gegenstand seines Nachsinnens zu seinen Reflexionen über die Philosophie zurückgekehrt. Am Sonntag notierte er in sein kodiertes Tagebuch erstmals einen Hinweis auf den Abend achtundvierzig Stunden früher: »Es sind nicht alle frei, ... kann man von dessen [sic] sagen, die über die ...

Sprachuntersuchungen in der Philosophie spotten und nicht sehen, daß sie selbst in tiefen Begriffsverwirrungen verstrickt sind.«

Aber welche Einstellung hatte Wittgenstein zu Popper selbst, nachdem er ihm einmal persönlich gegenübergestanden hatte? Hierzu existiert ein aufschlußreicher Beleg. Kurz nach der Versammlung in H 3 hatte Wittgenstein eine kurze Mitteilung für Rush Rees gekritzelt, seinen früheren Studenten und engen Freund, der nach Wittgensteins Tod die *Philosophischen Untersuchungen* ins Englische übersetzte. Kaum leserlich spricht er da von einer »schrecklichen Versammlung ... auf der irgendein Esel aus London, Dr. Popper, mehr dummes Zeug verzapft hat, als ich seit langem gehört habe. Ich habe wie immer viel geredet ...« Der Hüter des Wittgenstein-Archivs in Cambridge, Michael Nedo, der das enzyklopädische Wissen eines Archivars über alles besitzt, was Wittgenstein betrifft, verweist zu dem Wort »Esel« auf den zu dieser Zeit von Wittgenstein zitierten Spruch von Lichtenberg: »Denn tun können auch die Ochsen und die Esel ...« Vielleicht bedeutete »Esel« auch: »zu ringstraßenmäßig«, um Beachtung zu verdienen.

Dummes Zeug hin oder her – Wittgenstein scheint das Bedürfnis gehabt zu haben, bei einer Sitzung des Clubs drei Wochen später zu Poppers Argumenten Stellung zu nehmen. »Professor Wittgensteins Hauptziel«, heißt es im Protokoll, »war die Korrektur bestimmter Mißverständnisse über die Art von Philosophie, die in Cambridge (das heißt von Wittgenstein selbst) getrieben wird.« Und das Protokoll verzeichnet auch Wittgensteins nachdrückliche Behauptung: »Eine philosophische Frage hat die allgemeine Form ›ich stecke im Sumpf, ich kenne mich nicht aus‹.«

Bleibt noch eine weitere Merkwürdigkeit an Poppers Version der Ereignisse. Sie betrifft seine Rückfahrt nach London am Tag nach dem Schürhaken-Zwischenfall. In *Ausgangspunkte* erzählt er, wie zwei junge Leute in seinem Abteil, ein Student und eine Studentin, sich über eine Rezension von *The Open Society* in »eine[r] linksradikale[n] Zeitschrift« unterhielten. Die Studentin habe dann ihren Kommilitonen gefragt: »Wer ist denn dieser Karl Popper?« Aber um welche Zeitschrift handelte es sich? Die allermeisten Besprechungen zu *The Open Society* waren im Januar 1946 erschienen. *The New Statesman* brachte im Oktober keine Rezension des Buches. Die *Tribune* hatte es im Januar besprochen. Hugh Trevor-Roper hatte sich in *Polemic* im Mai damit befaßt. Könnte es sein, daß auch diese »Erinnerung« Poppers falsch ist?

Wer hat den 25. Oktober 1946 gewonnen?
Karl Popper
Ludwig Wittgenstein

KEINER SOLL LEER AUSGEHEN

> *Was ein Satz für mich zu besagen scheint, besagt er nicht für dich. Solltest du jemals längere Zeit unter fremden Menschen leben und auf sie angewiesen sein, wirst du meine Schwierigkeit verstehen.*
>
> LUDWIG WITTGENSTEIN

> *Poppers eigener Wissenschaftstheorie war dieses Element des Paranoischen eigen. Denn was er uns einzuschärfen pflegte, war, daß einer wahren Theorie am nächsten eine Theorie kommt, die einen noch nicht betrogen hat. Jede Aussage muß uns letztlich im Stich lassen, aber wir klammern uns an diejenigen, die uns noch nicht im Stich gelassen haben.*
>
> STEPHEN TOULMIN

Besucht man H 3 mehr als fünfzig Jahre später, so präsentieren sich die Räume noch immer als Heimat beachtlicher Gelehrter. Der *Astronomer Royal* Sir Martin Rees teilt sie sich mit der Wirtschaftshistorikerin Emma Rothschild, die ihrerseits mit dem Nobelpreisträger Amartya Sen verheiratet ist. Bücher, Zeitschriften, Papiere nehmen die Wände ein und bedecken jede waagerechte Fläche. Der Raum fühlt sich ganz behaglich an; die Sessel sehen aus, als würden sie fleißig benutzt. Und doch wirkt er zu klein für die Fülle außerordentlicher Geister, die ihn an jenem Oktoberabend 1946 bevölkerten; für einen Schauplatz solcher Leidenschaften riecht er zu sehr nach gesittetem Fleiß.

Draußen im Freien könnten Russell, Wittgenstein und Popper feststellen, daß die Jahrzehnte spurlos an einer der schönsten Stadtlandschaften der Welt vorübergegangen sind. Sie hätten vielleicht Mühe, sich durch die Scharen der über die King's Parade pilgernden Touristen ihren Weg zu bahnen, sie würden bemerken, daß das College Besuchszeiten eingeführt hat, und nachdenklich zu den alten Glasfenstern der Chapel emporblicken, die in der unmittelbaren Nachkriegszeit noch im Keller der Gibbs-Buildings eingelagert waren.

Doch während die Räumlichkeiten und die Aussicht praktisch unverändert sind, kann man sich eine vergleichbare Debatte im heutigen Cambridge – oder anderswo – kaum vorstellen. Der Vorfall mit dem Schürhaken war insofern einmalig, als er aus dem Zusammentreffen zweier Besucher aus einer mitteleuropäischen Kultur erwuchs, die heute verschwunden ist. Die Sitzung fand in einer entkräfteten Nachkriegszeit statt, als ein verzweifelter Kampf um die europäische Demokratie eben zu Ende gegangen war und eine neue, nicht minder gefährliche Bedrohung für sie am Horizont heraufzog. Es genügte nicht, in den großen Fragen recht zu haben; Leidenschaft war unerläßlich. Heute haben geistige Fragen ihre Dringlichkeit verloren. Toleranz, Relativismus, die postmoderne Verweigerung jeglichen Engagements, der kulturelle Triumph der Ungewißheit – dies alles macht das Feuer in H 3 unwiederholbar. Vielleicht sind gegenwärtig auch vor lauter Spezialisierung, vor lauter Richtungen und Rissen im Reich des Geistes die wichtigen Fragen aus dem Blickfeld geraten.

Wer hat den 25. Oktober 1946 gewonnen?

In jungen Demokratien und geschlossenen Gesellschaften behält *Die offene Gesellschaft* bis heute ihre Relevanz und Frische. Das Buch ist bis heute in über dreißig Sprachen übersetzt worden, und ständig werden weitere Ausgaben geplant. Aber in Großbritannien und den USA wird Popper allmählich wieder von den Literaturlisten der Universitäten gestrichen; sein Name ist wohl nicht ganz vergessen, doch er verblaßt. Freilich ist das die Kehrseite des Erfolges, nicht der Preis des Scheiterns. Viele der politischen Ideen, die 1946 so radikal wirkten und so wichtig waren, sind mittlerweile Allgemeingut geworden. Der Kampf gegen Dogma und eherne historische Notwendigkeit, die Betonung von Toleranz und Bescheidenheit sind heute unbezweifelt und damit unumstritten. Sollten jedoch Kommunismus, Faschismus, aggressiver Nationalismus oder religiöser Fundamentalismus wieder erstarken und die internationale Ordnung bedrohen, würde man Poppers Bücher entstauben und sich ihre Argumente neu aneignen müssen. Wie Popper selbst hervorhob, gelangen wir in die Zukunft nicht auf stählernen Schienen, die in der Vergangenheit gelegt wurden.

Was die *Logik der Forschung* betrifft, so kann das Buch den Anspruch erheben, das wichtigste wissenschaftstheoretische Werk des 20. Jahrhunderts zu sein; freilich räumen auch die treuesten Gefolgsleute Poppers heute ein, daß die Formulierung eines hieb- und stichfesten Falsifizierbarkeitskriteriums mit komplizierten Problemen verbunden ist. Im übrigen sind auf diesem Gebiet mittlerweile zwei andere Autoren hervorgetreten, die vielleicht noch mehr in Mode gekommen sind: Paul Feyerabend, dessen Interesse an der Sprache der Wissenschaftstheorie vom Ansatz her an Wittgenstein erinnert, und Thomas Kuhn, dem die Welt die Prägung »Paradigmenwechsel« zu verdanken hat. Trotz allem bleibt es merkwürdig, daß in der London School of Economics, die doch mehr als jede andere Institution Poppers akademische Heimat war, bis auf den heutigen Tag nichts Besonderes an ihn erinnert. Sein Arbeitszimmer hat man zu einer Toilette umgebaut.

Wittgensteins Reputation unter den Denkern des 20. Jahrhunderts ist demgegenüber unübertroffen. Seiner Charakterisierung als Genie wird nicht widersprochen; er ist in den philosophischen Kanon eingegangen. Eine Umfrage unter Berufsphilosophen nannte Wittgenstein als fünften auf einer Liste der wichtigsten Philosophen aller Zeiten, hinter Aristoteles, Platon, Kant und Nietzsche und vor Hume und Descartes. Jener strahlende Blick, an seinen Freunden und Anhängern unübersehbar, hat sich auf nachfolgende Generationen vererbt. Sie beugen sich über seine Texte wie Talmudstudenten, die Weisheit aus der Thora schöpfen.

Sonderbarerweise ist jedoch Wittgensteins geistiges Vermächtnis genauso zweideutig wie so vieles in seinen Schriften; die Substanz ist so ungreifbar wie die Bedeutung seiner philosophischen Verlautbarungen. Seine schärfsten Kritiker sagen, seine Wirkung sei genauso gewesen wie seine Analyse der Sprache: Sie hat alles so gelassen, wie es ist. Er fegte durch die Welt der Philosophie wie ein Wirbelsturm, aber nach dem Sturm legte sich die Welt wieder zur Ruhe. Er inspirierte den Wiener Kreis und den Logischen Positivismus; der Logische Positivismus ist in Mißkredit geraten. Er beeinflußte wesentlich die Oxforder Sprachphilosophen; dieser Ansatz ist aus der Mode gekommen. Man kann eine Linie von Wittgenstein zu den Postmodernisten ziehen, aber er wäre entsetzt, wollte man ihn für letztere verantwortlich machen.

Manche Ideen Wittgensteins sind Allgemeingut geworden. »Die Bedeutung eines Wortes ist sein Gebrauch« in der Sprache« – dieser Satz hat sich als dauerhafte Parole erwiesen. Wörter haben die Bedeutung, die wir ihnen beilegen. Sprache gründet wie jede regelgeleitete Tätigkeit in unserer Praxis, unseren Gewohnheiten, unserer Art zu leben.

Die meisten Philosophen sind jedoch nicht überzeugt, daß Wittgenstein uns aus allen Problemen herausgeführt hat, nur weil er uns von dem Bann erlöst hat, die Sprache sei ein Spiegelbild der Welt. Sein emanzipatorisches Projekt hat uns von gewissen sprachbezogenen Ungewißheiten befreit. Dennoch ist es keinesfalls ausgemacht, daß alle unsere philosophischen Probleme allein aus dem Gebrauch der Sprache herrühren. Ob wir mit gutem Grund glauben dürfen, daß die Sonne auch morgen aufgehen wird, scheint ein Problem jenseits der Sprache selbst zu sein. Also schlagen sich Berufsphilosophen weiter mit den Geheimnissen des Bewußtseins und dem Verhältnis zwischen Seele und Leib / Geist und Körper herum – und sie glauben nicht, daß diese Probleme durch eine Analyse der Sprache zu lösen sein werden. Mag Wittgenstein auch bewiesen haben, daß es Rätsel gibt – die meisten Philosophen glauben nicht, daß er gezeigt hat, daß es *nur* Rätsel gibt. Popper, der es mit den Problemen hielt, könnte das vielleicht als einen Teilsieg ansehen; aber natürlich würde er nichts anderes als die bedingungslose Kapitulation akzeptieren.

Von den großen Gestalten in der Philosophie des 20. Jahrhunderts haben nur die wenigsten ihren Namen denjenigen vermacht, die auf ihrem Wege weiterschritten. Im philosophischen Wörterbuch ist kein Platz für Russellianer oder Mooreianer, Braithwaitianer oder Broadianer, Schlickianer oder Carnapianer. Anders ist es bei Popper und Wittgenstein. Es zeugt von der Originalität ihrer Ideen und der Macht ihrer Persönlichkeit, daß jemand als Popperianer oder als Wittgensteinianer bezeichnet werden kann. Und die Erinnerung an die außerordentlichen Eigenschaften dieser Männer ist das Vermächtnis jener Debatte in H 3 an uns. Das Fuchteln mit dem Schürhaken wird zum Sinnbild für den nicht nachlassenden Eifer, mit dem diese zwei Männer die richtigen Antworten auf die großen Fragen suchten.

Und was wurde aus dem Schürhaken, immerhin die *Conditio sine qua non* unserer Geschichte? Die Geschehnisse in H 3 mögen nun klarer sein – das Schicksal des Schürhakens bleibt ein Geheimnis. Viele haben vergeblich nach ihm gefahndet. Einem Bericht zufolge hat Richard Braithwaite ihn verschwinden lassen – und machte so der Neugier von Gelehrten und Journalisten gleichermaßen ein

ENDE.

ZEITTAFEL

26. April 1889	Ludwig Josef Johann Wittgenstein kommt als achtes und letztes Kind des millionenschweren Industriellen und Stahlmagnaten Karl Wittgenstein und seiner Ehefrau Leopoldine, geb. Kalmus, zur Welt.
28. Juli 1902	Karl Raimund Popper kommt als drittes und letztes Kind des reichen Rechtsanwalts Dr. Simon Popper und seiner Frau Jenny, geb. Schiff, zur Welt.
1903–1906	Da er – nach dem Erhalt von Privatunterricht – wegen mangelnder Griechischkenntnisse nicht aufs Gymnasium gehen kann, besucht Wittgenstein die Realschule in Linz. Sein Mitschüler (1904/05) ist Adolf Hitler. Liest Weininger, *Geschlecht und Charakter*, Hertz, *Grundlagen der Mechanik*, und Boltzmann, *Populäre Schriften*.
Oktober 1906 – Mai 1908	Studiert an der Technischen Hochschule Berlin Ingenieurswissenschaften; beginnt philosophische Aufzeichnungen.
1908	Geht nach Manchester, um Aeronautik zu studieren
1908	Popper lernt lesen, schreiben und rechnen bei seiner ersten Lehrerin Emma Goldberger.
1908–1911	Als Student der Universität Manchester liest Wittgenstein Russells *Principia Mathematica* und Freges *Grundgesetze der Arithmetik*.
1911	Entwirft den Plan zu einem Buch über Philosophie, reist nach Jena, um Frege, und nach Cambridge, um – unangemeldet – Russell kennenzulernen.
1912	Verfaßt sein erstes Manuskript, wird zum Studium am Trinity College, Cambridge, zugelassen, besucht Vorlesungen Moores, liest William James' *Varieties of Religious Experience*, wird zum einflußreichen Mitglied des Moral Science Club, wird zum »Apostel« gewählt, reist mit David Pinsent nach Island, besucht Frege in Jena.
1912	Der zehnjährige Popper nimmt zusammen mit dem Antinationalisten und Sozialisten Arthur Arndt an

	Wanderungen des Monistenbundes teil. Sie diskutieren über Marx und Darwin.
1913	Wittgenstein reist mit Pinsent nach Norwegen. Zeigt Russell seine *Notes on Logic*.
Oktober 1913	Durch den Tod seines Vaters Karl Wittgenstein wird er persönlich zum reichen Mann. Zieht nach Norwegen, um dort ein Haus zu bauen, zu arbeiten und zu schreiben.
April 1914	Beginnt mit dem Bau eines Hauses in Skjolden. Diktiert Moore *Bemerkungen zur Logik*.
28. Juni 1914	Von einer Wanderung mit Arndt heimkehrend, erfährt Popper von der Ermordung des Erzherzogs Franz Ferdinand in Sarajevo.
Juni 1914	Wittgenstein kehrt nach Österreich zurück, wohnt in der Hochreith, dem Landhaus der Familie.
Juli 1914	Verschenkt 100.000 Kronen an bedürftige Künstler, darunter Rilke und Kokoschka.
7. August 1914	Meldet sich nach der Kriegserklärung an Rußland freiwillig zur österreichisch-ungarischen Armee, setzt seine philosophische Lektüre mit Tolstoj, Emerson und Nietzsche fort, entwickelt die Bildtheorie der Sprache. Beginnt mit der Arbeit am *Tractatus*. Sein Bruder Paul verliert bei Kämpfen an der Ostfront den rechten Arm.
1915	Popper präsentiert seinem Vater schriftliche Argumente gegen den Krieg.
1915	Wittgenstein wird bei einer Explosion in der Artilleriewerkstätte in Krakau, wo er Dienst tut, verwundet.
1916	Wittgenstein wird auf eigenen Wunsch zu einem Artillerieregiment an der galizischen Front versetzt. Wird mehrfach ausgezeichnet. Schreibt weiter am *Tractatus*.
1916	Tod Kaiser Franz Josephs.
1917	In einem »Schlüsseljahr« wird Popper durch ein Drüsenfieber am Schulbesuch gehindert.
1917/18	Wittgenstein dient an der russischen Front in der Bukowina und danach an der italienischen Front bei Asagio. Erhält die »Tapferkeitsmedaille mit Schwertern«.

Juli 1918	Wittgenstein beendet den *Tractatus* unter seinem ursprünglichen Titel *Logisch-philosophische Abhandlung.*
November 1918	Gerät in italienische Kriegsgefangenschaft.
1918/1919	Popper geht ohne Abitur von der Schule ab und schreibt sich als außerordentlicher Hörer an der Universität Wien ein. Nach der vernichtenden militärischen Niederlage entsteht gemäß den harten Bedingungen der Verträge von Versailles und Saint-Germain die Republik Österreich. Popper erlebt mit, wie bei der Ausrufung der Republik unzufriedene Soldaten auf Mitglieder der Provisorischen Regierung schießen. Für Österreich beginnen die »Hungerjahre«.
November 1918– November 1919	Wittgenstein als Kriegsgefangener in Italien; schickt Text des *Tractatus* an Russell und Frege. Trifft im Dezember in Den Haag mit Russell zusammen, um die *Logisch-philosophische Abhandlung* (den *Tractatus*) zu erklären, für den sich kein Verlag fand.
September 1919	Verzichtet zugunsten seiner Geschwister auf sein gesamtes Erbteil. Da er glaubt, seine philosophischen Möglichkeiten erschöpft zu haben, schreibt er sich in einer Lehrerbildungsanstalt ein.
1919/20	In einer turbulenten Zeit zieht Popper von zu Hause aus, um seinem Vater Kosten zu ersparen, und wohnt in einem Barackenlager für Studenten, liebäugelt mit dem Kommunismus, läßt aber von ihm ab, nachdem er Zeuge wird, wie junge sozialistische Demonstranten von der Polizei erschossen werden (»eines der wichtigsten Ereignisse meines Lebens«), arbeitet für Alfred Adler, hört Einstein in Wien, versucht, als Straßenarbeiter Geld zu verdienen, ist dafür aber nicht kräftig genug.
1920	Russell schreibt, um die Publikation des *Tractatus* zu fördern, eine Einleitung, die Wittgenstein jedoch ablehnt. Wittgenstein tritt seine erste Stelle als Lehrer in Trattenbach (Niederösterreich) an. In den nächsten Jahren folgen Stellen in Haßbach, Puchberg, Otterthal. Stellt (1925) das 5700 Einträge umfassende *Wörterbuch für Volksschulen* zusammen.

1921	Die *Logisch-philosophische Abhandlung* erscheint im letzten Heft von Ostwalds *Annalen der Naturphilosophie* mit Russells Einleitung.
1922	Der englische Verlag Kegan Paul erklärt sich zu einer zweisprachigen Ausgabe des *Tractatus* bereit. Für die englische Version schlägt Moore den Titel *Tractatus logico-philosophicus* vor. Im November erhält Wittgenstein das erste Belegexemplar.
1922-1924	Popper arbeitet als Geselle bei einem Möbeltischler, holt als Externer das Abitur nach, studiert am Wiener Konservatorium, wird Mitglied von Schönbergs »Verein für musikalische Privataufführungen«.
1923	Wittgenstein erkundet die Möglichkeit, in Cambridge seinen BA nachzumachen, und erhält den Rat, die Dissertation (Ph. D.) anzustreben.
1924	Der führende Kopf des Wiener Kreises, Moritz Schlick, nimmt Kontakt mit Wittgenstein auf, dessen Ideen und dessen Buch in Wien auf großes Interesse stoßen.
1924/25	Popper macht seinen Gesellenprüfung als Möbeltischler, erwirbt die Befähigung zum Unterricht an Volksschulen, arbeitet mit benachteiligten Kindern.
1925	Popper nimmt das Studium am neu gegründeten Pädagogischen Institut auf, lernt seine künftige Frau Josefine Anna Henninger (»Hennie«) kennen. Muß sich vor Gericht verantworten, weil er durch Nachlässigkeit die Verletzung eines Jungen verursacht haben soll: Freispruch.
1926	Auf ihrem Linzer Parteitag nimmt die SPÖ den Gedanken des bewaffneten Konflikts in ihr politisches Arsenal auf.
26. April 1926	Wittgenstein steht wegen Mißhandlung eines Schülers vor Gericht: Fall Haidbauer. Gibt den Lehrberuf auf und arbeitet als Gärtner. Entwirft zusammen mit Paul Engelmann für seine Schwester Margarete Stonborough das Haus in der Kundmanngasse.
Februar 1927	Beginnt, wieder über Philosophie nachzudenken. Begegnung mit Moritz Schlick. Im Sommer dieses

	Jahres Montagsdiskussionen mit Mitgliedern des Wiener Kreises: Carnap, Feigl, Waismann.
15. Juli 1927	Die Polizei erschießt 84 Wiener Demonstranten, die nach dem Freispruch dreier rechter Heimwehrleute und Frontkämpfer, welche bei einer Straßenschlacht mit dem linken Schutzbund einen Krüppel und ein Kind erschossen hatten, den Justizpalast stürmen wollten. Popper und seine spätere Frau werden Zeuge der tödlichen Schüsse.
1928	Popper besteht die mündlichen Prüfungen in Musikgeschichte, Philosophie und Psychologie »mit Auszeichnung«.
1928	Wittgenstein hört in Wien die Vorlesung L. E. J. Brouwers über die Grundlagen der Mathematik; es erwacht wieder das Interesse, philosophisch zu arbeiten.
Januar 1929	Wittgenstein kehrt nach Cambridge zurück. Beginnt die Arbeit an einer Reihe von Bänden, die später unter dem Titel *Philosophical Remarks* veröffentlicht werden.
18. Juni 1929	*Tractatus* wird von Cambridge als Ph.D.-Dissertation anerkannt; erhält Stipendium des Trinity College.
Juli 1929	Veröffentlichung des Vortrags *Some Remarks on Logical Form*. Kehrt – wie auch später nach Möglichkeit – über den Sommer und zu Weihnachten nach Wien zurück.
1929	Popper erwirbt die Befähigung zum Lehramt in Mathematik und Physik an Hauptschulen. Nimmt Kontakt zu Mitgliedern des Wiener Kreises wie Viktor Kraft und Herbert Feigl auf.
1929	Wittgensteins ergebnislose Zusammenarbeit mit Waismann beginnt. Erste Vorlesungen über Probleme der Sprache, Logik und Mathematik als Beginn seines neuen Verständnisses von Philosophie. Erhält einmaliges Stipendium, um seine Forschungen fortsetzen zu können.
Dezember 1929	Verfassungsänderung in Österreich hat praktisch die Abschaffung des Parlaments zur Folge.

267

1930	Popper nimmt den Unterricht an einer Hauptschule auf. Heirat mit Hennie. Wird von Feigl zum Schreiben eines Buches ermutigt, aus dem *Logik der Forschung* wird.
1930	Wittgenstein nimmt die Lehrtätigkeit in Cambridge auf und besucht die Sitzungen des Moral Science Club. Bewirbt sich bei Trinity um eine fünfjährige Research Fellowship, die ihm gewährt wird, und zieht wieder in seine Vorkriegsräume am Whewell's Court.
1931	Wittgenstein kehrt nach Norwegen zurück und arbeitet an der *Philosophischen Grammatik.* Erste »Bekenntnisse« gegenüber Freunden..
1932	Popper beendet *Die beiden Grundprobleme der Erkenntnistheorie.* Sommerurlaub in Tirol mit Carnap und Feigl.
1932	Wittgenstein beginnt das »Big Typescript«. Nach Vorwürfen, er monopolisiere den Moral Science Club, zieht er sich zeitweise von der aktiven Teilnahme zurück.
7. März 1933	Engelbert Dollfuß löst das österreichische Parlament auf, womit Österreich zu einem klerikalfaschistischen Staat wird.
1933/34	*Das Blaue Buch* und *Das Braune Buch* entstehen – Vorlesungen und Seminarnotizen, die Wittgenstein seinen Studenten diktierte. Bald kursieren Abschriften, die erste 1933 in blauem Papier, die zweite 1934 in braunem.
12. Februar 1934	Februarkämpfe. Der Schutzbund ruft zum Aufstand auf – Niederschlagung durch die Armee. Alle sozialdemokratischen Einrichtungen werden aufgelöst, viele Parteimitglieder verhaftet.
25. Juli 1934	Kanzler Dollfuß wird bei einem nationalsozialistischen Putsch erschossen. Kurt Schuschnigg tritt an der Spitze der Vaterländischen Front seine Nachfolge an.
1934	Popper besucht im September die Prager Konferenz.
Dezember 1934	Gemäß einem Verlagsvertrag, der die Veröffentlichung seines Manuskripts von einer Kürzung abhängig macht, publiziert Popper eine zurechtge-

	stutzte Fassung von *Die beiden Grundprobleme der Erkenntnistheorie* als *Logik der Forschung*.
September 1935	Wittgenstein besucht die Sowjetunion.
1935/36	Wittgenstein liest über »Sinnesdaten und private Erfahrung«. Kehrt nach Ablauf der Research Fellowship nach Norwegen zurück und beginnt die Arbeit an den *Philosophischen Untersuchungen*.
1935	Popper hält einen Vortrag vor Karl Mengers Mathematischem Kolloquium in Wien.
1935/36	Nimmt unbezahlten Urlaub, reist zweimal nach England, hält Vorträge, besucht Versammlungen in London, Cambridge und Oxford, begegnet Moore, Schroedinger, Ryle, Ayer, von Hayek, Gombrich, Berlin. Besucht eine Sitzung der Aristotelian Society, um Russell zu hören, trägt im Moral Science Club vor. Fährt nach Kopenhagen, um Bohr kennenzulernen.
1936	Wittgenstein verfaßt eine zweite persönliche Lebensbeichte für Familie und Freunde.
1937	Rückkehr nach Norwegen, Niederschrift der *Bemerkungen über die Grundlagen der Mathematik Teil I*. Zweite »Bekenntnisse« vor Freunden.
1937	Popper lehnt den Status eines zeitweiligen Flüchtlings ab, den ihm der Academic Assistance Council angeboten hatte. Nimmt einen Lehrauftrag am Canterbury University College in Christchurch (Neuseeland) an.
1938	Beginnt in Neuseeland Arbeiten, aus denen *Das Elend des Historizismus* und *Die offene Gesellschaft und ihre Feinde* werden.
Februar 1938	Wittgenstein wohnt während eines Besuchs bei Maurice O'Conner Drury in Dublin.
12. März 1938	»Anschluß« Österreichs an Deutschland. Aus Österreich wird die Ostmark als Bestandteil des Großdeutschen Reiches. Wittgenstein erhält von Piero Sraffa den Rat, nicht nach Österreich zu fahren, und beschließt, sich um die britische Staatsbürgerschaft und eine Stelle in Cambridge zu bewerben. Seine Familie in Wien erkennt, welche Konsequenzen der »Anschluß« für sie als Juden hat.

April 1938	Wittgenstein kehrt zu seiner Lehrtätigkeit nach Cambridge zurück. Vorlesungsnachschriften erscheinen unter dem Titel *Vorlesungen und Gespräche über Ästhetik, Psychologie und Religion.*
Februar 1939	Wird zum Professor der Philosophie ernannt. Seine Fellowship in Trinity wird erneuert, er kehrt in seine Räume am Whewell's Court zurück. Übernimmt wieder eine aktive Rolle im MSC.
Juni 1939	Wittgenstein erhält seinen britischen Paß und reist nach New York, Wien und Berlin, um die »Befreiung« seiner Familie vom jüdischen Status zu bewirken.
August 1939	Berlin stellt eine erste Bescheinigung über den nichtjüdischen Status der Schwestern Wittgensteins als Mischlinge ersten Grades im Sinne der Nürnberger Gesetze aus.
September 1939	Großbritannien erklärt Deutschland den Krieg.
Februar 1940	Entscheidung Berlins, daß die Nürnberger Gesetze auf die Nachfahren des Hermann Christian Wittgenstein keine Anwendung finden.
1941-1944	Wittgenstein arbeitet in einem Londoner Krankenhaus und als Laborant in Newcastle upon Tyne.
März 1944	Kehrt auf seinen Cambridger Lehrstuhl zurück, schreibt und hält Vorlesungen. Übernimmt als Nachfolger Moores den Vorsitz des MSC. Lebt von Frühjahr bis Herbst mit Rush Rhees in Swansea.
1943	Popper beendet *The Open Society and Its Enemies.*
1944	Popper publiziert *The Poverty of Historicism* in v. Hayeks *Economica.*
1945	Veröffentlicht *The Open Society and Its Enemies* in Großbritannien. Erhält Dozentur für Logik und Wissenschaftliche Methodenlehre an der London School of Economics der London University. Kommt Ende des Jahres nach London und erwirbt die britische Staatsbürgerschaft.
25. Oktober 1946	Auseinandersetzung zwischen Wittgenstein und Popper in H 3.
1947	Wittgenstein gibt seine Cambridger Professur auf.
1947/48	Zieht nach Irland, arbeitet an *Bemerkungen über die Philosophie der Psychologie.*

1949	Kehrt für kurze Zeit nach England zurück, arbeitet an *Über Gewißheit*, besucht in Wien seine an Krebs erkrankte Schwester Hermine. Besucht Norman Malcolm in den USA. Nach seiner Rückkehr nach England wird bei Wittgenstein Krebs diagnostiziert.
1949	Popper wird ordentlicher Professor für Logik und Wissenschaftliche Methodenlehre.
1950	Wittgenstein schreibt *Bemerkungen über Farbe*; letzte Reise nach Norwegen. Zieht in das Haus Dr. Bevans in Cambridge.
1950	Popper reist in die USA, um in Harvard die William James Lectures zu halten, lernt in Princeton Einstein kennen, kann sich ein Haus in Penn (Buckinghamshire) kaufen.
1951–53	Beginnt mit der Arbeit an *Postscript: Twenty Years After*.
1951	Wittgenstein arbeitet weiter an *Über Gewißheit*.
29. April 1951	Wittgenstein stirbt in Cambridge im Hause Dr. Bevans'.
1959	Poppers erste englischsprachige Veröffentlichung von *Logic of Scientific Discovery*.
1961	Besucht mit Adorno die Tagung der Deutschen Gesellschaft für Soziologie in Tübingen und hält in Oxford die Herbert Spencer Memorial Lecture.
1962/63	Veröffentlicht *Conjectures and Refutations*. Auf Bitten Schilpps Beginn der Autobiographie für dessen *Library of Living Philosophers*.
1965	Erhebung in den Adelsstand.
1969	Gibt die Lehrtätigkeit an der London University auf, um zu schreiben und Vorträge zu halten.
1972	Veröffentlicht *Objective Knowledge*, worin er seine Theorie des objektiven Geistes durch die Welten 1, 2 und 3 entfaltet.
1974	Die *Library of Living Philosophers* widmet Popper und seinem Denken zwei Bände; Band I enthält die Autobiographie, die später separat unter dem Titel *Unended Quest* erscheint.
1983	Popper-Symposion in Wien.
1985	Nach dem Tod seiner Frau zieht Popper von Penn nach Kenley im Süden von London.

1989	Öffentlicher Vortrag an der LSE, *Towards an Evolutionary Theory of Knowledge*.
1990	Veröffentlicht *A World of Propensities*.
1994	Stirbt am 17. September.

QUELLEN

Agassi, Joseph: *A Philosopher's Apprentice*, Amsterdam 1993

Ayer, A.J.: *Russell*, London 1972

Ayer, A.J.: *Part of my Life*, London 1977

Ayer, A.J.: *More of my Life*, London 1984

Ayer, A.J.: *Wittgenstein*, London 1985

Bambrough, Renford (Hrsg.): *Plato, Popper and Politics*, Cambridge 1967

Bartley, William Warren lll: *Wittgenstein*, London 1988

Bartley, William Warren: *Wittgenstein. Ein Leben*, München 1993

Beller, Steven: *Vienna and the Jews*, Cambridge 1989

Beller, Stepen: »Rezension von: Carl Schorske, Thinking with History«, in: *Times Literary Supplement*, 15.7.1999

Bernhard, Thomas: *Wittgensteins Neffe. Eine Freundschaft*, 3. Aufl., Frankfurt a.M. 1983

Bett, Richard: *Sextus Empiricus, Against the Ethicists*, Oxford 1997

Bouwsma O.K.: *Wittgenstein Conversations*, hrsg. v. J.L. Craft and Ronald Hustwit, Indianapolis 1986

Braithwaite, Richard: *Scientific Explanation*, Cambridge 1953

Broad, C: *The Mind and its Place in Nature*, London 1925

Burrin, Philippe: *Hitler und die Juden. Die Entscheidung für den Völkermord*, Frankfurt a.M. 1993

Carnap, Rudolf: *Mein Weg in die Philosophie.* Übers. und mit einem Nachwort sowie einem Interview hrsg. v. Willy Hochkeppe, Stuttgart 1993

Carpenter, Humphrey: *The Envy of the World*, London 1996

Cartwright, N. u.a.: *Otto Neurath, philosophy between science and politics*, Cambridge 1996

Clark, Ronald: *The Life of Bertrand Russell*, London 1975

Cohen R., Feyerabend P. und Wartofsky M. (Hrsg.): *Essays in memory of Imre Lakatos*, Dordrecht 1976

D'Agostino, F. und Jarvie, I. (Hrsg.): *Freedom and rationality, essays in honour of John Watkins*, Dordrecht / London 1989

Dahrendorf, Ralf: *History of the LSE*, Oxford 1995

Davis, Norbert: *The Adventures of Max Latin*, New York 1988

Drury, Maurice: *The Danger of Words,* London 1973

Eagleton, Terry: *Saints and Scholars*, London 1987

Eagleton, Terry: *Wittgenstein, the Terry Eagleton Script, the Derek Jarman Film,* London 1993

Emmet, Dorothy: *Philosophers and Friends*, Basingstoke 1996

Engelmann, Paul: Ludwig Wittgenstein. Briefe und Begegnungen, hrsg. v. B.F. McGuinness, Wien u.a. 1970

Essler W. u.a. (Hrsg.): *Epistemology, methodology, and philosophy of sciences, essays in honour of Carl G. Hempel,* Dordrecht 1985

Ewing, Alfred: *The Definition of Good*, New York 1947

Feigl, Herbert: *Inquiries and Provocations, Hrsg. von* R.Cohen, Dordrech / London 1981

Feinberg B., Kasrils, R. (Hrsg.): *Dear Bertrand Russell*, London 1969

Fenwick, Peter und Elizabeth: *The Hidden Door*, London 1997

Fogelin, Robert: *Wittgenstein*, Boston / London 1980

Fraenkel, Josef (Hrsg.): *The Jews of Austria*, London 1967

Freud, Sigmund: *Briefe 1873–1939*. Ausgewählt u. hrsg. v. Ernst u. Lucie Freud, 2., erw. Aufl., Frankfurt a. M. 1968

Friedländer, Saul: *Das Dritte Reich und die Juden. Band 1, München 1997*

Gadol, Eugene (Hrsg.): *Rationality and Science Memorial Volume for Moritz Schlick*, Wien 1982

Gates, Barbara: *Victorian Suicide*, Princeton / Guildford 1988

Geach, Peter (Hrsg.): *Wittgenstein's Lectures on Philosophical Psychology 1946–47*, Brighton 1988

Geach, Peter: *Peter Geach, Philosophical Encounters, hrsg. v.* H. Lewis, Dordrecht 1990

Geier, Manfred: *Karl Popper*, Hamburg 1994

Gellner, Ernest: *Language and Solitude*, Cambridge 1998

Glock, Hans-Johann: *Wittgenstein-Lexikon*, aus dem Englischen v. Ernst Michael Lange, Darmstadt 2000

Golland, Louise; McGuinness, Brian und Sklar, Abe (Hrsg.): *Reminiscences of the Vienna Circle*, Dordrecht / London 1994

Gormally, Luke (Hrsg.): *Moral Truth and Moral Tradition: Essays in Honour of Peter Geach and Elizabeth Anscombe*, Blackrock 1994

Grayling, Anthony: *Wittgenstein*, Oxford 1988

Grayling, Anthony: *Russell*, Oxford 1996

Hacohen, Malachi: »Dilemmas of Cosmopolitanism: Karl Popper, Jewish Identity, and ›Central European Culture‹«, in: *Journal of Modern History*, 71 (März 1999)

Hacohen, Malachi: *Popper – The Formative Years 1902–45*, Cambridge 2000

Hahn, Hans: *Empiricism, Logic and Mathematics, Hrsg. v. Brian* McGuinness, Dordrecht / London 1980

Hamann, Brigitte: *Hitlers Wien. München 1996*

Hanfling, Oswald: *Wittgenstein's Later Philosophy*, Basingstoke 1989

Hayes, John: Einleitung in: *M. O'C Drury: The Danger of Words and Writing*, Thoemmes Press 1996

Hijab, Wasfi: *Unveröffentlichte Erinnerungen*

Hilberg, Raul: *Die Vernichtung der europäischen Juden*, 25.–28. Tsd., durchges. und erw. Ausg., 3 Bde., Frankfurt a.M. 1994

Hirschfeld, Ludwig: *Das Buch von Wien*. Mit Originalzeichnungen von Adalbert Sipos und Leopold Gedoe, München 1927. (Was nicht im ›Baedeker‹ steht, Bd. 2)

Hodges, Andrew: *Alan Turing, the enigma of intelligence,* London 1985

Ignatieff, Michael: *Isaiah Berlin. Ein Leben,* München 2000

Janik, Allan und Toulmin, Stephen: *Wittgenstein's Vienna*, London 1973

Janik, Allan und Veigl, Hans: *Wittgenstein In Vienna*, Wien 1998

Jarvie, Ian und Pralong, Sandra: *Popper's Open Society after Fifty Years*, London 1999

Jones, Ernest: *The Life and Work of Sigmund Freud*, hrsg. v. Lionel Trilling u. Steven Marcus, London 1961

Josipovici, Gabriel: *On Trust*, New Haven / London 1999

Kenny, Anthony: *Wittgenstein*, Harmondsworth 1975

Kraft, Viktor: *The Vienna Circle: The Origin of Neo-Positivism*, New York 1953

Kripalani, Krishna: *Tagore: A biography*, London 1962

Leavis, F.R.: *The Critic as Anti-Philosopher Essays and Papers*, Hrsg. von G. Singh, London 1982

Levinson, Paul: *In Pursuit of Truth*, Brighton 1982

Levy, Paul: *G.E. Moore and the Cambridge Apostles*, London 1979

Magee, Bryan: *Popper*, London 1973

Magee, Bryan: *Confessions of a Philosopher*, London 1997

Malcolm, Norman: *Erinnerungen an Wittgenstein. Mit einer biographischen Skizze von Georg Hendrik von Wright und Wittgensteins Briefen an Norman Malcolm*, Frankfurt a.M. 1987

Malcolm, Norman: *Wittgenstein: A Religious Point of View*, London 1993

McGuinness, Brian (Hrsg.): *Wittgenstein and His Times*, Oxford 1982

McGuinness, Brian (Hrsg.): *Moritz Schlick*, Dordrecht 1985

McGuinness, Brian: *Wittgenstein: A Life*, London 1988

McLendon, Hiram: *Unveröffentlichte Erinnerungen an Bertrand Russell*

Menger, Karl: *Morality, decision and social organization*, Dordrecht 1974

Miller, David: »Sir Karl Popper«, in: *Biographical Memoirs of Fellows of the Royal Society*, 43 (1997)

Minois, Georges: *History of Suicide*, Baltimore / London 1999

Monk, Ray: *Wittgenstein*, Stuttgart 1992

Monk, Ray: *Bertrand Russell, the spirit of solitude*, London 1996

Moore, George E.: *Principia Ethica*, Cambridge 1903

Moore, George E.: *Principia Ethica*, Stuttgart 1970

Moore, George E.: *Commonplace book*, hrsg. v. C. Lewy, London 1962

Munz, Peter: *Our Knowledge of the Growth of Knowledge*, London 1985

Nedo, Michael und Ranchetti, Michele: *Wittgenstein: Sein Leben in Bildern und Texten*, Frankfurt a.M. 1983

Nemeth E. und Stadler, F.: *Encyclopedia and Utopia: The Life and Work of Otto Neurath*, Dordrecht / London 1996

Neurath M. und Cohen, R. (Hrsg.): *Otto Neurath: Empiricism and sociology*, Dordrecht 1973

Neurath, Otto: *Gesammelte philosophische und methodologische Schriften*, hrsg. von Rudolf Haller u. Heiner Rutte, Wien 1981

Nicolson, Nigel: *The Letters of Virginia Woolf*, Vol. 6, London 1980

Paperno, Irina: *Suicide as a Cultural Institution in Dostoyevsky's Russia*, Ithaca / London 1997

Perloff, Marjorie: *Wittgenstein's Ladder*, Chicago 1996

Pevsner, Nikolaus: *Cambridgeshire*, Harmondsworth 1954

275

Pinsent, David Hume: *Reise mit Wittgenstein in den Norden*. Tagebuchauszüge. Briefe, Wien u.a. 1994

Popper, Karl: *The Open Society and Its Enemies*, London 1945

Popper, Karl: *Die offene Gesellschaft und ihre Feinde*. Erster Band: Der Zauber Platons, Bern 1957

Popper, Karl: *Die offene Gesellschaft und ihre Feinde*. Zweiter Band: Falsche Propheten. Hegel, Marx und die Folgen, Bern 1958

Popper, Karl: *The Poverty of Historicism*, London 1957

Popper, Karl: *Das Elend des Historizismus*, Tübingen 1969[2]

Popper, Karl: *The Logic of Scientific Discovery*, London 1959

Popper, Karl: *Logik der Forschung* (1934), Tübingen 1971[5]

Popper, Karl: *Objektive Erkenntnis. Ein evolutionärer Entwurf*, Hamburg 1973

Popper, Karl: *Unended Quest, An Intellectual Autobiography*, Rev. ed. London 1986

Popper, Karl: *Ausgangspunkte. Meine intellektuelle Entwicklung* (1979), Hamburg 1994

Popper, Karl: *Conjectures and Refutations*, London 1963

Popper, Karl: *A Pocket Popper*, hrsg. v. David Miller, London 1983

Popper, Karl: *A World of Propensities*, Bristol 1990

Popper, Karl: *In Search of a Better World*, London 1992

Popper, Karl: *Auf der Suche nach einer besseren Welt. Vorträge und Aufsätze aus dreißig Jahren*, 5. durchges. Aufl. München 1984

Popper, Karl: *Kyoto lecture ›How I Became a Philosopher Without Trying‹* 1992, Mitschrift

Popper, Karl: *Knowledge and the Body-Mind Problem*, hrsg. v. M. Notturno, London 1994

Popper, Karl: *The Myth of the Framework*, hrsg. v. M. Notturno, London 1994

Popper, Karl: *The Lesson Of This Century*, London 1997

Redpath, Theodore: *Ludwig Wittgenstein*, London 1990

Rhees, Rush: *Recollections of Wittgenstein*, Oxford: Oxford University Press, 1984)

Rogers, Ben: *A.J. Ayer: A life*, London 1999

Roth, Joseph: *Die Geschichte von der 1002. Nacht*, 7. Aufl., Köln 1999

Roth, Joseph: *The String of Pearls*, transl. Michael Hofmann, London 1998

Rhees, Rush (Hrsg.): *Ludwig Wittgenstein. Porträts und Gespräche*, übers. v. Joachim Schulte, Frankfurt a.M. 1987

Russell, Bertrand: *Introduction to Mathematical Philosophy*, London 1919

Russell, Bertrand: *An Outline of Philosophy*, London 1927

Russell, Bertrand: *The History of Western Philosophy*, New York 1945

Russell, Bertrand: *Human Knowledge: Its Scope and Limits*, London 1948

Russell, Bertrand: *Logic and Knowledge*, hrsg. v. R.C. March, London 1956

Russell, Bertrand: *Portraits from Memory and Other Essays*, London 1956

Russell, Bertrand: *My Philosophical Development*, London 1959

Russell, Bertrand: *Philosophie. Die Entwicklung meines Denkens*. Aus d. Engl. Von Eberhard Bubser, München 1973

Russell, Bertrand: *The Problems of Philosophy*, London 1967

Russell, Bertrand: *Probleme der Philosophie*, 2. Aufl., Frankfurt a. M. 1967

Russell, Bertrand: *Autobiography*, London 1975

Russell, Bertrand: *Autobiographie*, Bd. 1: 1872-1914, Bd. 2: 1914-1944, Bd. 3: 1944-1967, 3. Aufl., Frankfurt a.M. 1984

Russell, Bertrand: *Mein Leben*. Bd 1.: 1872-1914. Mit einem Nachwort von Golo Mann, Zürich 1967

Russell, Bertrand: *Russell on Ethics*, hrsg. v. Charles Pigden, London 1999

Ryan, Alan: *Bertrand Russell: A Political Life*, London 1988

Ryle, Gilbert: *Collected Papers*, Bristol 1990

Sandvoss, Ernst R.: *Bertrand Russell*, Reinbek 1980

Sarkar, Sahotra: *The Legacy of the Vienna Circle*, New York / London 1996

Schilpp, P.A. (Hrsg.): *The Library of Living Philosophers - Moore*, Chicago 1942

Schilpp, P.A. (Hrsg.): *The Library of Living Philosophers - Russell*, Chicago 1944

Schilpp, P.A. (Hrsg.): *The Library of Living Philosophers - Broad*, New York 1960

Schilpp, P.A. (Hrsg.): *The Library of Living Philosophers - Carnap*, London 1963

Schilpp, P.A. (Hrsg.): *The Library of Living Philosophers - Popper*, La Salle 1974

Schilpp, P.A. (Hrsg.): *The Library of Living Philosophers - Georg Henrik von Wright*, La Salle 1989

Schlick, Moritz: *Philosophical Papers, Vol. II.*, hrsg. v. Henk L. Mulder und Barbara F.B. van de Velde-Schlick, Dordrecht 1979

Schnitzler, Arthur: *Jugend in Wien. Eine Autobiographie*, hrsg. v. Therese Nickel und Heinrich Schnitzler, Frankfurt a.M. 1984

Segar, Kenneth und Warren, John (Hrsg.): *Austria in the Thirties*, Riverside, Cal. 1991

Sheamur, J.: *The political thought of Karl Popper*, London 1996

Skidelsky, Robert: *John Maynard Keynes: A Biography*, Bd. 2, London 1992

Smith, Joan: *Schoenberg and His Circle*, New York / London 1986

Steed, Henry Wickham: *The Habsburg Monarchy*, London 1913

Stadler, Friedrich (Hrsg.): *Scientific Philosophy*, Dordrecht / London 1993

Stadler, Friedrich: *The Vienna Circle. Studies in the Origins, Development, and Influence of Logical Empiricism*, Wien u.a. 2000

Stern, Fritz: *Gold and Iron*, London 1977

Stern, Fritz: *Gold und Eisen. Bismarck und sein Bankier Bleichröder*, übers. v. Otto Weith, Neuausg., 17.-19. Tsd., Reinbek 1999

Steiner, John M u. Cornherr, Jobst Freiherr von: »Willkür in der Willkür. Befreiungen von den antisemitischen Nürnberger Gesetzen«, in: *Vierteljahreshefte für Zeitgeschichte* 46 (1998), S. 143-188

Toulmin, Stephen: *Cosmopolis*, Chicago 1990

Uebel, Thomas (Hrsg.): *Rediscovering The Forgotten Vienna Circle*, Dordrecht / London 1994

Waismann, Friedrich: *Philosophical Papers*, hrsg. v. B. McGuinness, Dordrecht 1976

Waismann, Friedrich: *Wittgenstein and the Vienna Circle*, hrsg. v. B. McGuinness, Oxford 1979

Walter, Bruno: *Theme and Variations*, London 1947

Walter, Bruno: *Thema und Variation. Erinnerungen und Gedanken*, Frankfurt a.M. 1963

Wilkinson, L.P: *A Century of King's*, Cambridge 1980

Wisdom, John: *Other Minds*, Oxford 1952

»Wissenschaftliche Weltauffassung. Der Wiener Kreis«, in: Otto Neurath: *Gesammelte philosophische und methodologische Schriften*, hrsg. von Rudolf Haller u. Heiner Rutte, Wien 1981, S. 299–336 (ED: *Wissenschaftliche Weltauffassung. Der Wiener Kreis*. Hrsg. vom Verein Ernst Mach, Wien 1929).

Wistrich, Robert: *The Jews of Vienna in the Age of Franz Josef*, Oxford 1990

Wistrich, Robert Solomon: *Die Juden Wiens im Zeitalter Kaiser Franz Josephs*, Wien u.a. 1999

Wittgenstein, Ludwig: *Wörterbuch für Volksschulen*, Wien 1926

Wittgenstein, Ludwig: *Schriften 1. Tractatus logico-philosophicus. Tagebücher 1914–1916. Philosophische Untersuchungen*, Frankfurt a.M. 1960

Wittgenstein, Ludwig: *Schriften. Beiheft 1*, mit Beiträgen von Ingeborg Bachmann, Maurice Cranston, José Ferrater Mora, Paul Feyerabend. Erich Heller, Bertrand Russell, George Henrik von Wright, Frankfurt a.M. 1960

Wittgenstein, Ludwig: *Schriften 2. Philosophische Bemerkungen*, Frankfurt a.M. 1964

Wittgenstein, Ludwig: *Schriften 3. Wittgenstein und der Wiener Kreis von Friedrich Waismann*, Frankfurt a.M. 1967

Wittgenstein, Ludwig: *Schriften 4. Philosophische Grammatik. Teil I: Satz. Sinn des Satzes. Teil II: Über Logik und Mathematik*, Frankfurt a.M. 1969

Wittgenstein, Ludwig: *Schriften 5. Das Blaue Buch. Eine Philosophische Betrachtung. Zettel*, Frankfurt a.M. 1970

Wittgenstein, Ludwig: *Schriften. Beiheft 2. Wittgenstein-Übungsbuch*, Frankfurt a.M. 1972

Wittgenstein, Ludwig: *Schriften 6. Bemerkungen über die Grundlagen der Mathematik*, Frankfurt a.M. 1974

Wittgenstein, Ludwig: *Schriften 7. Vorlesungen über die Grundlagen der Mathematik*, Frankfurt a.M. 1978

Wittgenstein, Ludwig: *Schriften 8. Bemerkungen über die Philosophie der Psychologie*, Teil I und Teil II, Frankfurt a.M. 1982

Wittgenstein, Ludwig: *Ludwig Wittgenstein. Ein Reader*, hrsg. v. A.J.P. Kenny, Stuttgart 1994

Wittgenstein, Ludwig: *Philosophical Investigations*, hrsg. v. E. Anscombe u. G.H. von Wright, Oxford 1953

Wittgenstein, Ludwig: *Tractatus Logico-Philosophicus* transl. C.K. Ogden, London 1922, rev. transl. By D. Pears u. B. McGuinness, London 1961

Wittgenstein, Ludwig: *Philosophical Remarks* ed. Rush Rhees, Oxford 1975

Wittgenstein, Ludwig: *Culture and Value*, ed. G.H. von Wright, Oxford 1980

Wittgenstein, Ludwig: *Zettel*, ed. E. Anscombe and G.H. von Wright, Oxford 1981

Wittgenstein, Ludwig: *Philosophical Occasions 1912–1951*, ed. J. Klagge u. A. Nordmann, Cambridge 1993

Wittgenstein, Ludwig: *Cambridge Letters*, ed. B. McGuinness u. G.H. von Wright, Oxford 1995

Wood, Alan: *Bertrand Russell: The Passionate Sceptic*, London 1957
Wood O. und Pitcher, G.: *Ryle*, London / Basingstoke 1971
Wuchterl, Kurt und Hübner, Adolf: *Wittgenstein*, Reinbek 1979

ZEITSCHRIFTEN

The Guardian (19.9.1994); *Journal for the Philosophy of Science* 3 (1995); *Mind* (Bd. 56, Nr. 222, April 1946; Bd. 60, Nr. 239, Juli 1951); *New Statesman* (30.8.1999); *Polemic* (Mai 1946); *Proceedings of the Aristotelian Society* (Supplementary vol. 20, 1946); *Proceedings of the British Academy* (94, 1997); *russell* (Bd. 12, Nr. 1, Sommer 1992); *Sunday Times* (9.12.1945); *Tages-Anzeiger* (1.4.2000); *The Times* (25. u. 26.10.1946; 18.11.1946; 2.5.1951); *Times Literary Supplement* (24.8.1946; Leserbriefe zwischen Februar und März 1998)

INTERVIEWS UND KORRESPONDENZEN

Joseph Agassi, Lord Annan, Joan Bevan, Peter Baelz, Peter Conradi, Lord Dahrendorf, Sir Michael Dummett, Dorothy Emmet, Peter and Elizabeth Fenwick, Anthony Flew, Peter Geach, Ivor Grattan-Guinness, Peter Gray-Lucas, John Grey, Malachi Hacohen, Sir Stuart Hampshire, Wasfi Hijab, Christopher Hindley, Andrew Hodges, Allan Janik, Georg Kreisel, Melitta and Raymond Mew, David Miller, Peter Munz, Alan Musgrave, Michael Nedo, Arne Petersen, Charles Pigden, Stephen Plaister, Joan Ripley, David Rowse, Dennis Sciama, Antonio Sewell, Jeremy Shearmur, Peg Smythies, Friedrich Stadler, John and Veronica Stonborough, Barbara Suchy, Stephen Toulmin, Hans Veigl, John Vinelott, John Watkins, Maurice Wiles, Sir Colin St. John Wilson, Michael Wolff.

ARCHIVE

Austrian State Archive, Wien; Bergier Commission, Zürich; Brenner Archiv, Insbruck; Cambridge University Library Archives; King's College Archives, Cambridge; National Archives (FBI und CIA), Maryland; Bodleian Library Oxford Archives (Academic Assistance Council records); Popper-Archiv in der Hoover-Institution/London School of Economics; Popper Library, Klagenfurt; Public Record Office, London; Archiv der Deutschen Bundesbank, Frankfurt; Russell Archive, Hamilton; Trinity College Archives, Cambridge; Wittgenstein Archive, Bergen; Wittgenstein Archive, Cambridge.

ABBILDUNGEN

AKG Berlin: Hitler in Wien

The Bertrand Russell Archives, William Ready Division of Archives and Research Collections, McMaster University, Hamilton, Ontario, Canada: Bertrand Russell

Department of Special Collections; Charles E. Young Research Library, UCLA: Zusammenkunft des Black Mask Club

David Edmonds: Schürhaken, Treppenhaus

John Eidinow: Poppers Bücherschrank

Hoover Institution, Stanford; Popper-Archiv: Trimesterplan des MSC, Briefe Poppers an das Jewish Year Book und an Russell

Melitta Mew: Karl Popper, Popper mit seinen Schwestern, Poppers Wohnung, Popper als Lehrer, Karl und Hennie Popper

Peter Munz: Peter Munz

Michael Nedo / Wittgenstein-Archive, Cambridge: Ludwig Wittgenstein, Richard Braithwaite, Wittgenstein und seine Schwestern, Heizkörper in der Kundmanngasse, Eingang des Palais Wittgenstein in der Alleegasse, Moritz Schlick, Wittgenstein mit Ben Richards

Österreichisches Nationalarchiv: Hermine Wittgensteins »Vermögensnachweis«

The Trustees of the Copyright in the Wittgenstein Papers: Ludwig Wittgensteins Brief an Rush Rhees

DANK

Für ein so kurzes Buch ist die Liste unserer Dankesschulden lang. Erstens danken wir unseren Augenzeugen, die freundlicherweise ihr Gedächtnis zermartert, in ihren Erinnerungen gekramt und uns Hintergrundinformationen mitgeteilt haben: Peter Geach, Peter Gray-Lucas, Wasfi Hijab, Georg Kreisel, Peter Munz, Stephen Plaister, Sir John Vinelott und Michael Wolff.

Zweitens danken wir jenen, die einen oder beide Protagonisten unseres Buches kannten oder 1946 in Cambridge waren und ebenfalls unschätzbare Hilfe geleistet haben: Joseph Agassi, Lord Annan (†), Peter Baelz, Joan Bevan, Lord Dahrendorf, Dorothy Emmet, Anthony Flew, Ivor Grattan-Guinness, John Grey, Christopher Hindley, Jancis Long, Hugh McKann (der 47 Jahre in der Küche des King's College gearbeitet hat), David Miller, Alan Musgrave, Arne Peterson, David Rowse, Dennis Sciama (†), Antonia Sewell, Jeremy Shearmur, Peg Smythies, George Soros und Maurice Wiles.

Drittens danken wir jenen Experten auf verschiedenen Gebieten, die entgegenkommenderweise ihr Fachwissen mit uns geteilt und gelegentlich sogar Einblick in ihre laufende Arbeit gewährt haben: Peter Conradi, Michael Dummett, David Earn, Elizabeth und Peter Fenwick, Sir Stuart Hampshire, Andrew Hodges, Allan Janik, Malachi Hacohen, Jutta Heibel, Liu Junning, Manfred Lube, Celia Male, Roland Pease, Charles Pigden, Friedrich Stadler, Barbara Suchy, Hans Veigl und Sir Colin St. John Wilson.

Einige Personen verdienen besondere Anerkennung. John Watkins war unser Pionier bei den Recherchen zur Schürhaken-Episode. Ohne seine Erinnerungen an Karl Popper, die die Kontroverse neu entzündeten, hätten wir dieses Buch nicht geschrieben. Er hat uns auch viele Kontakte verschafft und Hinweise gegeben. Traurigerweise ist er 1999 gestorben. John und Veronica Stonborough gewährten uns ihre großzügige Gastfreundschaft und versorgten uns freigebig mit einer Fülle von nützlichen Tatsachen und faszinierenden Geschichten über die Familie Wittgenstein und speziell über ihren Onkel Ludwig. Joan Ripley überwand ihre anfänglichen Bedenken und sprach mit uns über ihren Vater Paul Wittgenstein. Stephen Toulmin beantwortete getreulich und umfassend unsere vielen Bitten um Informationen und Belehrungen über Cambridge und die Philosophie, Wittgenstein und Popper, Pyrrhon und Sextus Empiricus. Melitta und Raymond Mew empfingen uns zu einigen ausgedehnten Sitzungen, die stets am Eßtisch begannen, als Ausgleich für die Strapazen der Reise nach East Croydon. Sie haben zwei Entwürfe unseres Manuskripts Satz für Satz durchgelesen und uns durch ihr Wissen über Karl Popper und ihre Begeisterung für ihn vor vielen faktischen und gedanklichen Irrtümern bewahrt, obgleich dies nicht ihr Einverständnis mit unserer Darstellung bedeutete. Michael Nedo, der für sich in Anspruch nehmen kann, mehr über Wittgenstein zu wissen als irgendein anderer Mensch, schenkte uns bereitwillig seine Zeit und seine Gelehrsamkeit und gewährte uns die volle Unterstützung durch das Archiv, das seine Lebensaufgabe geworden ist.

Wir möchten nicht garantieren, daß alle Behauptungen und Vermutungen dieses Buches wahr sind; wohl aber möchten wir vielen Menschen danken, die uns darauf hingewiesen haben, wo unsere früheren Fassungen falsch waren. Die folgenden Personen haben die verschiedenen Manuskriptentwürfe ganz oder teilweise gelesen und wertvolle Anregungen gegeben: Roger Crisp, Hannah Edmonds, Sam Eidinow, David Franklin, Anthony Grayling, Malachi Hacohen (der uns Einblick in seine eigene, ausführliche Darstellung der frühen Jahre Poppers gewährte), Peter Mangold, David Miller, Adrian Moore, Michael Nedo, Zina Rohan, Joan Ripley, Friedrich Stadler, Barbara Suchy, Stephen Toulmin, Lord Tugendhat, Maurice Walsh und Jenny Willis.

Dankbar sind wir ferner Hannah Edmonds, Ron Gerver und Lawrence Gretton für ihre Hilfe bei den Übersetzungen und Esther Eidinow für Interviews, die sie für uns in den USA gemacht hat. David bedankt sich bei Liz Mardell vom BBC World Service für die Beurlaubung.

Auch mehrere Bibliotheken, Institutionen und Archive haben uns geholfen: die London School of Economics, deren Archivpersonal jederzeit hilfsbereit war, das King's College Cambridge, das Trinity College Cambridge, die Universitätsbibliotheken von Cambridge und Oxford, die British Library, die London Library, die Barbican Library der City of London, das österreichische Staatsarchiv, die National Archives der USA, das Wittgenstein-Archiv in Cambridge, das Wittgenstein-Archiv in Bergen (Norwegen) (besonders Alois Pichler und Øystein E. Hide), die Inhaber der Abdruckrechte der Werke Wittgensteins *(Trustees of the Wittgenstein copyright)*, das Wittgenstein-Archiv in Innsbruck, das Bertrand-Russell-Archiv der McMaster University in Hamilton (Ontario), die Popper-Bibliothek in Klagenfurt, das Popper-Archiv der Hoover-Institution, das Historische Archiv der Deutschen Bundesbank in Frankfurt am Main, die Bergier-Kommission in Zürich, das Public Records Office in Kew und der Council for Assisting Academic Refugees (CAAR).

Die Auszüge des Gedichts von Julian Bell werden mit freundlicher Genehmigung von Mrs. Quentin Bell zitiert.

Der Abdruck von Auszügen aus unveröffentlichten Manuskripten Sir Karl Poppers erfolgt mit freundlicher Genehmigung der Nachlaßverwaltung Sir Karl Popper.

Erwähnt sei auch ein Dank an das *Times Literary Supplement* für die Veröffentlichung jenes Briefwechsels, der uns mit dem geheimnisvollen Vorgang um den Schürhaken in H3 bekannt machte.

Zuletzt und vor allem möchten wir Bernhard Suchy und Michael Neher von der Deutschen Verlags-Anstalt und Julian Loose vom Verlag Faber dafür danken, daß sie sich von unserer Begeisterung für den Schürhaken anstecken ließen.

»Hinter Wittgenstein knallte die Türe zu.«